HESIODI

ASCRAEI POEMA INSCRIPTVM
ΕΡΓΑ ΚΑΙ ΗΜΕΡΑΙ, id est,
Opera & Dies.

ACCEDVNT in idem breuia scholia IA-
COBI Ceporini, per IOANNEM Frisiū Tiguri-
num denuò aucta: in quib. dictiones & sententiæ quæ-
dam obscuriores, atque obiter Græcorum carminum
ratio declarantur. Enarrationes item luculentissimæ
unà cum Præfatione PHILIPPI Melanchthonis.
Adiecta est etiam recens Latina interpretatio Ioannis
Frisij, qua uerbum uerbo quàm proprijssimè redditur.

Lectio certa prodest: varia delectat.
Senec. ep. 45.

TIGVRI apud Christoph. Froschouerum.
Anno M. D. LXII.

PRAEFATIO IN
HESIODVM PHILIP-
PI MELANCHTHONIS.

VM de enarrando Hesiodo delibera-
rem, inter cæteras difficultates quas mi-
hi id negotij suscepturo propositas esse
intelligebam, in mentem hoc quoq; ue-
niebat, non defuturos esse, quoniam nõ
ita multo ante is poeta in hac schola lu-
culenter enarratus est, quibus, si relegeretur, fastidium re-
petitio adferret. Video enim non aliter atq; uulgo aiunt no
uas cãtiones gratissimas esse, ita uos auidissime ad eos au-
thores cognoscendos, qui minime noti ac peruulgati sunt,
confluere. Quanquam igitur uerebar ut accepturi essetis
poema, quod gratiam nouitatis paulo ante exuit, tamen
confirmauit me eorum iudicium, de quorum consilio He
siodum enarrandum suscepi, qui quod eius poetæ cogni-
tionem maxime frugiferam & liberali ingenio singular
mam esse statuebant, sæpe relegendum esse iudicabant. Nã
cum magnam utilitatem habeat relectio, & diligentius ex-
pendantur & altius introspiciantur ea quæ retractamus,
(sunt enim, ut scitis, δευτέραι φροντίδες σοφώτεραι,) fore arbitraba
tur, ut neminem pœniteret Hesiodum ex interuallo regu-
stasse & propius cognouisse, cuius de omnibus officijs tã
honesta præcepta sunt, tam multæ sententiæ, quæ ad abdi-
tas & abstrusas in natura res cognoscendas faciunt, ut nun
quam de manu deponendus uideatur. Nam qui numerat
potius quàm longum catalogũ authorum audierit, quàm
supputat quid ex quoq; lucrifecerit, is sciat se in studijs in-

a 2

feliciter uersari. Neq́ uero multum utilitatis adferre scriptor ullus potest, semel tantum uelut à limine salutatus. Et Hesiodum ueteres non tantum putauerunt semel atque iterum legendum esse, sed ediscēdum omnibus pueris, qui liberaliter instituebantur, ut Columella testatur, proponebant. Ego igitur his causis adductus sum, ut susceperim hunc poetam rursus interpretandum. Sed quoniam cupio uobis etiam persuadere utilem operam uos in eo repetendo sumpturos esse, aliquanto latius huius mei iudicij ratio mihi exponenda est, & dicendum quomodo legere ueterū scripta conducat. Qua de re dū dico quęso me diligenter attendite. Nam qui in discendo nihil aliud consilij habent, nisi ut multa legant, hi mihi tanquam uia lapsi, toto cœlo errare uidentur.

Proinde sic statuo, paucos quosdam eosq́ optimos ex illo magno librorum numero eligendos esse, quibus à prima pueritia innutriti, omnes eorum sententias, ut digitos ac ungues nostros, teneamus, & sermonem eorum, quàm proxime fieri potest, nostra oratio referat ac redoleat. Animaduerto autem hanc orationem in reprehensionem quorundam imperitorum, qui uarietate lectionis doctrinæ famam aucupantur, incursuram esse, qui me desidiam iuuentutis nouo quodam Paradoxo alere uociferabuntur, cum audient me uariam & multorum lectionem improbare. Ego uero si quam nouam legem, nullo authore, sine grauibus testibus ferrem, iure culpandus essem. Neque enim uel ætas mea, uel eruditio, uel authoritas eiusmodi est, ut sumere mihi apud uos præcipientis personam ausim, uerum ea quæ à doctissimis uiris tradita meminimus, quæq́ mediocri harum literarum in quibus uersamur usu cognouimus, in medium afferre officij nostri esse iudicauimus. Horatius ait: Vel si cœcus iter monstrare uelit, tamen aspiciendum

IN HESIODVM.

dum esse, si quid moneat quod non sit inutile. Quare uos rogo ne grauatim, in tam uarijs opinionibus eorum qui discendi rationem tradunt, & meam sententiam audiatis, cui nisi doctissimorum hominum testimonia suffragantur, non postulo ut accedatis: sin autem & locupletissimis testibus fidem fecero, & grauissimis argumentis ostendero, promiscuam illam uariamcg lectionem non perinde iuuare studia, ut quidam existimant, nihil erit opinor, cur mihi quisquam hæc monenti succenseat. Sicut igitur prudentia est certum alicubi domicilium, certam sedem, certos habere lares, ita in studijs necesse est animum habere certos quosdam authores, ad quos se quacunque de re disputatio inciderit, referat, quos penitus notos habeat, quosque de omnibus rebus in consilium adhibeat. Non uacat autem illi, qui in omnibus chartis excutiendis operam sumit, in certis aliquibus scriptis tantisper commorari, dum & penitus ea cognouerit, & ita imbiberit, ut plane in suam naturam uerterit. Neque enim fieri potest, (ut ait Xenophon,) simul & multa quispiam faciat, eademcg recte omnia: non enim potest se mens intendere in diuersa. Quare cum aliqua de re, aut iudicandum est, aut dicendum, tum demum sudāt illi ac sentiunt in tanta copia quàm sint inopes. Quia enim nullam certam suppellectilem habent, unde depromant quæ usus poscit, itur ad bibliothecam, quæruntur indices, mutuātur à singulis authoribus sentētiolas aliquot: quas cum in lucem proferunt, quia plærunque male cohærent furta illa, nec inter se consentiunt, inuenias plęraqʒ illa nihil facere πρὸς ἔπος. Neque uero legere se putet authorem is, qui obiter tantum inspexerit ac salutauerit. Nam quem admodum aiunt, amici sensum deprehendi non posse, priusquàm cum eo multos salis modios ederis, ita diu multumcg habendus est in manibus author, iterum atque ite-

rum euoluendus, dum fiat satis familiariter notus, dum illius sententię, illius uerba sic insideant tibi, ut cum opus est, non procul accersenda aut quærenda sint, sed ultro se tibi offerant. Contra, quemadmodum immodicus cibus, quia concoqui non potest, in crudos humores degenerat, qui non modo non alunt corpus, sed naturalem etiam succum strangulant: Ita cum multa legeris, fortassis fiet ut confusaneam quandam doctrinam tibi compares, sed illa magis hebitabit ac obruet ingenium quàm perpoliet. Nihil enim certi, non res, non uerba, in tanta uarietate lectionis reliquum tibi facies. Verba undequaque emendicanda erunt quoties dicere institueris, quorum mira dissimilitudo erit, neque magis inter se similes sententiæ erunt ex uarijs locis authorum nullo iudicio aut delectu transcriptæ. Denique in tota oratione uelut ægri somnijs uanæ fingentur species, ubi non pes non caput uni est. Cum igitur hæc incommoda secum afferat illa tumultuaria lectio, quid tandem rei est, cur nō ingrediamur meliorem aliquam legendi rationem? cur non doctissimorum hominum præceptis obtemperemus? Neque enim ignota est uobis sententia Plinij præcipientis, ut sui cuiusque generis authores diligenter eligantur: multum enim, ut ait, legendum est, non multa, quod sic accipiendum esse nemo dubitat, sæpe multumque eadem esse relegenda, nec esse distrahendum animum uarietate authorū. Idem monet Seneca, certis enim ingenijs, inquit, immorari ac innutriri oportet, si uelis aliquid trahere quod in animo fideliter sedeat. Non Delphicum ullum oraculū uerius esse experiemini, si uestra studia ad calculos uocabitis, & ratiocinabimini quantum lucri attulerit aliquando unus author ter aut quater relectus, & ad id conferetis ea quæ ex multis alijs libellis obiter inspectis in animo hæserunt. Intelligetis enim multo uberiores fru
ctus

ctus uos ex uno illo libro quàm ex reliqua tota biblio-
theca percepisse. Accedit huc quod sicut alias artes imita-
tio docuit, ita in his nostris studijs, nisi ad aliquod certum
exemplar dirigamus animū, nihil efficiemus dignum lau-
de. Videtis. n. eos q sculpere, qui pingere, qui canere discūt,
eligere aliquē magistrū, cuius esse quàm similimi studeant.
Neque uerò exigunt hanc diligentiam inferiores artes, &
non flagitant eandem hæ maximæ uitæ & regendarum re
rumpublicarū artes, in quibus uos uersamini. Non enim
satis intelligitis quid oneris sustineatis, si non cogitatis has
literas ad quas adhibiti estis, comparandas esse tum ad pri
uatam uitam recte instituendam, tum ad ciuitates regēdas,
ad iudicia tenenda, ad religiones conseruandas, denique
ad omnes uitæ partes gubernandas. Quare si aliæ medio-
cres & tanquam secundæ classis artes percipi non possunt
nisi ad certa exemplaria manus dirigatur, quanto minus
has difficiliores consequemur, nisi proposuerimus nobis
aliquem ad imitandum, quem tota mente atque toto ani-
mo intueamur, qui regat omnia consilia nostra, uel in di-
cendo, uel etiam in rebus gerendis? Nonne grauissimus
poeta Vergilius, cum significare uellet, quę esset optima ra
tio principis ad eximiam uirtutē instituendi, fingit Euan-
drum adiungere adolescentem filium Aeneæ, & præcipe-
re gnato, ut inde à prima pueritia Aeneam effingere & imi
tari studeat? Sic enim ad Aeneam ait cum illi puerum com
mendat: *Sub te tolerare magistro,*
Militiam & graue Martis opus, tua cernere facta
Adsuescat, primis & te miretur ab annis.
Sensit enim poeta artem illam imperandi, unam omnium
longe præstantissimam, neminem adsequi posse, nisi se ad
alicuius summi uiri imitationem totum componat, cuius
dicta, facta, consiliaq omnia ob oculos posita habeat, ad

quæ suum ipse cursum dirigat. Quanquam autem hæ nostræ artes dignitate longe infra bene imperandi scientiam positæ esse existimentur, tamen difficultate illi pares esse nemo dubitare potest, si modo expenderit, quanti negotij sit, tam multarum rerum cognitionem, præterea mediocrem quandam facultatem dicendi & exponendi, quæ recta esse perspexeris, parare. Est enim profecto una de difficillimis artibus, uel mediocris eloquentia. Quare si in leuioribus artibus sine imitatione effici nihil potest, Eloquentiam ne putabimus nos sine ullo adminiculo consequi posse? Ciceroni non uidetur. Nā apud hunc Antonius ante omnia præcipit, ut eligamus aliquem cuius nos similes esse uelimus, & summa contentione animi effingamus, atque imitemur in illo ea quæ maxime excellunt. Quod si igitur imitatio tantopere necessaria est, nec imitari quenquā possimus, quem non penitus notum habeamus, non relinquitur dubium, quin diu legendi sint aliquot optimi libelli. Vt enim qui semel oppidum aliquod præteruectus est, nō omnes urbis uicos, non ciuitatis mores, non hominum loci eius ingenia statim didicit: ita consilia ac sententias, aut sermonis compositionem in authore quem semel percurristi, non statim animaduertere potuisti, sed diu in eo commorandum est, si uoles altius introspicere. Iam ut eius aliquam similitudinem adsequaris, ut uerba illius in promptu habeas cum opus est, ut sermonis compositio non sit illi absimilis, hoc uero sine perpetua lectione effici non potest. An non uidemus pictores cum uultum alicuius depingunt, quàm sæpe respiciant ad exemplar, quàm contentis oculis omnes lineas contēplentur? Ita nobis nunquam deijciendi oculi erunt ab eo authore quem perdiscendum in manus accepimus, quemq̃ imitandum esse aliquo modo duximus. Non disputo nunc de tota imitandi ratione,

sed

sed hoc monere tãtũ uolui, oportere nos in studijs nostris habere certas quasdam sententias semper ob oculos, ex quibus uel de moribus, uel de rebus alijs iudicium faciamus, & ad quas referamus nos quacunque de re disputabimus. Deinde quædam struendæ componendæqʒ orationis tenenda forma est & character, similis ueteri & puræ Latino sermoni, quorum utrunque deest istis qui unum hoc studium habent per omnes authores grassandi. Nam cum sine delectu omnes sententias congerant, non potest fieri, ut habeant certas aliquas propositas, quas in iudicando se quãtur. Deinde citius tota rerum natura mutabitur, quàm fiet ut iusta orationis structura utantur hi, qui non ad aliquorũ ex ueteribus imitationem sese contulerint. Itaqʒ uidemus eorum orationem qui quanquàm multa legerint, tamen in componenda oratione, cum nullam ueterẽ formam imitantur, persimilem esse mendici pallio, cui passim lacerato, omnis generis panniculi assuti sunt. Nam tota istorũ oratio ex dissimillimis & uerbis & sententijs congesta, aliàs longas habet circunductiones, aliàs abrupta quæ dam & mutila membra, aliàs obsoletas & ab ultima antiquitate petitas figuras, quas non intelligat si reuiuiscat ipsa Euandri mater, aliàs uocabula noua & in media barbarie nata. Porrò cũ illa dissimilitudo obscuritatẽ pariat, et maximum uitium orationis sit obscuritas, quis tale dicendi genus non oderit? quis non fugiendum uelis, ut ita dicam, & remis sentiat? Quæ cum ita sint, quis non fateatur satius esse paucos scriptores, sed optimos subinde legere, eosqʒ familiarissimos nobis facere, quàm tumultuaria lectione per omnia bibliopolia uagari, præsertim cum hoc uitij habeat res, ut in multos malos libros opera collocetur, unde uelut contagione aut prauas opiniones, aut corruptum sermonis genus contrahas, quæ postea dediscere immensi ne

a 5

gotij est, præsertim si statim rude & recens ingenium infecerint. Nam si motus corporis uitiosus, qualē in Alexādro notauerunt, consuetudine duratus, corrigi postea nulla ratione potest, quæ spes est ex animo perniciosas opiniones cum iam alte radices egerunt, euelli posse, aut emendari sermonis uitia, quorum naturam tibi feceris? Danda igitur opera est statim ut optimis imbuamur, & perinde atq̃ uenena cauēda sunt & procul arcenda, quæ sunt optimis dissimilia. Habetis mei consilij rationem, cur ut quisq̃ author optimus est, ita sæpissime relegēdum esse existimem: quod quisquis sequendum sibi esse statuet, is re ipsa experietur unam hanc esse ad solidam eruditionem comparandam uiam, aliorum uerò laboribus ac uigilijs fructum minime respondere. Sed cum Hesiodum semper doctissimi homines plurimi fecerint, ex eo genere authorum mihi esse uisus est, qui non semel tantum inspiciendi sunt. Quare eum quanquàm non planè ignotum uobis relegendum sumpsi. Neq̃ meum consilium reprehendetis opinor si cogitabitis, quantas utilitates, tametsi exiguus libellus, adferre queat. Et quia principio in omnibus negotijs constituendum est, quæ utilitas ex unoquoq̃ genere laboris petatur, nos quoq̃ monebimus, quid expectare ac flagitari cō modi ex Hesiodi lectione debeatis. Est enim ex omnibus authoribus uel uerborum uel rerum scientia petenda. Hesiodus autem Græce discentibus magnum uocabulorum numerum suppeditat. Et quoniam alicubi hilariores descriptiones continet, etiam hi qui Latine discunt ab eo quę dā honesta exempla copiosi sermonis, & rationem quandā ornandarū sententiarū mutuari possunt. Nam & si lingua diuersa sit, tamē uoluntate Græcis Latini, in disponenda, amplificāda, atq̃ illustranda oratione similes sunt. Itaq̃ duo summi apud Latinos poetæ, Virgilius & Ouidius, nō

modo

modo locos eius quosdam imitati sunt, sed multos uersiculos pene ad uerbum expresserunt, quorum exempla nos commonefaciunt, quomodo ad nostros usus, non tantum certi quidam flosculi ex huiusmodi authoribus decerpendi sint, sed in omni sermone, in inueniendo prudentia, in explicando proprietas, perspicuitas, & copia, in disponendo diligentia imitanda sit. Sed de hac parte quia satis dici, nisi inter enarrandum conferantur Latina cum Græcis, & omnes figuræ digito ostendantur, non potest, nolo in præsentia lõgior esse, sed in interpretatione uelut in re præsenti indicabimus, quos locos hinc sumpserint scriptores Latini, & quid imitari, quidq̃ excerpere ipsi debeamus. Etenim tametsi appareat propter utilia præcepta magis quã propter uerborum ornatum in admiratione hoc poema fuisse, tamen quantuuis res salubres nemo legisset, nisi cõmendationẽ quandam habuissent ex genere sermonis, & gratiam elegantia carminis addidisset. Neq̃ profecto uetustatem ferre potuisset, nisi rerum grauitati uenustissimum genus uerborum tanquã illecebras quasdam adiunxisset. Non est autem obscurum quantũ amarint Græci hoc carmen, quanta cura adseruauerint, quia Pausanias ait se uidisse in Helicone antiquissimum monumentum plumbeas tabulas, in quibus hoc poema scriptum fuerit. Sed uenio ad alteram partem, & exponam quid ad rerum scientiam lectio eius conducat, in qua profecto nõ minus quàm in uerbis elaborandum est. Quia non modo inanis est oratio, nisi res honestas & utiles contineat, sed etiam copiam omnem dicendi rerum sciẽtia genuit. Non dij tantum mali permittant, ut cadat in eos eloquentia, qui nulla uirtutis præcepta, nulla officia, nullas uitæ leges, nullas religiones norũt, quiq̃ nullam naturalium causarum ac euentuum cognitionem habent. Nam & Horatius eũ, quia re

PRAEFATIO

rum cognitione non satis instructus est, negat idoneum esse ad scribendum, cū ait, Scribendi recte sapere est & principium et fons. Et multis uersibus exponit postea, quarum rerum scientiā requirat in eo qui se disertum perhiberi uelit. Proinde ita inducite animum ut sentiatis uobis in hoc curriculo studiorum, primum magnam quandam & copiosam uerborum supellectilem parandam esse, ut explicare, cum de grauibus rebus alij docendi à uobis erunt, cum dignitate res obscuras, eisq; lumen addere possetis: deinde etiam omnium rerum percipiendam doctrinā esse, quæ tum ad nostram uitam recte instituendam, tum ad orationem illustrandam cōducunt. Etenim cum aut de natura rerum, aut de moribus, aut de religionibus in hac ciuili uitæ consuetudine sæpe docendi sint homines, erit plane ὄν<g/> πρὸς λύραν, is, qui quanquam mediocris uerborum copia in numerato sit, tamen res non satis perspectas & exploratas habet. Neque enim dicere quisquam de re parum nota perspicue potest, ut & apud Platonem Socrates inquit, & sæpe monet Cicero. Et Horatius cum ait: Verbaque prouisam rem non inuita sequentur, significauit, fieri non posse ut se ultro magno numero offerant uerba, nisi causam bene meditatam habeas. Quod cum ita sit, non sunt prætermittendi libri, qui de rerum natura, aut de moribus præceperunt. Neq; tamen legendi omnes, sed eligendi optimi, quiq; alere eloquētiam possint, quia ferè in barbaris scriptoribus non tantum sermonis spurcities, sed etiam alia uitia sunt. Plerique res quas profitentur non satis notas habuerunt, plerisque ratio docendi defuit, etsi rerum peritia non defuerit: qua de re nunc longius dici non potest. Hesiodi autem prior libellus totus ἠθικὸς est, posterior dum agriculturæ præcepta tradit, ortus & occasus syderum, multaque alia quæ ad naturam cognoscendam

faciunt,

faciunt, complectitur. Requiretis igitur ex priore libello morum præcepta, quoniam nisi certis legibus & sententijs moniti & adsuefacti, honesta turpibus discernere didicerimus, & amplecti ea quæ decent, fugere contraria conemur, recte institui uita non potest. Honestissimæ quæque grauissimæq̃ de omnibus officijs sententiæ ob oculos esse positæ debent, ad quas omnes uitæ partes, uelut ad Cynosuram cursum suum nautæ dirigunt, comparemus. Sed quoniam Hesiodi præcepta, quibusdam ideo parum probantur, quia gentilis homo uidetur aliena & pugnantia cum nostra religione docuisse, hic error uulgo eximendus est. Quanquam aut longior est illa disputatio, quàm ut hic explicari tota possit, tamen iudicaui operæprecium me facturum esse, si exponere quæ uis sit, quæq̃ authoritas eorum præceptorum, quæ tum Hesiodus, tum alij multi sapientes & docti uiri cùm animaduertissent nobis à natura proposita esse, deprehensa exposuerunt, & in literas retulerunt, ut commonefacerent eos, & qui propter infirmitatem ingeniorum aut ætatis, aut etiam consuetudine in tot malis exemplis deprauati, cernere ipsi eadem nõ possent. Proinde sic statuemus, nihilominus diuina præcepta esse ea quę à sensu communi & naturę iudicio mutuati docti homines gentiles, literis mandarunt, quàm quę extant in ipsis saxeis Mosi tabulis. Est enim in cõfesso humanę menti diuinitus insculptas esse quasdam leges de moribus, quales sunt: Neminem lædendum esse, & colendos esse parentes: bene merentibus habendam esse gratiam: Magistratibus parendum esse: alendos & defendendos esse eos qui nostræ fidei commissi sunt: pacta seruanda esse. Has cùm sani quidam homines deprehensas ostenderint imperitis, quid est cur non & uocemus diuinas leges, & pareamus eis tanquam diuinæ uoci? Neque ille ipse cœlestis pater pluris à nobis fieri eas leges uoluit, quas in saxo scripsit, q̃ quas in ipsos animorū nostrorū sensus impresserat, quasq́; ut Paulus ait, in cordibus hominū scripserat, de quibus sic inter se omnes homines consentiunt, ut nulla tā fera barbaries sit, nulli tam perdite mali, qui non & sentiant & fateantur recta esse, quæ illæ sententię præscribunt, quiq́; cum nõ obtemperarunt, non ipsi peccatū accusent ac damnent suũ, quiq́; non uereantur numē existere aliquod, cui uel si nulli unquā mortales resciscant factũ, poenas daturi sint. Nulla tam immanis natio est quæ non tacita maleficos, crudeles, ingratos oderit ac aspernetur, probetq́; ea quæ societatem inter se generis humani deuinciũt. Nam & hos qui hospites mactant, qui senes patres trucidant, qui nullā coniugiorū fidem colunt, si admoneantur, natura fateri cogit, indigna se hominibus facere. Iam in his qui sibi alicuius flagitij conscij sunt, cruciatus & terrores tanti mentem exagitant, ut adpareat diuinā quandam uim esse, quę admissi sceleris pudere cogat, quæq́; impendentis supplicij metũ incutiat. Sunt igitur in humanis animis certę de moribus leges quæ tum priuatā uitam regunt, tū cõstituere ac tenere Respub. iudicia exercere, & societatē hominum defendere docuerunt. Et ut fateamur nos diuinitus conditos esse ac propagari, ita dubitare non debemus, quin è coelo in hanc uitam attulerimus illas uitæ leges, & illos igniculos, qui & ostendunt honesta, & admonent semper præesse numen, & inspectare omnia hominū consilia ac facta, deq́; sceleratis suppliciũ sumere solere. Paulus alicubi huiusmodi sententias ueritatē Dei appellat, cũ uellet significare has opiniones non errore quodā à maioribus per manus esse traditas, nec temere uel obrepsisse nobis, uel in animis hærere, sed adeò mentibus nostris infixas esse, ita, ut eijci aut erui nulla ui possint. Ego cũ expēdo authoritatem harũ legum,

& ani-

& animaduerto, quàm religiose coli eas Deus postulet, commoueor profecto, & earum scriptoribus magis capior, agnosco enim non sine mente, ut ille ait, sine numine diuûm, hæc ab illis nobis uiuendi præcepta tradita esse. Quare non satis intelligunt horum scriptorum consilia, qui non perspiciunt unde tot honesta præcepta, tot graues sententiæ manarint. De religione aliter docent nos Christianæ literæ, sed de ciuilis uitæ consuetudine, communibus naturæ præceptis parere nos Christus uoluit. Neque uero nihil ad Christianum pertinet ciuilis uitæ consuetudo. Non sunt igitur prætermittenda, si qua docti & periti homines ea de re monuerunt. Nullius autem Philosophi commentarios Hesiodo præferri uelim, tanta est & grauitas in docendo & simplicitas. Illi sæpe, dum ad uiuum omnia resecare student, dum odiose rixantur, altercando ueritatem amittunt. Nam ut alia omittam, plerique Philosophorum, Deum administratione rerum submouent, negantque ei res mortalium curæ esse. Neque animaduertunt, ab ipsa natura nos commoneri, esse aliquam mentem, quæ hæc humana regat, bonos seruet, improbos puniat. Melius igitur Hesiodus, quia in iustitiæ præceptis flagitiosis grauissimas pœnas interminatur, præmia bonis pollicetur. Venit mihi in mentem Luciani, qui ut solet per iocum cum Hesiodo expostulat, cur, cum pollicitus sit se scripturum τά τ' ἐόντα καὶ τὰ ἐσόμενα, præsentia & futura, nihil tamen prædixerit, nulla rerum futurarum uaticinia reliquerit. Ego uero non tam uaticinari duco Chaldæos illos quos uocant, qui prædicunt, uter in alea, seu ludo talorum uicturus sit, aut etiam, qui tempestatum uices præuident, quàm Hesiodum ex consilijs hominum exitus & casus coniectantem. Ea diuinatio & ex certissimis orta causis est & bono uiro dignissima, qua

& mul-

PRAEFATIO

& multos alios & Platonem usum de Dionysio uidemus, quando calamitosum Tyrannidis exitum prædixit. Neq; aliud prædictionum genus ad uitam utilius est, cui si Nero, si Domitianus, & plerique alij fidem potius adhibuissent, quàm uanis promissis ariolorum, in tantas calamitates non incidissent. Nos uerò cum Hesiodum audimus cõmemorantem, quæ supplicia improbis impendeant, non humana aliqua, sed diuina uoce nos à turpitudine absterreri, & ad uirtutem colendam inuitari existimemus. Dixi de argumento prioris libelli: posterior ortus & occasus syderum & pleraq; φυσικὰ continet. Et quia solent in scholis quidam technici libelli de natura rerum proponi, quales sunt, uel de sphæra cõmentarius, uel Aristotelis μετέωρα, uel de Cœlo, uidetur mihi in his etiam aliquis locus Hesiodo tribuendus esse, quia temporum uices, ortus syderum, dierum spatia, mira diligentia annotauit, uideturq; inter primos apud Græcos Astronomiam attigisse. Nec eius artis contemnendus author Aristoteli & Plinio uisus est, qui aliquoties eius testimonium allegant. Est autem cum omnium naturæ partium, tum maxime cœlestium motuum, & syderum perliberalis cognitio. Nec mihi iniuria Plato dixisse uidetur, non homines, sed suillum pecus esse, quicunque nullo eius artis studio tenentur. Nemo enim fuit unquam sanus homo, qui etiamsi alias artes hominum industria excogitatas esse iudicaret, non uideret tantam esse Astronomiæ præstãtiam, ut neminem nisi Deum authorem eius & repertorem faciendum putaret. Itaque & Manilius Ethnicus scriptor, negat potuisse fieri, ut res tam procul à nobis positæ deprehenderentur, nisi hominum animis diuinitus monstratæ essent. Sic enim ait:

Quis foret humano conatus pectore tantum,
Inuitis ut Dijs cuperet Deus ipse uideri? Sensit enim
quandam

quandam diuinitatis similitudinem esse, illarum rerum no
titiam potuisse consequi. Non libet autem hoc tempore u_
tilitates huius artis enumerare. sunt enim propemodum in
finitæ, & quædam ita sunt ob oculos positæ, ut etiam ab in
doctis cerni queant.

Cum igitur Hesiodus grauissimarum rerum præcepta
contineat, & ad mores formandos, & uitā recte instituēdā
& ad cognitionē rerū naturaliū cōducat, quis nō dignissi
mum lectu iudicare queat? Ego uero etiā sæpe relegendū,
& ad uerbū ediscendū esse censeo. An si in excellentibus pi
cturis contemplandis nunquā oculi exaturantur, sed quo
diutius in eis hærent, eo magis admiratio uidendiq; cupi
ditas crescit, (quis enim nostrū, quoties in templū uenit, nō
toties resistit ad eas tabulas quas ibi uel Durerus, uel noster
Lucas posuit?) non idē accidat in egregio poemate cōsyde
rando? Truncū ac caudicē illū profecto dicere nihil uere
ar, cui satis est semel aut iterū excellens & ornatū carmen le
gisse. Proinde sicut apud Vergil. mirabili cupiditate ac læ
titia intuetur cœlo demissū clypeū Aeneas & argumētū in
eo cælatū diligēter cōsyderat, cū quidē eū nō modo operis
uarietas, sed etiā illa rerū futurarū præstigia et cōmonent et
detinēt, deniq; *Expleri nequit atq; oculos per singula uoluit,*
Miraturq;, interq; manus & brachia uersat.
Ita & uos nunquā satietas aut fastidiū legendi Hesiodi capi
at. Sed in eū assidue oculos defigite, oēs locos diligentissi
me excutite, & sententias eius uobis ita familiares facite, ut
quoties aliqua de re deliberabitis, in mentē uobis illa ho
nestissima præcepta ueniāt. Multū etiā sermo uester ab illo
transferat, ac mutuetur. Nos quidē quantū in hac ingenij
atq; eruditionis mediocritate prestare possumus, dabimus
operā, ne quē pœniteat nobis enarrantib. hunc poetā ope
ram dedisse.   DIXI.

PRAESTANTI DOCTRI-
NA ET VIRTVTE VIRO D.
ANTONIO SCHNEBERGERO
doctori medico excellentissimo, Io=
annes Frisius Tigurinus
S. D. P.

CVM omnis omnium discentium ratio in ipsa exer citatione consistat, ac nullus ferè studiosorum ad uerum & certum eruditionis fastigium sine hac peruenire possit: uisum est mihi, Ceporini nostri scholia suis grammaticæ præceptis olim adiecta, denuo iuuen= tuti communicare, ac simul authoris consilium paucis indica= re. Scripsit enim uir ille & pietate & eruditione insignis, de institutione Grammatica in linguam Græcam, compendium, a= deò breue & eruditum, (præsertim in ijs quæ ad linguarum proprietates, quas Græci ἰδιωτισμοὺς uocant, pertinere uidetur) ut suæ ætatis homines, sua industria ferè omnes excelluerit. Hoc, quantùm accessione exemplorum, meo labore & studio, accreuerit, exemplaria à FROSCHOVERO nostro ex cusa satis testantur. Cum igitur Hesiodus grauissimarum re= rum sententijs præ cæteris redundet, quæ ad mores forman= dos & uitam rectè instituendam plurimùm conducunt: uoluit Ceporinus teneros adolescentium animos hisce saluberrimis e= ius præceptis imbui, ut statim ab ineunte ætate quid ipsis imi= tandum fugiendúmue sit, ex hoc authore instituerentur. Cæte rum quo facilius Græcarum literarum candidati in hoc poeta uersari queant, & simul ij qui iam grammaticæ eius rudimen ta perceperint, in his probè tanquã uiua præceptoris uoce exerceantur, hunc Hesiodi librum (cui titulus inscribitur Ἔργα καὶ Ἡμέραι, Opera & Dies) breui scholio ita adornauit, dictiones & sententias obscuriores ita explicauit, ut studiosa iuuentus & authoris sensum intelligere, & omnem omnium Thematum difficultatem superare, uerborum compositionem, et uarias huius linguæ dialectos citra ullam morã domo haurire possit. Quantum uerò operæ, laboris, & diligẽtiæ nos in hæc scholia nunc primum contulerimus, quiuis studiosorum (si nostra cum prioribus conferat) facile deprehendet, & iudicabit. Et hos quidem omnes labores, conatusquē nostros, tibi doctißime Schnebergere dedicare uolui: partim quidem, quoniam à teneris annis Latina cum Græcis coniunxisti, ut in hisce legendis, quantum ab arte medica, qua plurimum & excellis & occuparis, otij tibi fuerit, te interdum oblectes: Partim uerò, quòd uirtutes tuæ, ac generis claritudo, & quæ nobis olim interceßit coniunctio, hoc officij à me postulare uiderentur. Nam felicis memoriæ pater tuus, pietate et artis medicæ cognitione clarus cum immatura morte tibi eriperetur, ut quàm honestißimè te instituendum curaret, matri tuæ, lectißimæ ac nobili matronæ summo studio demandauit. Itaq; mater eo defuncto, in hoc tota semper fuit, ut & eruditione, ac uitæ integritate longè excelleres. De te etenim non paruam semper, ob natiuam ingenij tui bonitatem, sustinuit expectationem. Hæc ipsa utinã superstes (nam anno superiore uigesimo secundo die Nouembris uitam hanc mortalem cum meliore commutauit) te in omnibus honestis disciplinis institutum & edoctum, quo nunc es statu, intueri potuisset. Sed Dei Opt. Max. uoluntati acquiescendum est. Vale, & meum erga te studium amplectere. Te salutat noster communis amicus Conradus Gesnerus. Item cognatus tuus Felix Schnebergerus, ciuis noster, genere & doctrina excellens, qui Deum ex animo precari solet, ut res tuæ tibi faustè & prospere usq; usq; eueniant. Tiguri in inclyta Heluetiorum metropoli. Tertio die Ianuarij, Anno salutis humanæ M. D. LXII.

TOTIVS OPERIS ARGVMENTVM.

Liber hic Hesiodi inscribitur Opera & Dies: Qui titulus & argumentum scribendi, & inuétionem operis præ se fert. Innuit enim poeta, se scripturum de agricultura: quæ labore & operibus constat, quæ opera certis diebus & temporibus peragenda sunt. Itaq; hoc titulo, summam rei rusticæ, breuissimè & ueluti oraculo quodam complexus est. nam per opera, significat agriculturam esse artem & scientiam, quæ non speculatione & inerti otio, aut alieno sumptu, sed ipsa actione peragatur. Per dies, innuit in ea scientia, suo tempore singula esse facienda.   Hæc de inuentione.

Dispositione utitur admirabili. Nam cùm in omni disciplina & arte consequenda, requiratur primùm, Voluntas agendi: deinde prudentia & peritia rei ipsius, quam agere uelis: In primo libro Hesiodus, futurum agricolam, ad laborem, & operis faciendi studium adhortatur, ut promptissimo animo, & uoluntate paratus sit ad laborandum & opus faciendum.

Id autem suadet & persuadere conatur uarijs argumentis:

mentis:in primis autem à prouidentia Dei, cùm dicit laborandum homini esse, quòd ita à Deo sit ordinatum & constitutum, cuius uoluntati neque fas, neque possi bile sit homini reluctari: quamuis in prima mundi creatione, omnia omnibus absq; labore prouenerint, tamen uitio hominum factum esse, ut iam nunc omnia labore sint paranda. Proinde libenter satis esse obtemperandum: ita enim fieri, ut pie, ut commode, ut feliciter uiuamus. Ibi obiter alia atq; alia præcepta tradit quæ ad pietatem, & ad ciuiles mores attinent: idque facit per ænigmata, per fabulas, per apologos, & sæpenumero etiam aperte & simpliciter. Atque hæc summa primi libri, ut agricola uoluntatem laborandi habeat. In secundo libro, rem ipsam aggreditur, & peritiam atque artem ipsam agricolationis tradit, ut suo loco cognoscemus. Hæc igitur est dispositio, primùm, ut uoluntarium habeat agricolam: Secundò, ut peritum habeat agricolam qui opus suo tempore, certo modo & ratione faciat.

Elocutio Hesiodi Dorica & Poetica est.
Finem huius disciplinæ rusticæ constituit ipse Poeta, diuitias: sed eas, quas quisque sibi suo parauerit labore, absque iniuria & fraude alterius: quas etiã fatetur nulli obuenire, nisi ei qui à Dijs fuerit adamatus, &
(ut nos rectè loquimur) qui benedictio
nem Domini habuerit.

HESIODI VITA
ex Suida.

Ἡσίοδος, Κυμαῖος· νέος δὲ κομισθεὶς ὑπὸ τοῦ πατρὸς Δίου, καὶ μητρὸς πυκιμήδης, ἐν Ἄσκρῃ τῆς Βοιωτίας. γενεαλογεῖται δὲ ἐπὶ τῷ Δίου τῷ ἀμπελίδου τοῦ μελανώπου, ὅν φασί τινες τοῦ Ὁμήρου προπάτορος εἶ πάππον· ὡς ἀνεψιάδω εἶ Ἡσιόδου τὸν Ὅμηρον· ἑκάτερον δὲ ἀπὸ τοῦ ἄτλαντος κατάγεσθαι. Ποιήματα δὲ αὐτοῦ ταῦτα· Θεογονία, Ἔργα καὶ Ἡμέραι, Ἀσπὶς, Γυναικῶν ἡρωϊνῶν κατάλογος ἐν βιβλίοις ἕ, ἐπικήδειος εἰς βάτραχόν τινα ἐρώμενον αὐτοῦ, περὶ τῶν ἰδαίων δακτύλων, καὶ ἄλλα πολλά. Ἐτελεύτησε δὲ ἐπιξενωθεὶς παρ᾽ Ἀντίφῳ καὶ Κτιμένῳ· οἱ νύκτωρ δόξαντες ἀναιρεῖν φθορέα ἀδελφῆς ἑαυτῶν, ἀνεῖλον τὸν Ἡσίοδον ἄκοντες. ἦν δὲ καὶ Ὁμήρου, κατά τινας, πρεσβύτερος· κατὰ δὲ ἄλλοις, σύγχρονος. Πορφύριος καὶ ἄλλοι πλεῖστοι, νεώτερον ἑκατὸν ἐνιαυτοῖς ὁρίζουσιν, ὡς λβ. μόνοις ἐνιαυτοὺς συμπροτερεῖν τῆς πρώτης Ὀλυμπιάδος.

ΗΣΙΟΔΟΥ
ΤΟΥ ΑΣΚΡΑΙΟΥ ΕΡΓΑ
ΚΑΙ ΗΜΕΡΑΙ.

Οῦσαι πιερίηθεν ἀοιδῇσι κλείου-
σαι,
Δεῦτε, Δί᾽ ἐννέπετε σφέτερον πα-
τέρ᾽ ὑμνείουσαι,
Ὅν τε διὰ θνητοὶ ἄνδρες ὁμῶς ἄφα
τοί τε φατοί τε,
Ρητοί τ᾽ ἄρρητοί τε, Διὸς μεγάλοιο ἕκητι.
Ρεῖα μὲν γὰρ βριάει, ῥέα δὲ βριάοντα χαλέπτει·
Ρεῖα δ᾽ ἀρίζηλον μινύθει, καὶ ἄδηλον ἀέξει·
Ρεῖα δέ τ᾽ ἰθύνει σκολιὸν, καὶ ἀγήνορα κάρφει,
Ζεὺς ὑψιβρεμέτης, ὃς ὑπέρτατα δώματα ναίει.
Κλῦθι ἰδὼν ἀΐων τε, δίκῃ δ᾽ ἴθυνε θέμιστας
Τύνη· ἐγὼ δέ κε Πέρσῃ ἐτήτυμα μυθησαίμην.

   Οὐκ ἄρα μοῦνον ἔην ἐρίδων γένος, ἀλλ᾽ ἐπὶ γαῖαν
Εἰσὶ δύω· τὴν μέν κεν ἐπαινήσειε νοήσας,
Ἡ δ᾽ ἐπιμωμητή· διὰ δ᾽ ἄνδιχα θυμὸν ἔχουσιν.
Ἡ μὲν γὰρ πόλεμόν τε κακὸν, καὶ δῆριν ὀφέλλει
Σχετλίη· οὔτις τήν γε φιλεῖ βροτὸς, ἀλλ᾽ ὑπ᾽ ἀνάγκης
Ἀθανάτων βουλῇσιν ἔχειν τιμῶσι βαρεῖαν.
Τὴν δ᾽ ἑτέρην προτέρην μὲν ἐγείνατο νὺξ ἐρεβεννή·
Θῆκε δέ μιν Κρονίδης ὑψίζυγος αἰθέρι ναίων,

b 4

24 ΗΣΙΟΔΟΥ ΤΟΥ ΑΣΚΡΑΙΟΥ

Γαίης τ' ἐν ῥίζῃσι, καὶ ἀνδράσι πολλὸν ἀμείνων·
Ἥ τε καὶ ἀπάλαμνόν περ, ὅμως ἐπὶ ἔργον ἐγείρει.
Εἰς ἕτερον γὰρ τίς τε ἰδὼν, ἔργοιο χατίζων,
Πλούσιον, ὃς σπεύδει μὲν ἀρόμμεναι ἠδὲ φυτεύειν,
Οἶκόν τ' εὖ θέσθαι· ζηλοῖ δέ τε γείτονα γείτων
Εἰς ἄφενον σπεύδοντ'. ἀγαθὴ δ' ἔρις ἥδε βροτοῖσι·
Καὶ κεραμεὺς κεραμεῖ κοτέει, καὶ τέκτονι τέκτων,
Καὶ πτωχὸς πτωχῷ φθονέει, καὶ ἀοιδὸς ἀοιδῷ.

  Ὦ Πέρση· σὺ δὲ ταῦτα τεῷ ἐνικάτθεο θυμῷ,
Μὴ δέ σ' ἔρις κακόχαρτος ἀπ' ἔργου θυμὸν ἐρύκοι,
Νείκε' ὀπιπεύοντ', ἀγορῆς ἐπακουὸν ἐόντα.
Ὥρη γάρ τ' ὀλίγη πέλεται νεικέων τ' ἀγορέων τε,
ᾯτινι μὴ βίος ἔνδον ἐπηετανὸς κατάκειται
Ὡραῖος, τὸν γαῖα φέρει Δημήτερος ἀκτήν.
Τοῦ κεκορεσσάμενος, νείκεα καὶ δῆριν ὀφέλλοις
Κτήμασ' ἐπ' ἀλλοτρίοις. σοὶ δ' οὐκ ἔτι δεύτερον ἔσται
Ὧδ' ἔρδειν· ἀλλ' αὖθι διακρινόμεθα νεῖκος
Ἰθείῃσι δίκαις, αἵτ' ἐκ Διός εἰσιν ἄρισται.
Ἤδη μὲν γὰρ κλῆρον ἐδασσάμεθ'· ἄλλα τε πολλὰ
Ἁρπάζων ἐφόρεις, μέγα κυδαίνων βασιλῆας
Δωροφάγους, οἳ τήνδε δίκην ἐθέλουσι δικάσσαι.
Νήπιοι, οὐδ' ἴσασιν ὅσῳ πλέον ἥμισυ παντός,
Οὐδ' ὅσον ἐν μαλάχῃ τε καὶ ἀσφοδέλῳ μέγ' ὄνειαρ.
Κρύψαντες γὰρ ἔχουσι θεοὶ βίον ἀνθρώποισι.
Ῥηϊδίως γάρ κεν καὶ ἐπ' ἤματι ἐργάσαιο,
Ὥς τε σε κ' εἰς ἐνιαυτὸν ἔχειν καὶ ἀεργὸν ἐόντα.

Αἶψ.

ΕΡΓΩΝ ΚΑΙ ΗΜΕΡΩΝ Α.

Αἶψά κε πηδάλιον μὲν ὑπὲρ καπνῦ καταθεῖο,
Ἔργα βοῶν δ' ἀπόλοιτο καὶ ἡμιόνων ταλαεργῶν·
Ἀλλὰ Ζεὺς ἔκρυψε, χολωσάμενος φρεσὶν ᾗσιν.
Ὅτι μιν ἐξαπάτησε Προμηθεὺς ἀγκυλομήτης,
Τοὔνεκ' ἄρ' ἀνθρώποισιν ἐμήσατο κήδεα λυγρά.
Κρύψε δὲ πῦρ· τὸ μὲν αὖτις ἐὺς πάϊς Ἰαπετοῖο,
Ἔκλεψ' ἀνθρώποισι Διὸς παρὰ μητιόεντος
Ἐν κοίλῳ νάρθηκι, λαθὼν Δία τερπικέραυνον.

Τὸν τε χολωσάμενος προσέφη νεφεληγερέτα Ζεύς·
Ἰαπετιονίδη, πάντων πέρι μήδεα εἰδώς,
Χαίρεις πῦρ κλέψας, καὶ ἐμὰς φρένας ἠπεροπεύσας,
Σοί τ' αὐτῷ μέγα πῆμα καὶ ἀνδράσιν ἐσσομένοισι·
Τοῖς δ' ἐγὼ ἀντὶ πυρὸς δώσω κακόν, ᾧ κεν ἅπαντες
Τέρπωνται κατὰ θυμόν, ἑὸν κακὸν ἀμφαγαπῶντες.

Ὣς ἔφατ', ἐκ δ' ἐγέλασσε πατὴρ ἀνδρῶν τε θεῶν τε.
Ἥφαιστον δ' ἐκέλευσε περικλυτὸν, ὅττι τάχιστα
Γαῖαν ὕδει φύρειν, ἐν δ' ἀνθρώπου θέμεν αὐδὴν,
Καὶ σθένος, ἀθανάτῃς δὲ θεῇς εἰς ὦπα ἐΐσκειν
Παρθενικῆς, καλὸν εἶδος, ἐπήρατον· αὐτὰρ Ἀθήνην
Ἔργα διδασκῆσαι, πολυδαίδαλον ἱστὸν ὑφαίνειν·
Καὶ χάριν ἀμφιχέαι κεφαλῇ χρυσέην Ἀφροδίτην,
Καὶ πόθον ἀργαλέον, καὶ γυιοκόρους μελεδῶνας.
Ἐν δὲ θέμεν κυνεόν τε νόον καὶ ἐπίκλοπον ἦθος,
Ἑρμείην ἤνωγε διάκτορον ἀργειφόντην.

Ὣς ἔφατ', οἱ δ' ἐπίθοντο Διῒ Κρονίωνι ἄνακτι.
Αὐτίκα δ' ἐκ γαίης πλάσσε κλυτὸς ἀμφιγυήεις,

ΗΣΙΟΔΟΥ ΤΟΥ ΑΣΚΡΑΙΟΥ

Παρθένῳ αἰδοίῃ ἴκελον, Κρονίδεω διὰ βουλὰς.
Ζῶσε δὲ καὶ κόσμησε θεὰ γλαυκῶπις Ἀθήνη.
Ἀμφὶ δὲ οἱ χάριτές τε θεαὶ, καὶ πότνια πειθὼ,
Ὁρμοὺς χρυσείους ἔθεσαν χροΐ· ἀμφὶ δὲ τήν γε
ὧραι καλλίκομοι στέφον ἄνθεσιν εἰαρινοῖσι.
Πάντα δὲ οἱ χροΐ κόσμον ἐφήρμοσε Παλλὰς ἀθήνη.
Ἐν δ' ἄρα οἱ στήθεσσι διάκτορος ἀργειφόντης
Ψεύδεά θ' αἱμυλίους τε λόγους καὶ ἐπίκλοπον ἦθος
Τεῦξε, Διὸς βουλῇσι βαρυκτύπου· ἐν δ' ἄρα φωνὴν
Θῆκε θεῶν κήρυξ· ὀνόμηνε δὲ τήνδε γυναῖκα
Πανδώρην, ὅτι πάντες Ὀλύμπια δώματ' ἔχοντες
Δῶρον ἐδώρησαν, πῆμ' ἀνδράσιν ἀλφηστῇσιν.

Αὐτὰρ ἐπεὶ δ' ὅλον αἶπυν, ἀμήχανον ἐξετέλεσεν·
Εἰς Ἐπιμηθέα πέμπε πατὴρ κλυτὸν ἀργεϊφόντην,
Δῶρον ἄγοντα θεῶν, ταχὺν ἄγγελον· οὐδ' Ἐπιμηθεὺς
Ἐφράσαθ' ὥς οἱ ἔειπε Προμηθεὺς, μήποτε δῶρον
Δέξασθαι παρ Ζηνὸς ὀλυμπίου, ἀλλ' ἀποπέμπειν
Ἐξοπίσω, μή πού τι κακὸν θνητοῖσι γένηται·
Αὐτὰρ ὁ δεξάμενος, ὅτε δὴ κακὸν εἶχ', ἐνόησε.

Πρὶν μὲν γὰρ ζώεσκον ἐπὶ χθονὶ φῦλ' ἀνθρώπων,
Νόσφιν ἄτερ τε κακῶν, καὶ ἄτερ χαλεποῖο πόνοιο,
Νούσων τ' ἀργαλέων, αἵ τ' ἀνδράσι γῆρας ἔδωκαν.
Αἶψα γὰρ ἐν κακότητι βροτοὶ καταγηράσκουσι.
Ἀλλὰ γυνὴ χείρεσσι πίθου μέγα πῶμ' ἀφελοῦσα,
Ἐσκέδασ', ἀνθρώποισι δ' ἐμήσατο κήδεα λυγρά.
Μούνη δ' αὐτόθι ἐλπὶς ἐν ἀρρήκτοισι δόμοισι

Ἔνδον

ΕΡΓΩΝ ΚΑΙ ΗΜΕΡΩΝ Α. 27

Ἔνδον ἔμιμνε πίθου ὑπὸ χείλεσιν, οὐδὲ θύραζε
Ἐξέπτη· πρόσθεν γὰρ ἐπέμβαλε πῶμα πίθοιο,
Αἰγιόχου βουλῇσι Διὸς νεφεληγερέταο.
Ἀλλὰ ἢ μυρία λυγρὰ κατ' ἀνθρώπους ἀλάληται·
Πλείη μὲν γὰρ γαῖα κακῶν, πλείη δὲ θάλασσα·
Νοῦσοι δ' ἀνθρώποισιν ἐφ' ἡμέρῃ, ἠδ' ἐπὶ νυκτὶ,
Αὐτόματοι φοιτῶσι, κακὰ θνητοῖσι φέρουσαι,
Σιγῇ, ἐπεὶ φωνὴν ἐξείλετο μητίετα Ζεύς.
Οὕτως οὔτι πη ἔστι Διὸς νόον ἐξαλέασθαι.
εἰ δ' ἐθέλεις, ἕτερόν τοι ἐγὼ λόγον ἐκκορυφώσω
Εὖ καὶ ἐπισταμένως· σὺ δ' ἐνὶ φρεσὶ βάλλεο σῇσιν.

Ὡς ὁμόθεν γεγάασι θεοὶ, θνητοί τ' ἄνθρωποι·
Χρύσεον μὲν πρώτιστα γένος μερόπων ἀνθρώπων
Ἀθάνατοι ποίησαν ὀλύμπια δώματ' ἔχοντες.
Οἱ μὲν ἐπὶ Κρόνου ἦσαν, ὅτ' οὐρανῷ ἐμβασίλευεν·
Ὥς τε θεοὶ δ' ἔζωον, ἀκηδέα θυμὸν ἔχοντες,
Νόσφιν ἄτερ τε πόνων καὶ ὀϊζύος· οὐδ' ἔτι δειλὸν
Γῆρας ἐπῆν, αἰεὶ δὲ πόδας καὶ χεῖρας ὅμοιοι
Τέρπoντ' ἐν θαλίῃσι κακῶν ἔκτοθεν ἁπάντων·
Θνῆσκον δ', ὡς ὕπνῳ δεδμημένοι· ἐσθλὰ δὲ πάντα
Τοῖσιν ἔην, καρπὸν δ' ἔφερε ζείδωρος ἄρουρα
Αὐτομάτη πολλόν τε καὶ ἄφθονον· οἱ δ' ἐθελημοὶ,
Ἥσυχοι, ἔργα νέμοντο σὺν ἐσθλοῖσιν πολέεσσιν.

Αὐτὰρ ἐπεὶ καὶ τοῦτο γένος κατὰ γαῖα κάλυψε,
Τοὶ μὲν δαίμονές εἰσι Διὸς μεγάλου διὰ βουλάς·

ΗΣΙΟΔΟΥ ΤΟΥ ΑΣΚΡΑΙΟΥ

Ἐσθλοὶ ἐπιχθόνιοι φύλακες θνητῶν ἀνθρώπων,
Οἵ ῥα φυλάσσουσί τε δίκας καὶ σχέτλια ἔργα,
Ἠέρα ἑσσάμενοι, πάντη φοιτῶντες ἐπ' αἶαν,
Πλουτοδόται. καὶ τοῦτο γέρας βασιλήϊον ἔχον.

Δεύτερον αὖτε γένος πολὺ χειρότερον, μετόπισθεν
Ἀργύρεον ποίησαν, Ὀλύμπια δώματ' ἔχοντες,
Χρυσέῳ οὔτε φυὴν ἐναλίγκιον οὔτε νόημα.
Ἀλλ' ἑκατὸν μὲν παῖς ἔτεα παρὰ μητέρι κεδνῇ
Ἐτρέφετ' ἀτάλλων μέγα νήπιος, ᾧ ἐνὶ οἴκῳ·
Ἀλλ' ὅταν ἡβήσειε, καὶ ἥβης μέτρον ἵκοιτο,
Παυρίδιον ζώεσκον ἐπὶ χρόνον, ἄλγε' ἔχοντες
Ἀφραδίαις. ὕβριν γὰρ ἀτάσθαλον οὐκ ἐδύναντο
Ἀλλήλων ἀπέχειν, οὐδ' ἀθανάτους θεραπεύειν
Ἤθελον, οὐδ' ἔρδειν μακάρων ἱεροῖς ἐπὶ βωμοῖς,
ᾗ θέμις ἀνθρώποισι κατ' ἤθεα. τοὺς μὲν ἔπειτα
Ζεὺς Κρονίδης ἔκρυψε χολούμενος, οὕνεκα τιμὰς
Οὐκ ἐδίδουν μακάρεσσι θεοῖς, οἳ Ὄλυμπον ἔχουσιν.

Αὐτὰρ ἐπεὶ καὶ τοῦτο γένος κατὰ γαῖα κάλυψε,
Τοὶ μὲν ὑποχθόνιοι μάκαρες θνητοὶ καλέονται
Δεύτεροι· ἀλλ' ἔμπης τιμὴ καὶ τοῖσιν ὀπηδεῖ.
Ζεὺς δὲ πατὴρ τρίτον ἄλλο γένος μερόπων ἀνθρώπων,
Χάλκειον ποίησ', οὐκ ἀργυρέῳ οὐδὲν ὁμοῖον,
Ἐκ μελιᾶν, δεινόν τε, καὶ ὄβριμον· οἷσιν Ἄρηος
Ἔργ' ἔμελε στονόεντα, καὶ ὕβριες· οὐδέ τι σῖτον
Ἤσθιον· ἀλλ' ἀδάμαντος ἔχον κρατερόφρονα θυμόν,
Ἄπλαστοι· μεγάλη δὲ βίη, καὶ χεῖρες ἄαπτοι,

Ἐξ

ΕΡΓΩΝ ΚΑΙ ΗΜΕΡΩΝ Α.   29

Εξ ώμων ἐπέφυκον ἐπὶ στιβαροῖς μελέεσσιν.
Τοῖς δ' ἧν χάλκεα μὲν τεύχεα, χάλκεοι δέ τε οἶκοι·
Χαλκῷ δ' ἐργάζοντο. μέλας δ' ἐκ ἔσκε σίδηρος.
Καὶ τοὶ μὲν χείρεσσιν ὑπὸ σφετέρῃσι δαμέντες,
Βῆσαν ἐς εὐρώεντα δόμον κρυεροῦ ἀΐδαο,
Νώνυμνοι· θάνατος δὲ καὶ ἐκπάγλους περ ἐόντας
Εἷλε μέλας, λαμπρὸν δ' ἔλιπον φάος ἠελίοιο.

Αὐτὰρ ἐπεὶ καὶ τοῦτο γένος κατὰ γαῖα κάλυψε·
Αὖθις ἔτ' ἄλλο τέταρτον ἐπὶ χθονὶ πουλυβοτείρῃ
Ζεὺς Κρονίδης ποίησε, δικαιότερον, καὶ ἄρειον
Ανδρῶν ἡρώων θεῖον γένος. οἳ καλέονται
Ἡμίθεοι, προτέρη γενεῇ, κατ' ἀπείρονα γαῖαν.
Καὶ τοὺς μὲν πόλεμός τε κακὸς, καὶ φύλοπις αἰνὴ,
Τοὺς μὲν, ἐφ' ἑπταπύλῳ Θήβῃ Καδμηΐδι γαίῃ
Ὤλεσε, μαρναμένους μήλων ἕνεκ' Οἰδιπόδαο·
Τοὺς δὲ καὶ ἐν νήεσσιν ὑπὲρ μέγα λαῖτμα θαλάσσης
Εἰς Τροίην ἀγαγὼν, Ἑλένης ἕνεκ' ἠϋκόμοιο.
Ἔνθ' ἤτοι μὲν τοὺς, θανάτου τέλος ἀμφεκάλυψε·
Τοῖς δὲ, δίχ' ἀνθρώπων βίοτον καὶ ἤθε' ὀπάσας,
Ζεὺς Κρονίδης κατένασσε πατὴρ εἰς πείρατα γαίης.
Καὶ τοὶ μὲν ναίουσιν, ἀκηδέα θυμὸν ἔχοντες,
Ἐν μακάρων νήσοισι, παρ' ὠκεανὸν βαθυδίνην,
Ὄλβιοι ἥρωες, τοῖσι μελιηδέα καρπὸν
Τρὶς τοῦ ἔτεος θάλλοντα φέρει ζείδωρος ἄρουρα.
Μηκέτ' ἔπειτ' ὤφελον ἐγὼ πέμπτοισι μετεῖναι
Ἀνδράσιν, ἀλλ' ἢ πρόσθε θανεῖν, ἢ ἔπειτα γενέσθαι.

ΗΣΙΟΔΟΥ ΤΟΥ ΑΣΚΡΑΙΟΥ

Νῦν γὰρ δὴ γένος ἐστὶ σιδήρεον· οὐδέ ποτ' ἦμαρ
Παύσονται καμάτου καὶ ὀϊζύος, οὐδ' ἔτι νύκτωρ,
Φθειρόμενοι· χαλεπὰς δὲ θεοὶ δώσουσι μερίμνας.
Ἀλλ' ἔμπης καὶ τοῖσι μεμίξεται ἐσθλὰ κακοῖσιν.
Ζεὺς δ' ὀλέσει καὶ τοῦτο γένος μερόπων ἀνθρώπων,
Εὖτ' ἂν γεινόμενοι πολιοκρόταφοι τελέθωσιν.
Οὐδὲ πατὴρ παίδεσσιν ὁμοίϊος, οὐδέ τι παῖδες,
Οὐδὲ ξεῖνος ξεινοδόκῳ, καὶ ἑταῖρος ἑταίρῳ,
Οὐδὲ κασίγνητος φίλος ἔσεται, ὡς τὸ πάρος περ.
Αἶψα δὲ γηράσκοντας ἀτιμήσουσι τοκῆας·
Μέμψονται δ' ἄρα τοὺς χαλεποῖς βάζοντες ἐπέεσσι,
Σχέτλιοι, οὐδὲ θεῶν ὄπιν εἰδότες· οὐδέ κεν οἵ γε
Γηράντεσσι τοκεῦσιν ἀπὸ θρεπτήρια δοῖεν.
Χειροδίκαι, ἕτερος δ' ἑτέρου πόλιν ἐξαλαπάξει.
Οὐδέ τις εὐόρκου χάρις ἔσσεται, οὔτε δικαίου,
Οὔτ' ἀγαθοῦ· μᾶλλον δὲ κακῶν ῥεκτῆρα καὶ ὕβριν
Ἀνέρα τιμήσουσι· δίκη δ' ἐν χερσὶ καὶ αἰδὼς
Οὐκ ἔσται· βλάψει δ' ὁ κακὸς τὸν ἀρείονα φῶτα,
Μύθοισι σκολιοῖς ἐνέπων, ἐπὶ δ' ὅρκον ὀμεῖται.
Ζῆλος δ' ἀνθρώποισιν ὀϊζυροῖσιν ἅπασιν
Δυσκέλαδος κακόχαρτος ὁμαρτήσει στυγερώπης.
Καὶ τότε δὴ πρὸς ὄλυμπον ἀπὸ χθονὸς εὐρυοδείης,
Λευκοῖσι φαρέεσσι καλυψαμένω χρόα καλόν,
Ἀθανάτων μετὰ φῦλον ἴτων, προλιπόντ' ἀνθρώπους
Αἰδὼς καὶ Νέμεσις· τὰ δὲ λείψεται ἄλγεα λυγρὰ
Θνητοῖς ἀνθρώποισι, κακοῦ δ' οὐκ ἔσσεται ἀλκή.

Νῦν

ΕΡΓΩΝ ΚΑΙ ΗΜΕΡΩΝ Α.

Νῦν δ' αἶνον βασιλεῦσ' ἐρέω, φρονέουσι κỳ αὐτοῖς.
Ὧδ' ἴρηξ προσέειπεν ἀηδόνα ποικιλόδειρον,
Ὕψι μάλ' ἐν νεφέεσσι φέρων ὀνύχεσσι μεμαρπώς·
Ἡ δ' ἐλεὸν γναμπτοῖσι πεπαρμένη ἀμφ' ὀνύχεσσι,
Μύρετο. τὴν ὅγ' ἐπικρατέως πρὸς μῦθον ἔειπε·
Δαιμονίη, τί λέλακας; ἔχει νύ σε πολλὸν ἀρείων.
Τῇ δ' εἶς, ᾗ σ' ἂν ἐγώ περ ἄγω καὶ ἀοιδὸν ἐοῦσαν.
Δεῖπνον δ', αἴ κ' ἐθέλω, ποιήσομαι, ἠὲ μεθήσω.
Ἄφρων δ' ὅς κ' ἐθέλοι πρὸς κρείσσονας ἀντιφερίζειν·
Νίκης τε στέρεται, πρός τ' αἴσχεσιν ἄλγεα πάσχει.
Ὣς ἔφατ' ὠκυπέτης ἴρηξ, τανυσίπτερος ὄρνις.
Ὦ Πέρση, σὺ δ' ἄκουε δίκης, μηδ' ὕβριν ὄφελλε.
Ὕβρις γάρ τε κακὴ δειλῷ βροτῷ· οὐδὲ μὲν ἐσθλὸς
Ῥηϊδίως φερέμεν δύναται, βαρύθει δέ θ' ὑπ' αὐτῆς,
Ἐγκύρσας ἄτῃσιν. ὁδὸς δ' ἑτέρηφι παρελθεῖν
Κρείσσων ἐς τὰ δίκαια· δίκη δ' ὑπὲρ ὕβριος ἴσχει,
Ἐς τέλος ἐξελθοῦσα. παθὼν δέ τε νήπιος ἔγνω.
Αὐτίκα γὰρ τρέχει ὅρκος ἅμα σκολιῇσι δίκῃσιν·
Τῆς δὲ δίκης ῥόθος, ἑλκομένης ᾗ κ' ἄνδρες ἄγωσι
Δωροφάγοι, σκολιαῖς δὲ δίκαις κρίνωσι θέμιστας.
Ἡ δ' ἕπεται, κλαίουσα πόλιν τε καὶ ἤθεα λαῶν,
Ἠέρα ἑσσαμένη, κακὸν ἀνθρώποισι φέρουσα,
Οἵ τέ μιν ἐξελάσωσι, καὶ οὐκ ἰθεῖαν ἔνειμαν.
Οἳ δὲ δίκας ξείνοισι καὶ ἐνδήμοισι διδοῦσι
Ἰθείας, καὶ μή τι παρεκβαίνουσι δικαίου·
Τοῖσι τέθηλε πόλις, λαοὶ δ' ἀνθεῦσιν ἐν αὐτῇ.

52 ΗΣΙΟΔΟΥ ΤΟΥ ΑΣΚΡΑΙΟΥ

Εἰρίωύη δ' ἀνὰ γίω κυρφτόφος, ἐδέποτ' αὐτοῖς
Ἀργαλέον πόλεμον τεκμαίρεται εὐρύοπα ζεύς·
Οὐδέποτ' ἰθυδίκῃσι μετ' ἀνδράσι λιμὸς ὀπηδεῖ,
Οὐδ' ἄτη· θαλίης δὲ μεμηλότα ἔργα νέμονται.
Τοῖσι φέρει μὲν γαῖα πολὺν βίον· ὄρεσι δὲ δρῦς,
Ἄκρη μὲν τε φέρει βαλάνους, μέσση δὲ μελίσσας·
Εἰροπόκοι δ' ὄϊες μαλλοῖς καταβεβρίθασι.
Τίκτουσι δὲ γυναῖκες ἐοικότα τέκνα γονεῦσιν.
Θάλλουσι δ' ἀγαθοῖσι διαμπερές. οὐδ' ἐπὶ νηῶν
Νείσονται. καρπὸν δὲ φέρει ζείδωρος ἄρουρα.

Οἷς δ' ὕβρεις τε μέμηλε κακὴ, καὶ σχέτλια ἔργα·
Τοῖς δὲ δίκην Κρονίδης τεκμαίρεται εὐρύοπα ζεύς.
Πολλάκι καὶ ξύμπασα πόλις κακοῦ ἀνδρὸς ἐπαυρεῖ,
Ὅς τις ἀλιταίνει, καὶ ἀτάσθαλα μηχανάαται.
Τοῖσι δ' οὐρανόθεν μέγ' ἐπήγαγε πῆμα Κρονίων,
Λιμὸν ὁμοῦ καὶ λοιμὸν· ἀποφθινύθουσι δὲ λαοὶ,
Οὐδὲ γυναῖκες τίκτουσιν, μινύθουσι δὲ οἶκοι,
Ζηνὸς φραδμοσύνῃσι Ὀλυμπίου. ἄλλοτε δ' αὖτε,
Ἢ τῶν γε στρατὸν εὐρὺν ἀπώλεσεν, ἢ ὅ γε τεῖχος,
Ἢ νέας ἐν πόντῳ Κρονίδης ἀποτίννυται αὐτῶν.

Ὦ βασιλεῖς, ὑμεῖς δὲ καταφράζεσθε καὶ αὐτοὶ
Τήνδε δίκην. ἐγγὺς γὰρ ἐν ἀνθρώποισιν ἐόντες
Ἀθάνατοι, λεύσσουσιν, ὅσοι σκολιῇσι δίκῃσι
Ἀλλήλους τρίβουσι, θεῶν ὄπιν οὐκ ἀλέγοντες.
Τρεῖς γὰρ μύριοί εἰσιν ἐπὶ χθονὶ πουλυβοτείρῃ
Ἀθάνατοι Ζηνὸς, φύλακες θνητῶν ἀνθρώπων·

οἵ

ἘΡΓΩΝ ΚΑΙ ἩΜΕΡΩΝ Α.

Οἵ ῥα φυλάσσουσίν τε δίκας καὶ σχέτλια ἔργα,
Ἠέρα ἑσσάμενοι, πάντη φοιτῶντες ἐπ' αἶαν.
Ἡ δέ τε παρθένος ἐστὶ δίκη, διὸς ἐκγεγαυῖα,
Κυδνή τ' αἰδοίη τε θεοῖς, οἳ ὄλυμπον ἔχουσιν·
5 Καί ῥ' ὁπότ' ἄν τίς μιν βλάπτῃ σκολιῶς ὀνοτάζων,
Αὐτίκα πὰρ Διῒ πατρὶ καθεζομένη κρονίωνι,
Γηρύετ' ἀνθρώπων ἄδικον νόον· ὄφρ' ἀποτίσῃ
Δῆμος ἀτασθαλίας βασιλήων, οἳ λυγρὰ νοεῦντες
Ἄλλῃ παρκλίνουσι δίκας, σκολιῶς ἐνέποντες.
10 Ταῦτα φυλασσάμενοι βασιλῆες, ἰθύνετε μύθους,
Δωροφάγοι· σκολιῶν δὲ δικῶν ἐπὶ πάγχυ λάθεσθε.
Οἷ αὐτῷ κακὰ τεύχει ἀνήρ, ἄλλῳ κακὰ τεύχων·
Ἡ δὲ κακὴ βουλὴ τῷ βουλεύσαντι κακίστη.
Πάντα ἰδὼν διὸς ὀφθαλμὸς καὶ πάντα νοήσας,
15 Καί νυ τάδ', αἴκ' ἐθέλησ', ἐπιδέρκεται· οὐδέ ἑ λήθει,
Οἵην δὴ, καὶ τήνδε δίκην πόλις ἐντὸς ἐέργει.
Νῦν δ' ἐγὼ μήτ' αὐτὸς ἐν ἀνθρώποισι δίκαιος
Εἴην, μήτ' ἐμὸς υἱὸς· ἐπεὶ κακὸν, ἄνδρα δίκαιον
Ἔμμεναι, εἰ μείζω γε δίκην ἀδικώτερος ἕξει.
20 Ἀλλὰ τάγ' οὔπω ἔολπα τελεῖν Δία τερπικέραυνον·
Ὦ Πέρση, σὺ δὲ ταῦτα μετὰ φρεσὶ βάλλεο σῇσιν·
Καί νυ δίκης ἐπάκουε, βίης δ' ἐπιλήθεο πάμπαν.
Τόνδε γὰρ ἀνθρώποισι νόμον διέταξε κρονίων,
Ἰχθύσι μὲν, καὶ θηρσὶ, καὶ οἰωνοῖς πετεηνοῖς,
25 Ἔσθειν ἀλλήλους· ἐπεὶ οὐ δίκη ἐστὶν ἐπ' αὐτοῖς.
Ἀνθρώποισι δ' ἔδωκε δίκην, ἣ πολλὸν ἀρίστη

ΗΣΙΟΔΟΤ ΤΟΥ ΑΣΚΡΑΙΟΥ

ὄλβιος
ὅς ἔχει ὄμνια
τὰ ἀναγκαῖα
ὅλος βίος
ἀβίωτος
ὁ αὐτῶν

Γίνεται. εἰ γάρ τις κ᾽ ἐθέλῃ τὰ δίκαι᾽ ἀγορεύειν
Γινώσκων, τῷ μέν τ᾽ ὄλβον διδοῖ εὐρύοπα Ζεύς.
Ὃς δέ κε μαρτυρίῃσιν ἑκὼν ἐπίορκον ὀμόσας,
Ψεύσεται, ἐν δὲ δίκην βλάψας νήκεστον ἀάσθη,
Τοῦ δέ τ᾽ ἀμαυροτέρη γενεὴ μετόπισθε λέλειπται. 5
Ἀνδρὸς δ᾽ εὐόρκου γενεὴ μετόπισθεν ἀμείνων.

Σοὶ δ᾽ ἐγώ, ἐσθλὰ νοέων, ἐρέω μέγα νήπιε Πέρση.
Τὴν μέν τοι κακότητα καὶ ἰλαδὸν ἔστιν ἑλέσθαι,
Ῥηϊδίως· ὀλίγη μὲν ὁδός, μάλα δ᾽ ἐγγύθι ναίει. 10
Τῆς δ᾽ ἀρετῆς ἱδρῶτα θεοὶ προπάροιθεν ἔθηκαν
Ἀθάνατοι, μακρὸς δὲ καὶ ὄρθιος οἶμος ἐπ᾽ αὐτήν,
ἑκτέον μάλιστα
Καὶ τρηχὺς τὸ πρῶτον· ἐπὴν δ᾽ εἰς ἄκρον ἵκηται,
Ῥηϊδίη δ᾽ ἔπειτα πέλει, χαλεπή περ ἐοῦσα.
Οὗτος μὲν πανάριστος, ὃς αὐτῷ πάντα νοήσει, 15
Φρασσάμενος τά κ᾽ ἔπειτα καὶ ἐς τέλος ᾖσιν ἀμείνω.
Ἐσθλὸς δ᾽ αὖ κἀκεῖνος, ὃς εὖ εἰπόντι πίθηται.
Ὃς δέ κε μήτ᾽ αὐτῷ νοέῃ, μήτ᾽ ἄλλου ἀκούων
Ἐν θυμῷ βάλληται· ὁ δ᾽ αὖτ᾽ ἀχρήϊος ἀνήρ.

Ἀλλὰ σύ γ᾽ ἡμετέρης μεμνημένος αἰὲν ἐφετμῆς, 20
Ἐργάζευ Πέρση δῖον γένος, ὄφρα σε λιμὸς
Ἐχθαίρῃ, φιλέῃ δέ σ᾽ ἐϋστέφανος Δημήτηρ
Αἰδοίη, βιότου δὲ τεὴν πιμπλῇσι καλιήν.
Λιμὸς γάρ τοι πάμπαν ἀεργῷ σύμφορος ἀνδρί.
Τῷ δὲ θεοὶ νεμεσῶσι καὶ ἀνέρες, ὅς κεν ἀεργὸς 25
Ζώῃ, κηφήνεσσι κοθούροις εἴκελος ὀργήν, *sub κατα*
Οἵ τε μελισσάων κάματον τρύχουσιν, ἀεργοὶ
                                        Ἔδοντες.

ἜΡΓΩΝ ΚΑΙ ἩΜΕΡΩΝ Α.

Ἔδοντες· σοὶ δ' ἔργα φίλ' ἔςω μέτρια κοσμεῖν,
Ὡς κέ τοι ὡραίω βιότω πλήθωσι καλιαί.
Ἐξ ἔργων δ' ἄνδρες πολύμηλοί τ', ἀφνειοί τε.
Καί τ' ἐργαζόμενος πολὺ φίλτερος ἀθανάτοισιν
5 Ἔσσεαι, ἠδὲ βροτοῖς· μάλα γὰρ συγέουσιν ἀεργούς.
Ἔργον δ' οὐδὲν ὄνειδος, ἀεργίη δέ τ' ὄνειδος.
Εἰ δέ κεν ἐργάζῃ, τάχα σε ζηλώσει ἀεργὸς
Πλουτεῦντα· πλούτῳ δ' ἀρετὴ καὶ κῦδος ὀπηδεῖ.
Δαίμονι δ' οἷος ἔησθα (τὸ ἐργάζεσθαι ἄμεινον)
10 Εἴ κεν ἀπ' ἀλλοτρίων κτεάνων ἀεσίφρονα θυμὸν
Εἰς ἔργον τρέψας μελετᾷς βίου, ὥς σε κελεύω.
Αἰδὼς δ' οὐκ ἀγαθὴ κεχρημένον ἄνδρα κομίζει·
Αἰδώς, ἥ τ' ἄνδρας μέγα σίνεται, ἠδ' ὀνίνησι.
Αἰδώς τοι πρὸς ἀνολβίῃ, θάρσος δὲ πρὸς ὄλβῳ.
15 Χρήματα δ' οὐχ ἁρπακτά, θεόσδοτα πολλὸν ἀμείνω.
Εἰ γάρ τις καὶ χερσὶ βίῃ μέγαν ὄλβον ἕληται,
Ἢ ὅ γ' ἀπὸ γλώσσης ληίσεται (οἷά τε πολλὰ
Γίνεται, εὖτ' ἂν δὴ κέρδος νόον ἐξαπατήσῃ
Ἀνθρώπων, αἰδῶ δέ τ' ἀναιδείη κατοπάζῃ)
20 Ῥεῖα τέ μιν μαυροῦσι θεοί, μινύθουσί τε οἶκοι
Ἀνέρι τῷ, παῦρον δέ τ' ἐπὶ χρόνον ὄλβος ὀπηδεῖ.
Ἶσον δ' ὅς θ' ἱκέτην, ὅς τε ξεῖνον κακὸν ἔρξει·
Ὅς τε κασιγνήτοιο ἑοῦ ἀνὰ δέμνια βαίνοι,
Κρυπταδίης εὐνῆς ἀλόχου παρακαίρια ῥέζων·
25 Ὅς τέ τευ ἀφραδίης ἀλιταίνεται ὀρφανὰ τέκνα·
Ὅς τε γονῆα γέροντα, κακῷ ἐπὶ γήραος οὐδῷ,

ΗΣΙΟΔΟΥ ΤΟΥ ΑΣΚΡΑΙΟΥ

Νεικείη,χαλεποῖσι καθαπτόμενος ἐπέεσσιν·
Τῷ δή τοι Ζεὺς αὐτὸς ἀγαίεται,ἐς δὲ τελευτὴν
Ἔργων ἀντ᾽ ἀδίκων χαλεπὴν ἐπέθηκεν ἀμοιβήν.
Ἀλλὰ σὺ τῶν μὲν πάμπαν ἔεργ᾽ ἀεσίφρονα θυμόν.
Κὰδ δύναμιν δ᾽ ἔρδειν ἱέρ᾽ ἀθανάτοισι θεοῖσιν   5
Ἁγνῶς καὶ καθαρῶς, ἐπὶ δ᾽ ἀγλαὰ μηρία καίειν.
Ἄλλοτε δὴ σπονδῇσι θύεσσί τε ἱλάσκεσθαι,
Ἠμὲν ὅτ᾽ εὐνάζῃ,καὶ ὅταν φάος ἱερὸν ἔλθῃ·
Ὥς κέ τοι ἵλαον κραδίην καὶ θυμὸν ἔχωσιν,
Ὄφρ᾽ ἄλλων ὠνῇ κλῆρον,μὴ τὸν τεὸν ἄλλος.   10
Τὸν φιλέοντ᾽ ἐπὶ δαῖτα καλεῖν,τὸν δ᾽ ἐχθρὸν ἐᾶσαι·
Τὸν δὲ μάλιστα καλεῖν,ὅς τις σέθεν ἐγγύθι ναίει.
Εἰ γάρ τοι καὶ χρῆμ᾽ ἐγχώριον ἄλλο γένηται,
Γείτονες ἄζωστοι ἔκιον,ζώσαντο δὲ πηοί.
Πῆμα κακὸς γείτων,ὅσον τ᾽ ἀγαθὸς μέγ᾽ ὄνειαρ.   15
Ἔμμορέ τοι τιμῆς,ὅς τ᾽ ἔμμορε γείτονος ἐσθλοῦ.
Οὐδ᾽ ἂν βοῦς ἀπόλοιτ᾽,εἰ μὴ γείτων κακὸς εἴη·
Εὖ μὲν μετρεῖσθαι παρὰ γείτονος,εὖ δ᾽ ἀποδοῦναι
Αὐτῷ τῷ μέτρῳ,καὶ λώϊον αἴ κε δύνηαι·
Ὥς ἂν χρηΐζων καὶ ἐς ὕστερον ἄρκιον εὕρῃς.   20
Μὴ κακὰ κερδαίνειν,κακὰ κέρδεα ἶσα ἄτῃσιν.
Τὸν φιλέοντα φιλεῖν,καὶ τῷ προσιόντι προσεῖναι·
Καὶ δόμεν ὅς κεν δῷ,καὶ μὴ δόμεν,ὅς κεν μὴ δῷ.
Δώτῃ μέν τις ἔδωκεν,ἀδώτῃ δ᾽ οὔ τις ἔδωκεν.
Δὼς ἀγαθή·ἅρπαξ δὲ κακή,θανάτοιο δότειρα.   25
Ὃς μὲν γάρ κεν ἀνὴρ ἐθέλων,ὅ γε καὶ μέγα δώῃ,
Χαίρει

ΕΡΓΩΝ ΚΑΙ ΗΜΕΡΩΝ Α.

Χαίρει τῷ δώρῳ, καὶ τέρπεται ὃν κ(ατὰ) θυμόν·
Ὃς δ' ἔ κεν αὐτὸς ἕληται, ἀναιδείηφι πιθήσας,
Καί τε σμικρὸν ἐόν, τό τ' ἐπάχνωσε φίλον ἦτορ.
Εἰ γάρ κεν καὶ σμικρὸν ἐπὶ σμικρῷ καταθεῖο,
Καὶ θαμὰ τοῦδ' ἔρδοις, τάχα κεν μέγα καὶ τὸ γένοιτο.
Ὃς δ' ἐπ' ἐόντι φέρει, ὅδ' ἀλύξεται αἴθοπα λιμόν·
Οὐ δὲ τό γ' εἶν οἴκῳ κατακείμενον, ἀνέρα κήδει·
Οἴκοι βέλτερον εἶ(ναι), ἐπεὶ βλαβερὸν τὸ θύρηφι.
Εσθλὸν μὲν παρεόντ(ος) ἑλέσθαι, πῆμα δ' ἐ θυμῷ
Χρηΐζειν ἀπεόντ(ος)· ἅ σε φράζεσθαι ἄνωγα.
Ἀρχομένου δὲ πίθου καὶ λήγοντ(ος) κορέσασθαι,
Μεσσόθι φείδεσθαι· δεινὴ δ' ἐνὶ πυθμένι φειδώ.
Μισθὸς δ' ἀνδρὶ φίλῳ εἰρημέν(ος) ἄρκι(ος) ἔστω.
Καί τε κασιγνήτῳ γελάσας ἐπὶ μάρτυρα θέσθαι
Πίστεις δ' ἆρα ὁμῶς, καὶ ἀπιστίαι ὤλεσαν ἄνδρας.
Μὴ δὲ γυνή σε νόον πυγοστόλ(ος) ἐξαπατάτω,
Αἱμύλα κωτίλλουσα, τεὴν διφῶσα καλιήν.
Ὃς δὲ γυναικὶ πέποιθε, πέποιθ' ὅ γε φιλήτῃσι.
Μουνογενὴς δὲ πάϊς σώζοι πατρώϊον οἶκον
Φερβέμεν, ὣς γὰρ πλοῦτ(ος) ἀέξεται ἐν μεγάροισι·
Γηραιὸς δὲ θάνοις, ἕτερον παῖδ' ἐγκαταλείπων.
Ῥεῖα δέ κεν πλεόνεσσι πόροι Ζεὺς ἄσπετον ὄλβον·
Πλείων μὲν πλεόνων μελέτη, μείζων δ' ἐπιθήκη.
Σοὶ δ' εἰ πλούτου θυμὸς ἐέλδεται ἐν φρεσὶν ᾗσι,
Ὧδ' ἔρδειν, ἔργον δ' ἐπ' ἔργῳ ἐργάζεσθαι.

ΗΣΙΟΔΟΥ ΤΟΥ ΑΣΚΡΑΙΟΥ
ΒΙΒΛΙΟΝ Β.

Ληϊάδων Ἀτλαγυέων ἐπιτελλομε-
νάων,
Ἄρχεσθ' ἀμητῦ· ἀρότοιο δὲ, δυσομ-
μυάων.
Αἳ δή τοι νύκτας τε κỳ ἤματα τεσ-
σαράκοντα
Κεκρύφαται· αὖτις δὲ, πελομϋνε ἐνιαυτῶ,
Φαίνονται τὰ πρῶτα χαρασομϋροιο σιδήρε.
Οὗτός τοι πεδίων πέλεται νόμος, οἵ τε θαλάσσης
Ἐγγύθι ναιετάεσ', οἵτ' ἄγκεα βησσήεντα
Πόντε κυμαίνοντος ἀπόπροθι πίονα χῶρον
Ναίεσι. γυμνὸν σπείρειν, γυμνὸν δὲ βοωτεῖν,
Γυμνὸν δ' ἀμᾶσθαι, εἴχ' ὥρια πάντ' ἐθέλησθα
Ἔργα κομίζεσθαι Δημήτερος, ὡς τοι ἕκαστα
Ὥρι' ἀέξηται· μή πως, τὰ μεταξὺ χατίζων,
Πτώσσῃς ἀλλοτρίες οἴκες, κỳ μηδὲν ἀνύσῃς.
Ὡς κỳ νῦν ἐπ' ἐμ' ἦλθες· ἐγὼ δέ τοι ἐκ ἐπιδώσω,
εδ' ἐπιμετρήσω. ἐργάζευ νήπιε Πέρση,
Ἔργα, τάτ' ἀνθρώποισι θεοὶ διετεκμήραντο
Μή ποτε σὺν παίδεσσι γυναικί τε θυμὸν ἀχεύων,
Ζητεύῃς βίοτον κτ γείτονας, οἱ δ' ἀμελῶσιν.
Δὶς μὲν γδ, κỳ τρὶς τάχα τεύξεαι· ἰὼ δ' ἔτι λυπῇς,
Χρῆμα μὲν ὖ πρήξεις. σὺ δ' ἐτώσια πόλλ' ἀγορεύσεις
Ἀχρεῖος δ' ἔσται ἐπέων νόμος. ἀλλά σ' ἄνωγα
Φράζεσθαι

ΕΡΓΩΝ ΚΑΙ ΗΜΕΡΩΝ Β.

Φράζεθαι χρειῶν τε λύσιν, λιμοῦ τ' ἀλεωρίω.
  Οἶκον μὲν πρώτιστα, γωαῖκά τε, βοῦν τ' ἀροτῆρα,
Κτητίω, οὐ γαμετίω, ἥ τις κὴ βυσὶν ἕποιτο.
Χρήματα δ' εἰν οἴκῳ πάντ' ἀρμδμα ποιήσαθαι·
Μὴ σὺ μὲν αἰτῆς ἄλλον, ὅδ' ἀρνῆται, σὺ δὲ τητᾷ,
Η δ' ὥρη παραμείβηται, μινύθη δέ τοι ἔργον.
Μὴ δ' ἀναβάλλεθαι ἔς τ' αὔριον ἔς τ' ἔννηφιν·
Οὐ γὰρ ἐτωσιοεργὸς ἀνὴρ πίμπλησι καλιίω,
Οὐδ' ἀναβαλλόμενος· μελέτη δέ τοι ἔργον ὀφέλλει.
Αἰεὶ δ' ἀμβολιεργὸς ἀνὴρ ἄταισι παλαίει.
  Ἦμος δὴ λήγει μένος ὀξέος ἠελίοιο,
Καύματος ἰδαλίμου, μετοπωρινὸν ὀμβρήσαντος
Ζωνὸς ἐερδηνέος, μετὰ δὲ τρέπεται βρότεος χρὼς
Πολλὸν ἐλαφρότερος (δὴ γὰρ τότε σείριος ἀστὴρ
Βαιὸν ὑπὲρ κεφαλῆς κηρεκτρεφέων ἀνθρώπων
Ἔρχεται ἠμάτιος, πλεῖον δέ τε νυκτὸς ἐπαυρεῖ)
Ἦμος ἀδηκτοτάτη πέλεται τμηθεῖσα σιδήρῳ
Ὕλη, φύλλα δ' ἔραζε χέει, πτόρθοιό τε λήγει·
Τῆμος ἄρ' ὑλοτομεῖν, μεμνημένος ὥριον ἔργον.
Ὅλμον μὲν τριπόδην τάμνειν, ὕπερον δὲ τρίπηχυν·
Ἄξονά θ' ἑπταπόδην, μάλα γάρ νύ τοι ἄρμενος οὕτω·
Εἰ δ' ἔκεν ὀκταπόδην, ἀπὸ καὶ σφῦραν κε τάμοιο.
Τρισπίθαμον δ' ἄψιν τάμνειν δεκαδώρῳ ἀμάξῃ
Πόλλ' ἐπὶ καμπύλα κᾶλα. φέρειν ἢ γύην, ὅτ' ἂν εὕρῃς
Εἰς οἶκον, κατ' ὄρος διζήμενος ἢ κατ' ἄρουραν,
Πρίνινον· ὃς γὰρ βουσὶν ἀροῦν ὀχυρώτατός ἐστιν.

C 4

ΗΣΙΟΔΟΥ ΤΟΥ ΑΣΚΡΑΙΟΥ

Εὖτ' ἂν ἀθλωαίης ἄμως ἐν ἐλύματι πήξας
Γόμφοισιν πελάσας προσαρήρεται ἱστοβοῆϊ.
Δοιὰ δὲ θέσθαι ἄροτρα πονησάμενος κατ' οἶκον,
Αὐτόγυον καὶ πηκτὸν· ἐπεὶ πολὺ λώϊον οὕτω,
Εἴχ' ἕτερον γ' ἄξαις, ἕτερον κ' ἐπὶ βουσὶ βάλοιο.
Δάφνης δ', ἢ πτελέης, ἀκιώτατοι ἱστοβοῆες·
Δρυὸς ἔλυμα· πρίνου γύην. βόε δ' ἐνναετήρω
Ἄρσενε κεκτῆσθαι (τῶν γὰρ σθένος οὐκ ἀλαπαδνὸν)
Ἥβης μέτρον ἔχοντε, τὼ ἐργάζεσθαι ἀρίστω·
Οὐκ ἂν τώ γ' ἐρίσαντες ἐν αὔλακι καμμόρω, ἄροτρον
Ἄξειαν, τὸ δὲ ἔργον ἐτώσιον αὖθι λίποιεν.
Τοῖς δ' ἅμα τεσσαρακονταετὴς αἰζηὸς ἕποιτο,
Ἄρτον δειπνήσας τετράτρυφον ὀκτάβλωμον·
Ὅς κ' ἔργου μελετῴη, ἰθεῖαν αὔλακ' ἐλαύνοι,
Μηκέτι παπταίνων μεθ' ὁμήλικας, ἀλλ' ἐπὶ ἔργῳ
Θυμὸν ἔχων· τοῦ δ' οὔτι νεώτερος ἄλλος ἀμείνων,
Σπέρματα δάσσασθαι, καὶ ἐπισπορίην ἀλέασθαι.
Κουρότερος γὰρ ἀνὴρ, μεθ' ὁμήλικας ἐπτοίηται.
  Φράζεσθαι δ', εὖτ' ἂν φωνὴν γεράνου ἐπακούσῃς,
Ὑψόθεν ἐκ νεφέων ἐνιαύσια κεκληγυίης.
Ἥτ' ἀρότοιό τε σῆμα φέρει, καὶ χείματος ὥρην
Δεικνύει ὀμβρηροῦ, κραδίην δ' ἔδακ' ἀνδρὸς ἀβούτεω.
Δὴ τότε χορτάζειν ἕλικας βόας ἔνδον ἐόντας.
Ῥηΐδιον γὰρ ἔπος εἰπεῖν· βόε δὸς καὶ ἄμαξαν·
Ῥηΐδιον δ' ἀπανήνασθαι· πάρα δ' ἔργα βόεσσιν.
Φησὶ δ' ἀνὴρ φρένας ἀφνειὸς, πήξασθαι ἅμαξαν.
                                                Νήπιος,

ΕΡΓΩΝ ΚΑΙ ΗΜΕΡΩΝ Β.   41

Νήπι۞,ἐ ἠ τόγ᾽ οἶδ᾽·ἑκατὸν δέ τε δύρατ᾽ ἀμάξης·
Τῶν πρόϑεν μελέτω ἐχέμψυ οἰκήϊα θέϑαι.
Εὖτ᾽ ἂν δὴ πρώτης ἀρό۞ϛ θνητοῖσι φανείη,
Δὴ τότ᾽ ἐφορμηθῶαι ὁμῶς δμῶἐϛ τε καὶ ἀυτὸς,
Αὔην καὶ διερὴν ἀρόων, ἀρότοιο καθ᾽ ὥρὴν·
Περὶ μάλα σπεύδων, ἵνα τοι πλήθωσιν ἄρυραι.
Εἴαρι πολεῖν· θέρε۞ δὲ νεωμψὴν ὅ σ᾽ ἀπατήσει.
Νειὸν δ᾽ ἐσπείρειν ἔτι κυφίζυσαν ἄρυραν.
Νειὸς ἀλεξιάρη, παίδων ὑκηλήτειρα.
Εὔχεϑαι δὲ Διῒ χϑονίῳ, Δημήτερί θ᾽ ἁγνῇ,
Ἐκτελέα βρίθειν Δημήτερ۞ ἱερὸν ἀκτὴν·
Ἀρχόμψυ۞ τὰ πρῶτ᾽ ἀρότυ, ὅταν ἄκρον ἐχέτλης
Χειρὶ λαβὼν, ὅρπηκα, βοῶν ὑπὶ νῶτον ἵκηαι,
Ἔνδρυον ἑλκόντων μεσάβῳ. ὁ δὲ τυτθὸς ὄπιϑεν
Δμῶ۞ ἔχων μακέλην, πόνον ὀρνίθεσσι τιϑείη,
Σπέρματα κακκρύπτων· ἐυϑυμροσύνη γ᾽ ἀρίϛη
Θνητοῖς ἀνθρώποις, κακοθυμροσύνη δὲ κακίϛη·
Ὧ δέ κεν ἀδροσύνῃ ϛάχυς νύοιεν ἔραζε,
Εἰ τέλ۞ ἀυτὸς ὄπιϑεν ὀλύμπι۞ ἐσθλὸν ὀπάζοι·
Ἐκ δ᾽ ἀγγέων ἐλάσειας ἀράχνια· καί σε ἔολπα
Γηθήσειν, βιότοιο ἐρεύμψον ἔνδον ἐόν۞.
Ἐυωχέων δ᾽ ἵξεαι πολιὸν ἔαρ· ἐδὲ πρὸς ἄλλυς
Ἀυγάσεαι, σέο δ᾽ ἄλλ۞ ἀνὴρ κεχρημψύ۞ ἔσαι.
Εἰ δέ κεν ἠελίοιο τροπῆς ἀρόης χθόνα δῖαν·
Ἥμψυ۞ ἀμήσεις, ὀλίγον περὶ χειρὸς ἐέργων,
Ἀντία δεσμεύων, κεκονιμψύ۞, ὀ μάλα χαίρων.

ε 5

ΗΣΙΟΔΟΥ ΤΟΥ ΑΣΚΡΑΙΟΥ

Οἴσεις δ' ἐν φορμῷ, παῦροι δέ σε θηήσονται.
Ἄλλοτε δ' ἀλλοῖος Ζηνὸς νόος αἰγιόχοιο,
Ἀργαλέος δ' ἀνδρέσσι κατὰ θνητοῖσι νοῆσαι.
Εἰ δέ κεν ὄψ' ἀρόσῃς, τόδε κέν τοι φάρμακον εἴη·
Ἦμος κόκκυξ κοκκύζει δρυὸς ἐν πετάλοισι,
Τὸ πρῶτον, τέρπει τε βροτὺς ἐπ' ἀπείρονα γαῖαν.
Τῆμος Ζεὺς ὕοι τρίτῳ ἤματι, μὴ δ' ἀπολήγοι·
Μήτ' ἄρ' ὑπερβάλλων βοὸς ὁπλέω, μήτ' ἀπολείπων.
Οὕτω κ' ὀψαρότης πρωιηρότῃ ἰσοφαρίζοι.
Ἐν θυμῷ δ' εὖ πάντα φυλάσσεο· μὴ δέ σε λήθοι,
Μήτ' ἔαρ γινόμενον πολιόν, μήθ' ὥριος ὄμβρος.
Πὰρ δ' ἴθι χάλκειον θῶκον, καὶ ἐπ' ἀλέα λέσχην,
Ὥρῃ χειμερίῃ, ὁπότε κρύος ἀνέρας ἔργων
Ἰσχάνει, ἔνθα κ' ἄοκνος ἀνὴρ μέγαν οἶκον ὀφέλλει·
Μή σε κακοῦ χειμῶνος ἀμηχανίη καταμάρψῃ
Σὺν πενίῃ, λεπτῇ δὲ παχὺν πόδα χειρὶ πιέζοις.
Πολλὰ δ' ἀεργὸς ἀνήρ, κενεὴν ἐπὶ ἐλπίδα μίμνων,
Χρηΐζων βιότοιο, κακὰ προσελέξατο θυμῷ.
Ἐλπὶς δ' οὐκ ἀγαθὴ κεχρημένον ἄνδρα κομίζει,
Ἥμενον ἐν λέσχῃ, τῷ μὴ βίος ἄρκιος εἴη.
Δείκνυε δὲ δμώεσσι, θέρευς ἔτι μέσσου ἐόντος·
Οὐκ αἰεὶ θέρος ἐσσεῖται, ποιεῖσθε καλιάς.
Μῆνα δὲ Ληναιῶνα, κάκ' ἤματα, βούδορα πάντα,
Τοῦτον ἀλεύασθαι· καὶ πηγάδας, αἵτ' ἐπὶ γαῖαν,
Πνεύσαντος Βορέαο, δυσηλεγέες τελέθουσι.
Ὅς τε διὰ Θρῄκης ἱπποτρόφου, εὐρέϊ πόντῳ
Ἐμπνεύσας

ΕΡΓΩΝ ΚΑΙ ΗΜΕΡΩΝ Β.

Ἐμπνεύσας ὤρινε, μέμυκε δὲ γαῖα καὶ ὕλη·
Πολλὰς δὲ δρῦς ὑψικόμους, ἐλάτας τε παχείας,
Οὔρεος ἐν βήσσῃς πιλνᾷ, χθονὶ πουλυβοτείρῃ
Ἐμπίπτων, καὶ πᾶσα βοᾷ τότε νήριτος ὕλη.
Θῆρες δὲ φρίσσουσ᾽, οὐρὰς δ᾽ ὑπὸ μέζε᾽ ἔθεντο·
Τῶν καὶ λάχνῃ δέρμα κατάσκιον, ἀλλά νυ καὶ τῶν
Ψυχρὸς ἐὼν διάησι, δασυστέρνων περ ἐόντων,
Καί τε διὰ ῥινοῦ βοὸς ἔρχεται, ουδέ μιν ἴσχει·
Καί τε δι᾽ αἶγα ἄησι τανύτριχα. πώεα δ᾽ οὔτι,
Οὔνεκ᾽ ἐπηεταναὶ τρίχες αὐτῶν, οὐ διάησιν
Ἲς ἀνέμου βορέαο· τροχαλὸν δὲ γέροντα τίθησι.
Καὶ διὰ παρθενικῆς ἁπαλόχροος οὐ διάησιν·
Ἥτε δόμων ἔντοσθι, φίλῃ παρὰ μητέρι μίμνει,
Οὔπω ἔργ᾽ εἰδυῖα πολυχρύσου ἀφροδίτης·
Εὖτε λοεσαμένη τέρενα χρόα, καὶ λίπ᾽ ἐλαίῳ
Χρισαμένη, νυχίη καταλέξεται ἔνδοθεν οἴκου,
Ἤματι χειμερίῳ, ὅτ᾽ ἀνόστεος ὃν πόδα τένδει,
Ἔν τ᾽ ἀπύρῳ οἴκῳ, καὶ ἐν ἤθεσι λευγαλέοισιν·
Οὐ γὰρ οἱ ἠέλιος δείκνυ νόμον ὁρμηθῆναι,
Ἀλλ᾽ ἐπὶ κυανέων ἀνδρῶν δῆμόν τε πόλιν τε
Στρέφεται, βράδιον δὲ πανελλήνεσσι φαείνει.
Καὶ τότε δὴ κεραοὶ καὶ νήκεροι ὑληκοῖται,
Λυγρὸν μυλιόωντες, ἀνὰ δρία βησσήεντα
Φεύγουσιν, καὶ πᾶσιν ἐπὶ φρεσὶ τοῦτο μέμηλεν·
Οἳ σκέπα μαιόμενοι, πυκινὰς κοθμίδας ἔχουσι,

ΗΣΙΟΔΟΥ ΤΟΥ ΑΣΚΡΑΙΟΥ

Καὶ γλάφυ πυζῆεν. τότε δὴ ξίποδι βερτῷ ἴσοι,
Οὖτ' ἐπὶ νῶτα ἔαγε, κάρη δ' εἰς ἔδ' ας ὁρᾶται·
Τοῖς ἴκελοι, φοιτῶσιν ἀλυσκόμψοι νίφα λόυκιώ.
Καὶ τότε ἔασαθαι ἔρυμα χροὸς, ὡς σε κελόυω·
Χλαῖνάν τε μαλακίω, κ) τερμιόεντα χιτῶνα.
Στήμονι δ' ἐν παύρῳ πολλίω κρόκα μηρύσαθαι·
Τίω περιέσαθαι, ἵνα ἶοι ξίχες ἀτρεμέωσι,
Μὴ δ' ὀρθαὶ φρίσσωσιν ἀειρόμψαι κ) σῶμα.
Αμφὶ δὲ ποσὶ πέδιλα, βοὸς ἶφι κταμψοιο,
Αρμψα δήσαθαι, πίλοις ἔνδοθι πυκάσας.
Περίτρογόνων δ' ἐρίφων, ὁπόταν κρύος ὤριον ἔλθοι,
Δέρματα συρράπτειν νόυρῳ βοὸς· ὄφρ' ἐπὶ νώτῳ
Υετοῦ ἀμφιβάλῃ ἀλέωυ. κεφαλῆφι δ' ὕπερθεν
Πῖλον ἔχειν ἀσκητὸν, ἵν' ὤατα μὴ καταδύῃ.
Ψυχρὴ γάρ τ' ἠὼς πέλεται βορέαο πεσόντος.
Ηῶος δ', ἐπὶ γαῖαν ἀπ' οὐρανοῦ ἀστερόεντος,
Αὴρ πυροφόρος, τέταται μακάρων ἐπὶ ἔργοις·
Ος τε ἀρυσάμψος ποταμῷν ἄπο αἰὲν ναόντων,
Υψοῦ ὑπὲρ γαίης ἀρθεὶς ἀνέμοιο θυέλλῃ,
Αλλοτε μψ θ' ὕει ποτὶ ἔσπερον, ἄλλοτ' ἄῃσι,
Πυκνὰ θρηΐκίω βορέω νέφεα κλονέοντος.
Τὸν φθάμψος, ἔργα τελέσας, οἴκον δὲ νέεσθαι·
Μή ποτέ σ' οὐρανόθεν σκοτόεν νέφος ἀμφικαλύψῃ,
Χρῶτά τε μυδαλέον θείη, κατά θ' εἵματα δεύσῃ.
Αλλ' ὑπαλόυαθαι· μεὶς γὸ χαλεπώτατος ἔτος
Χειμέριος, χαλεπὸς προβάτοις, χαλεπὸς δ' ἀνθρώποις.
Τῆμος

ΕΡΓΩΝ ΚΑΙ ΗΜΕΡΩΝ Α. 45

Τῆμ@ θ'ἄμιου βυσὶν,ἐπὶ δ'ἀνέει τὸ πλέον εἴη
Ἀρμαλιῆς·μακραὶ γδ ἐπίρροθοι ἀυφεῦναι εἰσί.
Ταῦτα φυλαωόμλυ@ τετελεσμλύον εἰς ἐνιαυτὸν,
Ἰσῶθαι νύκτας τε κỳ ἤματα·εἰσόκεν αὖθις
Γῆ πάντων μήτηρ,καρπὸν σύμμικτον ἐνείκῃ.

Εὖ τ'ἂν ἑξήκοντα,μζ τροπὰς ἠελίοιο,
Χειμέρι'ἐκτελέσῃ ζεὺς ἤματα·δή ῥα τότ'ἀςὴρ
Ἀρκτῦρ@,προλιπὼν ἱερὸν ῥόον ὠκεανοῖο,
Πρῶτον παμφαίνων,ἐπιτέλλεται ἀκροκνέφαι@.
Τὸν δὲ μεθ',ὀρθρογόη Πανδιονὶς ὦρτο χελιδὼν
Ἐς φά@ ἀνθρώποις,ἔαρ@ νέον ἱςαμλύοιο.
Τίω φθάμλυ@,οἴνας περταμνέμλυ·ὣς γδ ἄμεινον.
Ἀλλ'ὁπότε φερέοικ@ ἀπὸ χθονὸς ἂν φυτὰ βαίνῃ,
Πληϊάδ'ας φεύγων·τότε δ'ἢ σκάφ@ ἐκέτι οἰνέων,
Ἀλλ'ἅρπας τε χαρασσέμλυαι,κỳ δμῶας ἐγείρειν.
Φεύγειν δὲ σκιερὰς θώκας,κỳ ἐπ'ἠῶ κοῖτον,
Ὥρῃ ἐν ἀμητῦ,ὅτε τ'ἠέλι@ χρόα κάρφῃ.
Τημῦτ@ απεύδειν,κỳ οἴκαδε καρπὸν ἀγείρειν·
Ὄρθρυ ἀνιςάμλυ@,ἵνα τοι βί@ ἄρκιος εἴη.
Ἠὼς γάρ τ'ἔργοιο τίτλω ἀπομείρεται αἶσαν.
Ἠώς τοι προφέρει μλὺ ὁδῦ,προφέρει δ'ὲ κỳ ἔργυ·
Ἠώς,ἥτε φανεῖσα πολέας ἐπέβησε κελεύθε
Ἀνθρώπες,πολλοῖσι δ'ἐπὶ ζυγὰ βυσὶ τίθησιν.
Ἦμ@ δὲ σκόλυμός τ'ἀνθεῖ,κỳ ἠχέτα τέτλιξ
Δενδρέῳ ἐφεζόμλυ@,λιγυρλὼ καταχεύετ'ἀοιδλὼ
Πυκνὸν ὑπὸ πτερύγων,θέρε@ καματώδ@ ὥρῃ·

ΗΣΙΟΔΟΥ ΤΟΥ ΑΣΚΡΑΙΟΥ

Τῆμος πιόταταί τ' αἶγες, καὶ οἶνος ἄριστος·
Μαχλόταται γυναῖκες, ἀφαυρότατοι δέ τε ἄνδρες
Εἰσὶν, ἐπεὶ κεφαλὴν καὶ γούνατα σείριος ἄζει,
Αὐαλέος δέ τε χρὼς ὑπὸ καύματος. ἀλλὰ τότ' ἤδη
Εἴη πετραίη τε σκιὴ, καὶ βίβλινος οἶνος,
Μάζα τ' ἀμολγαίη, γάλα τ' αἰγῶν σβεννυμενάων,
Καὶ βοὸς ὑλοφάγοιο κρέας, μή πω τετοκυίης,
Πρωτογόνων τ' ἐρίφων· ἐπὶ δ' αἴθοπα πινέμεν οἶνον,
Ἐν σκιῇ ἑζόμενον, κεκορημένον ἦτορ ἐδωδῆς,
Ἀντίον εὐκραέος ἀνέμου ζέψαντα πρόσωπον·
Κρήνης τ' ἀενάου καὶ ἀπορρύτου, ἥτ' ἀθόλωτος,
Τρὶς ὕδατος προχέειν, τὸ δὲ τέτρατον ἱέμεν οἴνου.
Δμωσὶ δ' ἐποτρύνειν, Δημήτερος ἱερὸν ἀκτὴν
Δινέμεν, εὖτ' ἂν πρῶτα φανῇ σθένος Ὠρίωνος,
Χώρῳ ἐν εὐαέϊ, καὶ εὐτροχάλῳ ἐν ἀλωῇ·
Μέτρῳ δ' εὐκομίσασθαι ἐν ἄγγεσιν. αὐτὰρ ἐπὴν δὴ
Πάντα βίον κατάθηαι ἐπάρμενον ἔνδοθεν οἴκου·
Θῆτά τ' ἄοικον ποιεῖσθαι, καὶ ἄτεκνον ἔριθον
Δίζεσθαι κέλομαι, χαλεπὴ δ' ὑπόπορτις ἔριθος·
Καὶ κύνα καρχαρόδοντα κομεῖν (μὴ φείδεο σίτου)
Μή ποτέ σ' ἡμερόκοιτος ἀνὴρ ἀπὸ χρήμαθ' ἕληται.
Χόρτον δ' ἐσκομίσαι, καὶ συφερτὸν, ὄφρα τοι εἴη
Βουσὶ καὶ ἡμιόνοισιν ἐπηετανόν. αὐτὰρ ἔπειτα
Δμῶας ἀναψῦξαι φίλα γούνατα, καὶ βόε λῦσαι.

 Εὖτ' ἂν δ' Ὠρίων καὶ σείριος ἐς μέσον ἔλθῃ
Οὐρανὸν, Ἀρκτοῦρον δ' ἐσίδῃ ῥοδοδάκτυλος ἠώς·
       Ὦ Πέρση,

ΕΡΓΩΝ ΚΑΙ ΗΜΕΡΩΝ Β.

Ὦ Πέρση, τότε πάντας ἀπόδρεπε οἴκαδε βότρυς·
Δεῖξαι δ' ἠελίῳ δέκα ἤματα, κὴ δ' ἕκα νύκτας,
Πέντε δὲ συσκιάσαι, ἕκτῳ δ' εἰς ἄγγε' ἀφῦσαι,
Δῶρα Διονύσου πολυγηθέος. αὐτὰρ ἐπὴν δὴ
Πληϊάδες θ' Ὑάδες τε, τό, τε σθένος ὠρίωνος
Δύωσιν, τότ' ἔπειτ' ἀρότου μεμνημένος ἤη
Ὡραίου. πλειὼν δὲ κατὰ χθονὸς ἄρμενος εἴη.

Εἰ δέ σε ναυτιλίης δυσπεμφέλου ἵμερος αἱρῇ·
Εὖτ' ἂν πληϊάδες σθένος ὄμβριμον ὠρίωνος
Φεύγουσαι, πίπτωσιν ἐς ἠεροειδέα πόντον,
Δὴ τότε παντοίων ἀνέμων θύουσιν ἀῆται,
Καὶ τότε μηκέτι νῆας ἔχειν ἐνὶ οἴνοπι πόντῳ,
Γῆν δ' ἐργάζεσθαι μεμνημένος, ὥς σε κελεύω·
Νῆα δ' ἐπ' ἠπείρου ἐρύσαι, πυκάσαι τε λίθοισι
Πάντοθεν, ὄφρ' ἴσχωσ' ἀνέμων μένος ὑγρὸν ἀέντων,
Χείμαρον ἐξερύσας, ἵνα μὴ πύθῃ Διὸς ὄμβρος·
Ὅπλα δ' ἐπάρμενα πάντα τεῷ ἐνὶ κάτθεο οἴκῳ,
Εὐκόσμως στολίσας νηὸς πτερὰ ποντοπόροιο,
Πηδάλιον δ' εὐεργὲς ὑπὲρ καπνοῦ κρεμάσασθαι.
Αὐτὸς δ' ὡραῖον μίμνειν πλόον εἰσόκεν ἔλθῃ.
Καὶ τότε νῆα θοὴν ἅλαδ' ἑλκέμεν· ἐν δέ τε φόρτον
Ἄρμενον ἐντύνασθαι, ἵν' οἴκαδε κέρδος ἄρηαι.
Ὥς περ ἐμός τε πατὴρ, καὶ σὸς, μέγα νήπιε Πέρση,
Πλωΐζεσκε νηυσὶ, βίου κεχρημένος ἐσθλοῦ.
Ὅς ποτε καὶ τῇδ' ἦλθε, πολὺν διὰ πόντον ἀνύσας,
Κύμην αἰολίδα προλιπὼν, ἐν νηῒ μελαίνῃ·

ΗΣΙΟΔΟΥ ΤΟΥ ΑΣΚΡΑΙΟΥ

Οὐκ ἄφενος φεύγων, ἠδὲ πλοῦτόν τε καὶ ὄλβον,
Ἀλλὰ κακίω πενίίω, τίω ζεὺς ἀνδράσι διδῶσι·
Νάσσατο δ' ἄγχ' ἑλικῶνος, ὀϊζυρῇ ἐνὶ κώμῃ
Ἄσκρῃ, χεῖμα κακῇ, θέρῳ δ' ἀργαλέῃ, οὐδέποτ' ἐσθλῇ.
Τύνη δ' ὦ Πέρση, ἔργων μεμνημένος εἴη
Ὡραίων πάντων, περὶ ναυτιλίης δὲ μάλιστα.
Νῆ' ὀλίγίω αἰνεῖν, μεγάλῃ δ' ἐνὶ φορτία θέσθαι·
Μείζων μὲν φόρτος, μεῖζον δ' ἐπὶ κέρδεϊ κέρδος
Ἔσεται, εἴκ' ἄνεμοί γε κακὰς ἀπέχωσιν ἀήτας.
Εὖτ' ἂν ἐπ' ἐμπορίην τρέψας ἀεσίφρονα θυμὸν,
Βούληαι δὲ χρέα τε προφυγεῖν, καὶ λιμὸν ἀτερπῆ,
Δείξω δή τοι μέτρα πολυφλοίσβοιο θαλάσσης·
Οὔτέ τι ναυτιλίης σεσοφισμένος, οὔτέ τι νηῶν.
(Οὐ γὰρ πώποτε νηΐ γ' ἐπέπλων εὐρέα πόντον,
Εἰ μὴ εἰς Εὔβοιαν ἐξ Αὐλίδος ᾗ ποτ' ἀχαιοὶ
Μείναντες χειμῶνα, πολὺν σὺν λαὸν ἄγειραν
Ἑλλάδος ἐξ ἱερῆς, Τροίίω ἐς καλλιγύναικα.
Ἐνθάδ' ἐγὼν ἐπ' ἄεθλα δαΐφρονος ἀμφιδάμαντος
Χαλκίδα τ' εἰσεπέρησα, τὰ δὲ προπεφραδμένα πολλὰ
Ἆθλ' ἔθεσαν παῖδες μεγαλήτορες· ἔνθα με φημὶ
Ὕμνῳ νικήσαντα, φέρειν τρίποδ' ὠτώεντα,
Τὸν μὲν ἐγὼ μούσῃς ἑλικωνιάδεσσ' ἀνέθηκα·
Ἔνθα με τὸ πρῶτον λιγυρῆς ἐπέβησαν ἀοιδῆς.
Τόσσον τοι νηῶν πεπείραμαι πολυγόμφων.)
Ἀλλὰ καὶ ὣς ἐρέω Ζηνὸς νόον αἰγιόχοιο,
Μοῦσαι γάρ μ' ἐδίδαξαν ἀθέσφατον ὕμνον ἀείδειν.
                                                                    Ἤματα

ΕΡΓΩΝ ΚΑΙ ΗΜΕΡΩΝ Β.

Ἤματα πεντήκοντα μετὰ τροπὰς ἠελίοιο,
Ἐς τέλος ἐλθόντος θέρεος καματώδεος ὥρης·
Ὡραῖος πέλεται θνητοῖς πλόος. οὔτέ κε νῆα
Καυάξαις, οὔτ' ἄνδρας ἀποφθίσειε θάλασσα·
Εἰ μὴ δὴ πρόφρων γε Ποσειδάων ἐνοσίχθων,
Ἢ Ζεὺς ἀθανάτων βασιλεὺς ἐθέλησιν ὀλέσαι.
Ἐν τοῖς γὰρ τέλος ἐστὶν ὁμῶς ἀγαθῶν τε κακῶν τε.
Τῆμος δ' εὐκρινέες τ' αὖραι, καὶ πόντος ἀπήμων·
Εὔκηλος τότε νῆα θοὴν, ἀνέμοισι πιθήσας,
Ἑλκέμεν ἐς πόντον, φόρτον δ' εὖ πάντα τίθεσθαι.
Σπεύδειν δ' ὅττι τάχιστα πάλιν οἶκόν δε νέεσθαι·
Μηδὲ μένειν οἶνόν τε νέον, καὶ ὀπωρινὸν ὄμβρον,
Καὶ χειμῶν' ἐπιόντα, νότοιό τε δεινὰς ἀήτας,
Ὅς τ' ὤρινε θάλασσαν, ὁμαρτήσας Διὸς ὄμβρῳ
Πολλῷ ὀπωρινῷ, χαλεπὸν δέ τε πόντον ἔθηκεν·
Ἄλλος δ' εἰαρινὸς πέλεται πλόος ἀνθρώποισιν.
Ἦμος δὴ τὸ πρῶτον, ὅσον τ' ἐπιβᾶσα κορώνη
Ἴχνος ἐποίησεν, τόσσον πέταλ' ἀνδρὶ φανείη
Ἐν κράδῃ ἀκροτάτῃ· τότε δ' ἄμβατός ἐστι θάλασσα.
Εἰαρινὸς δ' οὗτος πέλεται πλόος. οὐ μὶν ἔγωγε
Αἴνημ', οὐ γὰρ ἐμῷ θυμῷ κεχαρισμένος ἐστὶν,
Ἁρπακτός· χαλεπῶς κε φύγοις κακόν. ἀλλά νυ καὶ τὰ
Ἄνθρωποι ῥέζουσιν, ἀϊδρείῃσι νόοιο·
Χρήματα γὰρ ψυχὴ πέλεται δειλοῖσι βροτοῖσι.
Δεινὸν δ' ἐστὶ θανεῖν μετὰ κύμασιν· ἀλλά σ' ἄνωγα
Φράζεσθαι τάδε πάντα μετὰ φρεσὶν, ὥς σ' ἀγορεύω·

d

ΗΣΙΟΔΟΥ ΤΟΥ ΑΣΚΡΑΙΟΥ

Μὴ δ' ἐνὶ νηυσὶν ἅπαντα βίον κοίλῃσι τίθεϑαι·
Ἀλλὰ πλέω λείπειν, τὰ δὲ μείονα φορτίζεϑαι.
Δεινὸν γὰρ, πόντῳ μετὰ κύμασι πήματι κύρσαι·
Δεινὸν δ', εἴ κ' ἐφ' ἅμαξαν ὑπέρβιον ἄχϑος ἀείρας,
Ἄξονα καυάξαις, τὰ δὲ φορτί' ἀμαυρωϑείη.
Μέτρα φυλάσσεϑαι· καιρὸς δ' ἐπὶ πᾶσιν ἄριστος.

Ὡραῖος δὲ γυναῖκα τεὸν ποτὶ οἶκον ἄγεϑαι,
Μήτε τριηκόντων ἐτέων μάλα πόλλ' ἀπολείπων,
Μήτ' ἐπιϑεὶς μάλα πολλά· γάμος δέ τοι ὥριος οὗτος.
Ἡ δὲ γυνὴ, τέτορ' ἡβώη, πέμπτῳ δὲ γαμοῖτο.
Παρϑενικὴν δὲ γαμεῖν, ὡς κ' ἤϑεα κεδνὰ διδάξῃς.
Τὴν δὲ μάλιστα γαμεῖν, ἥτις σέϑεν ἐγγύϑι ναίει·
Πάντα μάλ' ἀμφὶς ἰδὼν, μὴ γείτοσι χάρματα γήμῃς.
Οὐ μὲν γάρ τοι γυναικὸς, ἀνὴρ ληίζετ' ἄμεινον,
Τῆς ἀγαϑῆς· τῆς δ' αὖτε κακῆς, ὃ ῥίγιον ἄλλο,
Δειπνολόχης. ἥ γ' ἄνδρα, καὶ ἴφϑιμόν περ ἐόντα,
Εὕει ἄτερ δαλοῦ, καὶ ὠμῷ γήραϊ δῶκεν.
Εὖ δ' ὄπιν ἀϑανάτων μακάρων πεφυλαγμένος εἴη.
Μὴ δὲ κασιγνήτῳ ἶσον ποιεῖϑαι ἑταῖρον·
Εἰ δέ κε ποιήσῃς, μή μιν πρότερος κακὸν ἔρξῃς,
Μὴ δὲ ψεύδεϑαι γλώσσης χάριν, εἰ δέ κεν ἄρχῃ,
Ἤτι ἔπος εἰπὼν ἀποϑύμιον, ἠὲ καὶ ἔρξας,
Δὶς τόσα τίννυϑαι μεμνημένος. εἰ δέ κεν αὖϑις
Ἡγῆτ' ἐς φιλότητα, δίκην δ' ἐϑέλῃσι παρασχεῖν,
Δέξαϑαι (δειλός τι ἀνὴρ, φίλον ἄλλοτε ἄλλον
Ποιεῖται) σὲ δὲ μή τι νόον κατελεγχέτω εἶδος.

Μὴ δὲ

ἘΡΓΩΝ ΚΑΙ ἩΜΕΡΩΝ Β.

Μὴ ἢ πολύξεινον, μὴ δ᾽ ἄξεινον καλέεσθαι,
Μὴ δὲ κακῶν ἕταερον, μὴ δ᾽ ἐσθλῶν νεικεστῆρα.
Μηδέ ποτ᾽ οὐλομένην πενίην θυμοφθόρον ἀνδρὶ
Τέτλαθ᾽ ὀνειδίζειν, μακάρων δόσιν αἰὲν ἐόντων.
Γλώσσης τοι θησαυρὸς ἐν ἀνθρώποισιν ἄριστος,
Φειδωλῆς· πλείστη δὲ χάρις κατὰ μέτρον ἰούσης.
Εἰ δὲ κακὸν εἴποις, τάχα κ᾽ αὐτὸς μεῖζον ἀκούσαις·
Μὴ δὲ πολυξείνου δαιτὸς δυσπέμφελος εἶη·
Ἐκ κοινοῦ πλείστη τε χάρις, δαπάνη τ᾽ ὀλιγίστη.
Μηδέ ποτ᾽ ἐξ ἠοῦς Διὶ λείβειν αἴθοπα οἶνον
Χερσὶν ἀνίπτοισιν, μὴ δ᾽ ἄλλοις ἀθανάτοισιν·
Οὐ γάρ τοί γε κλύουσιν, ἀποπτύουσι δέ τ᾽ ἀράς.
Μὴ δ᾽ ἄντ᾽ ἠελίοιο τετραμμένος ὀρθὸς ὀμιχεῖν·
Αὐτὰρ ἐπεί κε δύη μεμνημένος, ἔς τ᾽ ἀνιόντα.
Μήτ᾽ ἐν ὁδῷ, μήτ᾽ ἐκτὸς ὁδοῦ προβάδην οὐρήσῃς,
Μὴ δ᾽ ἀπογυμνωθείς (μακάρων τοι νύκτες ἔασιν)
Ἑζόμενος δ᾽ ὅ γε θεῖος ἀνὴρ πεπνυμένα εἰδώς,
Ἢ ὅ γε πρὸς τοῖχον πελάσας εὐερκέος αὐλῆς.
Μὴ δ᾽ αἰδοῖα γονῇ πεπαλαγμένος ἔνδοθεν οἴκου,
Ἑστίῃ ἐμπελαδὸν παραφαινέμεν, ἀλλ᾽ ἀλέασθαι.
Μὴ δ᾽ ἀπὸ δυσφήμοιο τάφου ἀπονοστήσαντα,
Σπερμαίνειν γενεήν, ἀλλ᾽ ἀθανάτων ἄπο δαιτός.
Μηδέ ποτ᾽ αἰενάων ποταμῶν καλλίρροον ὕδωρ
Ποσσὶ περᾶν, πρίν γ᾽ εὔξῃ ἰδὼν ἐς καλὰ ῥέεθρα,
Χεῖρας νιψάμενος πολυηράτῳ ὕδατι λευκῷ·
Ὃς ποταμὸν διαβῇ, κακότητι δὲ χεῖρας ἄνιπτος,

d 2

5. ΗΣΙΟΔΟΥ ΤΟΥ ΑΣΚΡΑΙΟΥ

Τῷ δὲ θεοὶ νεμεσῶσι, καὶ ἄλγεα δῶκαν ὀπίσω.
Μηδ' ἀπὸ πεντόζοιο, θεῶν ἐνὶ δαιτὶ θαλείῃ,
Αὖον ἀπὸ χλωροῦ τάμνειν αἴθωνι σιδήρῳ.
Μηδέποτ' οἰνοχόῳ τιθέμεν κρητῆρος ὕπερθεν
Πινόντων, ὀλοὴ γὰρ ἐπ' αὐτῷ μοῖρα τέτυκται.
Μὴ δὲ δόμον ποιῶν, ἀνεπίξεστον καταλείπειν·
Μή τι ἐφεζομένη κρώζῃ λακέρυζα κορώνη.
Μηδ' ἀπὸ χυτροπόδων ἀνεπιρρέκτων ἀνελόντα
Ἔσθειν, μὴ δὲ λόεσθαι· ἐπεὶ καὶ τοῖς ἔνι ποινή.
Μηδ' ἐπ' ἀκινήτοισι καθίζειν (οὐ γὰρ ἄμεινον,)
Παῖδα δυωδεκαταῖον, ὅτ' ἀνέρ' ἀνήνορα ποιεῖ·
Μὴ δὲ δυωδεκάμηνον, ἴσον καὶ τοῦτο τέτυκται.
Μὴ δὲ γυναικείῳ λουτρῷ χρόα φαιδρύνεσθαι
Ἀνέρα, λευγαλέη γὰρ ἐπὶ χρόνον ἔστ' ἐπὶ καὶ τῷ
Ποινή. μὴ δ' ἱεροῖσι ἐπ' αἰθομένοισι κυρήσας,
Μωμεύειν ἀίδηλα· θεός τοι καὶ τὰ νεμεσᾷ.
Μηδέ ποτ' ἐν προχοῇ ποταμῶν ἅλαδε προρεόντων,
Μὴ δ' ἐπὶ κρηνάων οὐρεῖν, μάλα δ' ἐξαλέασθαι·
Μὴ δ' ἐναποψύχειν, τὸ γὰρ οὔτοι λώιον ἐστίν.
Ὧδ' ἔρδειν· δεινὴν δὲ βροτῶν ὑπαλεύεο φήμην.
Φήμη γάρ τε κακὴ πέλεται· κούφη μὲν ἀεῖραι
Ῥεῖα μάλ', ἀργαλέη δὲ φέρειν, χαλεπὴ δ' ἀποθέσθαι.
Φήμη δ' οὔτις πάμπαν ἀπόλλυται, ἥντινα πολλοὶ
Λαοὶ φημίζουσι· θεός νύ τίς ἐστι καὶ αὐτή.

ΗΜΕ-

ΕΡΓΩΝ ΚΑΙ ΗΜΕΡΩΝ Β.
ΗΜΕΡΑΙ.

Μάτα δ' ἐκ διόθεν πεφυλαγμέ-
νῳ εὖ κτ μοῖραν·
Πεφραδέμῳ δμώεσσι, τρινκάδα
μίωὸς ἀρίστω
Εργα τ' ἐποπΐευειν, ἠδ' ἁρμαλιὼ
δατέαϡαι,
Εὖτ' ἂν ἀληθείω λαοὶ κείνοντες ἄγωσιν.
Αἱ δὲ γὰ ἡμέρας εἰσὶ Διὸς παρὰ μητιόεντῳ.
Πρῶτον ἔνη, τετράς τε, κὶ ἑβδόμη ἱερὸν ἦμρ·
Τῇ γὰ Ἀπόλλωνα χρυσάορα γείνατο Λητώ.
Ογδοάτη τ', ἐνάτη τε, δύω γε μῳ ἤματα μίωὸς
Ἐξοχ' ἀεξομῴοιο, βροτήσια ἔργα πέλεϡαι.
Η δὲ δυωδεκάτη τῆς ἑνδεκάτης μέγ' ἀμείνων.
Ἐνδεκάτη δὲ δυωδεκάτη τ', ἄμφω γε μῳ ἐσθλαὶ·
Η μῳ, ὄἰς πείκειν, ἠδ' εὔφρονα καρπὸν ἀμᾶϡαι.
Τῇ γάρ τοι νεῖ νήματ' ἀερσιπότητῳ ἀράχνης
Ἠματῳ ἐκ πλείω, ὅτε τ' Ἴδρις σωρὸν ἀμᾶται·
Τῇ δ' ἱϛὸν ϛήσαιτο γυνὴ, προβάλοιτό τε ἔργον.
Μίωὸς δ' ἰςαμένε τρισκαιδεκάτω ἀλέαϡαι,
Σπέρματῳ ἄρξαϡαι · φυτὰ δ' ἐνθρέψαϡαι ἀρίςη.
Ἑκτη δ' ἡ μέϲση μάλ' ἀσύμφορός ἐςι φυτοῖσι,
Ἀνδρογόνῳ τ' ἀγαθὴ, κούρῃ δ' ἐ σύμφορός ἐςιν,
Οὔτε γηνέϡαι πρῶτ', ὔτ' ἂρ γάμε ἀντιβολῆσαι.
Οὐδὲ μῳ ἡ πρώτη ἕκτη κούρῃ τε γηνέϡαι

d 3

54 ΗΣΙΟΔΟΥ ΤΟΥ ΑΣΚΡΑΙΟΥ

Ἁρμῷο, ἀλλ' ἐρίφοις τάμνειν καὶ πώεα μήλων,
Σηκόν τ' ἀμφιβαλεῖν ποιμνήϊον ἤπιον ἦμαρ,
Ἐσθλὴ δ' ἀνδρογόνος, φιλέει δ' ὅτε κέρτομα βάζειν,
Ψεύδεά θ', αἱμυλίους τε λόγους, κρυφίους τ' ὀαρισμούς.
Μηνὸς δ' ὀγδοάτῃ κάπρον καὶ βοῦν ἐρίμυκον
Ταμνέμεν, οὐρῆας δὲ δυωδεκάτῃ ταλαεργούς.
Εἰκάδι δ' ἐν μεγάλῃ πλέῳ ἤματι ἵστορα φῶτα
Γείνασθαι, μάλα γάρ τε νόον πεπυκασμένος ἐστίν.
Ἐσθλὴ δ' ἀνδρογόνος δεκάτη, κούρῃ δέ τε πρώτης
Μέσση, τῇ δέ τε μῆλα καὶ εἰλίποδας ἕλικας βοῦς,
Καὶ κύνα καρχαρόδοντα, καὶ οὐρῆας ταλαεργοὺς
Πρηΰνειν, ἐπὶ χεῖρα τιθείς. πεφύλαξο δὲ θυμῷ
Τετράδ' ἀλεύασθαι φθίνοντός θ' ἱσταμένου τε,
Ἄλγεα θυμοβορεῖν, μάλα τοι τετελεσμένον ἦμαρ.
Ἐν δὲ τετάρτῃ μηνὸς ἄγεσθαι δ' ἐς οἶκον ἄκοιτιν,
Οἰωνοὺς κρίνας, οἳ ἐπ' ἔργματι τούτῳ ἄριστοι.
Πέμπτας δ' ἐξαλέασθαι, ἐπεὶ χαλεπαί τε καὶ αἰναί,
Ἐν πέμπτῃ γάρ φασιν ἐριννύας ἀμφιπολεύειν
Ὅρκον τινυμένας, τὸν ἔρις τέκε πῆμ' ἐπιόρκοις.
Μέσσῃ δ' ἑβδομάτῃ Δημήτερος ἱερὸν ἀκτὴν
Εὖ μάλ' ὀπιπεύοντα ἐϋτροχάλῳ ἐν ἀλωῇ
Βάλλειν, ὑλοτόμον τε ταμεῖν θαλαμήϊα δοῦρα,
Νήϊά τε ξύλα πολλά, τά τ' ἄρμενα νηυσὶ πέλονται.
Τετράδι δ' ἄρχεσθαι νῆας πήγνυσθαι ἀραιάς.
Εἰνὰς δ' ἡ μέσση, ἐπὶ δείελα λώϊον ἦμαρ.
Πρωτίστη δ' εἰνὰς παναπήμων ἀνθρώποισιν,

Ἐσθλὴ

ΕΡΓΩΝ ΚΑΙ ΗΜΕΡΩΝ Β.

Ἐσθλὴ μὲν γάρ τ' ἠδὲ φυτεύειν, ἠδὲ γενέσθαι
Ἀνέρι τ' ἠδὲ γυναικὶ, καὶ οὔποτε πάγκακον ἦμαρ.
Παῦροι δ' αὖτ' ἴσασι τρισεινάδα μηνὸς ἀρίστην,
Ἄρξασθαί τε πίθου, καὶ ἐπὶ ζυγὸν αὐχένα θεῖναι
Βουσὶ καὶ ἡμιόνοισι καὶ ἵπποις ὠκυπόδεσσι.
Νῆα πολυκλήϊδα θοὴν εἰς οἴνοπα πόντον
Εἰρύμεναι. παῦροι δέ τ' ἀληθέα κικλήσκουσιν.
Τετράδι δ' οἶγε πίθον (περὶ πάντων ἱερὸν ἦμαρ)
Μέσση. παῦροι δ' αὖτε μετ' εἰκάδα μηνὸς ἀρίστην
Ἠοῦς γινομένης, ἐπὶ δείελα δ' ἐστὶ χερείων.
Αἵδε μὲν ἡμέραι εἰσὶν ἐπιχθονίοις μέγ' ὄνειαρ.
Αἱ δ' ἄλλαι μετάδουποι, ἀκήριοι, οὔτι φέρουσαι.
Ἄλλος δ' ἀλλοίην αἰνεῖ, παῦροι δέ τ' ἴσασιν.
Ἄλλοτε μητρυιὴ πέλει ἡμέρη, ἄλλοτε μήτηρ.
Τάων εὐδαίμων τε, καὶ ὄλβιος, ὅς τάδε πάντα
Εἰδὼς, ἐργάζηται ἀναίτιος ἀθανάτοισιν,
Ὄρνιθας κρίνων, καὶ ὑπερβασίας ἀλεείνων.

ΗΣΙΟΔΟΥ ΕΡΓΩΝ ΚΑΙ ΗΜΕ-
ΡΩΝ ΤΕΛΟΣ.

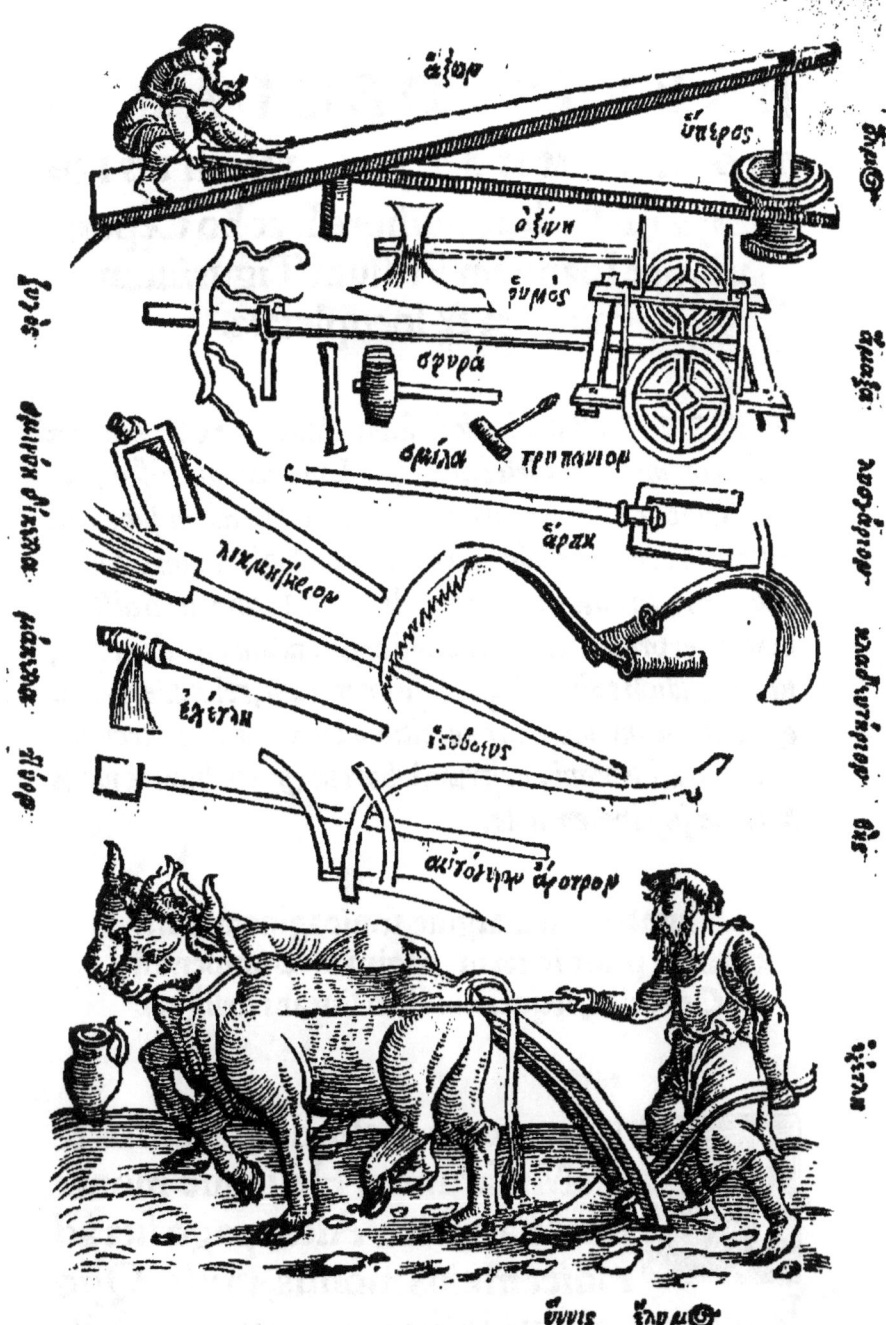

BREVIS DECLARA-
TIO GRAMMATICA IN HESIO=
di Ἔργα καὶ Ἡμέραι, authore Iacobo Ceporino, per Ioannem Frisium Tigurinum castigata & locupletata.

VISUM est nobis, doctißime Antoni, ex Græcorum commentarijs selectiora quædam uocabula hisce An=notationibus inserere, præcipuè tamen quæ ad sensus explicationem, & uocabulorum cum etymologiam tum compo=sitionem inprimis pertinere uidentur. Harum uerò dictio=num interpretationem studiosè omittendam esse duximus, ut & studiosis aliquid, quo sese exerceant, relinqueremus, & illorum animos hoc exercitio ad maiora excitaremus. Tu ergo mi Antoni, nostrum laborem & studium à nobis benignè suscipe, & uale.

> Numerus in margine semipaginam Hesi-odi: prior in textu, paginam Compendij Ceporini, sequés eiusdem lineam designat.

FVIT poeta Hesiodus sacerdos tē-pli Musarum in Helicone monte Bœotiæ: & in Ascra pago sita ad radicem eius montis, uixit. Quo tempore uerò, uide Solinum cap. 53. Gell.

d 5

ANNOTATIONES IN

cap. 11. lib. 3. Item prouerb. Hesiodi senecta.
Suidas scribit Hesiodum posteriorem Homero fuisse centum annis.

23. Μῶσαι.] Dores & Aeoles dicunt ἀπὸ μάσ-
Μαίει quod est
tere et curiosius
quirere πολυπρα-
γοσύν
θαι τ̃ σημαίνοντος τὸ ζητεῖσθας, quod proprie inquirere est, & inuestigare, nã inuestigando disciplinas assequimur. Est aũt duplex inuocatio: prior ad Musas, posterior ad ipsum Iouem pertinet. πιεριήθεν.] αἱ ἐκ τ̃ πιερίας ἁρμώμεναι, κỳ τ̃ ἡμετέραις ᾠδαῖς τὰ πάντα δοξάζουσαι. θεν) motũ de loco significat à πιερία. Iones α in η uertunt. 14. 5. ἀοιδῆσι.] ταῖς ἀοιδαῖς. 16. 3. ἀοιδὴ ποιητικὸν, ab ἀείδω. ᾠδὴ κοινὸν, ab ᾄδω. δεῦτε.] aduerbium hortantis ἀντὶ τῦ ἄγετε. ἐν νέπετε.] ἀντὶ τῦ εἴπατε præsens pro aoristo. ν interferitur causa metri ab ἐνέπω 197. 23. σφέτερον.] ἀντὶ τῦ ὑμέτερον. 276. 3. πατέρα.] patrem Musarum τὸν Δία dixerunt: & matrem τὴν μνημοσύνην. ὑμνεῦσαι.] ἀπὸ τῦ ὑμνέουσαι κατὰ πλεονασμὸν τῦ ι, ὑμνεῦσαι. ὄντε δή.] subintellige τόπον, sic, καὶ ἐννέπετε δι' ὄν, ἢ καθ' ὄν τόπον. Nam ut ὄν τόπον, pro δι' ὄν, aut καθ' ὄν τόπον defectiuum atticum est, sic & δι' ὄν, pro δι' ὄν τόπον. φατοί τε.] φατὸς καὶ ῥητὸς differũt perinde ut Latinis loquor & dico. διὸς μεγάλοιο.] pro μεγάλου Ionice. Inducit Musas pe-

I. LIBRVM HESIODI. 59

ſas petitum ſibi exponentes. Vel, ut alij, i‑
pſemet narrat tanquam à Muſis ſubito con
citus & edoctus. ἕκητι.] aduerbium ab ἑκων
uolens. Sic apud Homerum, Διὸς δ᾽ ἐτελείε‑
το βουλή. ῥεῖα μὰν.] ῥαδίως, κοινῶς. ποιητικῶς
δὲ ῥεῖα καὶ ῥηΐδιως. Subiungit rationem qua
re alij claro, alij obſcuro genere ſint orti. βρι
άει.] ἀπὸ τοῦ βριάω βριαρὸν. ὡς ἀπὸ ἰχύω ἰχυρόν.
Et ſequentia uerba ad nominatiuum, ζεὺς ὑ‑
ψιβρεμέτης referuntur. ἀείζηλον.] τὸν δι᾽ αδηλον
καὶ περιφανῆ. ſuum contrarium eſt ὁ ἄδηλος.
ἀέξει.] ἀέξεει praeſens. 218.10. σκολιόν.] τὸν ε͗κ
ὀρθὸν τὴν γνώμην. ἤγυν τὸν ἄδικον. ἀγήνορα.]
τὸν ὑπερήφανον. Aeſopus interrogatus, autho
re Laertio, quid ageret Iupiter, reſpondit:
τὰ μὲν ὑψηλὰ ταπεινοῖ, τὰ δὲ ταπεινὰ ὑψοῖ. Ζεὺς.]
genitiuo τοῦ Διὸς 42.16. ὑψιβρεμέτην Iouem
dicit. Item βαρύκτυπον καὶ εὐρύοπα, ὡς τῶν βρον
τῶν αἴτιον. τὸ βρέμειν δὲ κυρίως ἐπὶ τοῦ πυρὸς λέγε
ται. Ibi uero ἐπὶ τοῦ ἤχου τῶν βροντῶν. ὃς ὑπέρτα
τα δώματα] τουτέςι τὸν οὐρανόν. κλῦθι.] Se
cunda inuocatio ad ipſum Iouem, & ſimul
proponit, ſe praecepta quaedam & leges be‑
ne uiuendi Perſae traditurum.   Vel Muſis
poſt narrationem eum commouentibus: ὦ
ςὺ Ἡσιόδε κλῦθι, ἐπάκουςον καὶ μάνθανε.

At secundum Vallam ipse Hesiodus ea ha=
ctenus uelut Musarum impulsu effatus, cō=
precando Iouem subdit: σὺ ὦ ζεῦ κλῦθι. 195.
12. κλύω ποιητικόν. ἀκέω κοινόν. ἰδὼν·] ὁρῶν μὲν
τὰς πράξεις ἡμῶν. ἀίων.] ἀκέων δὲ τῶν λόγων ὧν
φθεγγόμεθα οἱ ἄνθρωποι. δίκῃ δ' ἴθυνε.] τυτέ-
στι κατ' δίκην πᾶσαν, σὺ τὴν δίκην κρίνε, πάντα
ὁρῶν τὰ ἀνθρώπινα πράγματα, καὶ πάντων ἀκέ-
ων. θέμισαι.] δίκη μὲν ἐπὶ ἀνθρώπων: θέμις δὲ
ἐπὶ θεῶν. δίκη γὰρ ἐστὶ κρίσις ἣν οἱ ἄνθρωποι κρί-
νουσι: θέμις δὲ δίκη ἣν οἱ θεοὶ δικάζουσιν. ἐτήτυ-
μα.] ἀληθῆ. ἀπὸ τῦ ἔτυμα κατὰ πλεονασμὸν τῆς συλ-
λαβῆς. τύνη.] ἀντὶ σύ. 138. 20. ἐγὼ δέ κε.] Di
uertit ad fratrem Persen. ἐκ ἄρα.] Narratio.
Commemorat duplicem contentionē, ho=
nestam & turpem: Honesta, cum labore, in=
dustria & diligentia rem facit. Turpis per in
iuriam & scelus accumulat opes. ἐκ ἄρα μοῦ-
νον.] ἐκ ἒν ἦν, ἀντὶ τοῦ ἐστὶν ἀττικῶς. 221. 3. ἐρί-
δων γένος.] τὸ γένος ἐνταῦθα ἀντὶ τοῦ εἶδος. ἀλλ'
ἐπὶ γαῖαν.] ἀντὶ τοῦ κατὰ τὴν γῆν εἰσὶ δύο ἔριδες.
ἐπιμωμητή, ἤγουν πολλοῦ ψόγου ἀξία. ἐπίτασιν
γὰρ ἔχει ἡ ἐπὶ, ἐπιμωμητὴ ποιητικόν. ἐπίλογος
κοινόν. ἐπαινήσειε.] commendauerit. αἰνέω, fu
turum αἰνέσω uel ήσω, ᾔνησα, αἰνήσαιμι uel αἰ-
νήσαιμι, cum ἐπὶ & ασ geminato. 573. & 201. 5:
δζάνδιχα.]

I. LIBRVM HESIODI. 61

δγάνδιχα.] ποιητικόν. δίχα κοινὸν ἢ διχῇ. καὶ τὸ δι᾽ ἄνδιχα δὲ ἀπὸ τοῦ δίχα γίνεται προσθήκῃ τῦ ἀν συνδέσμυ, καὶ τῆς δια προθέσεως. πόλεμόν τε κακόν.] τὸν πόλεμον ἐξαιρέτως dicit κακόν· θανάτυς γὰρ ἐπάγ(ει), ὁ τὸ μέγιϛον ὅτι τῶν σωματικῶν κακῶν. καὶ δῆριν.] ἤγυν μάχην. σχέτλιν.] σχέτλια ἢ ἔρις αντὶ τῦ κακή. καθ᾽ ὃ λέγεται σχέτλιος ἄνθρωπος. ἤγουν ἄθλιος. ὅθεν τὸ σχετλιάζειν καὶ ὁ σχετλιασμός. ὅτις τ(ο)ιούγε βροτός.] ἤγυν οὐδ᾽ εἰς ἄνθρωπος φιλεῖ αὐτὴν. ἀλλ᾽ ὑπ᾽ ἀνάγκης τιμῶσι.] αντὶ τῦ χρῶνται αὐτῇ οἱ ἄνθρωποι, δια τὰς βυλὰς τῶν θεῶν. βυλῇσιν.] pro βυλαῖς. 16. 3. νύξ.] ἔϛι γὰρ ἡ νὺξ θεὸς ὑπὲρ κόσμον ἀφανὴς τοῖς ὄμμασιν ἡμῶν. ἐρεβεννή.] ἀπὸ τῦ ἔρεβος τὸ σκότος καὶ ὥρα χογιὼ. θῆκε δὲ.] 199. 21. αντὶ τῦ ἐποίησε δὲ αὐτὸ ζεὺς ὁ κρόνυ παῖς. ὑψίζυγος.] ἤγουν ὁ ἐπὶ μετεώρυ θρόνυ καθήμενος. ὁ οἰκῶν ἐν τῷ αἰθέρι, αντὶ τῦ ἐν ὀρανῷ.

Γαίης τ᾽ ἐν ῥίζῃσι.] ἐν τοῖς φυτοῖς τοῖς ἐρριζομένοις τῇ γῇ. ἢ ὅτι ἐρρίζωσαν αὐτὴν ἐν τῇ γῇ. ῥίζησι αντὶ ῥίζαις Ionice. πολλὸν.] πολλὸν ποιητικόν, πολὺ κοινόν. ἀμείνω.] 39. 4. ἀπάλαμνον.] ἤγυν ἀεργὸν ἀπὸ φύσεως. Inertem significat, quasi dicas sine manu, aut qui manus nulli operi admouet. παλάμη enim manum & opus ipsum apud Græcos significat. παλαμαῖ γὰρ,

τὸ διὰ τῆς παλάμης γεωργίας ἐργάζεθαι. ἰδών.]
intuitus. εἴδω, ἰδέσκω, uel ἰδέω, unde ἴδον, ὁ ἰ=
δών. 157. 23. ἔργοιο χατίζων.] ἤγουν ἐνδεὴς ὢν
ἔργου. τυτέςιν, οὐδὲν ἐργαζόμενος. ἔργοιο ἀντὶ
ἔργου. 17. 20. ὅς σπεύδει.] οὗτος. 12. 17. ἀρόμμε=
ναι.] propter metrum. ἀρόω, ἀρόειν, ἀρῶ, ἀ=
ρόμεναι. 59. 5. ζηλοῖ δέ τε γείτονα γείτων.] τὸ ζη=
λοῦν δύο δηλοῖ. τὸ φθονεῖν, καὶ τὸ μακαρίζειν. Ui=
de prouerb. Inuidus uicini oculus. εἰς ἄφε=
νον.] τὸν πλοῦτον ἄφενον uocant. τὸν ἀπὸ τῆς ἔργων
τῆς ἐνιαυσιαίων ἀθεριζόμενον. ἐνὸς γὰρ καλεῖται
ὁ ἐνιαυτός. ἀγαθή δ' ἔρις ἥδε βροτοῖσιν.] ἀντὶ
τῆς ἀγαθῶν αἰτία ἐςὶν ἡ ἔρις τοῖς ἀνθρώποις.
βροτοῖσι.] 17. 21. καὶ κεραμεὺς κεραμεῖ φθονέει.]
ὀργίζεται φθονεῖ. φθόνος ἐςὶ λύπη ἐπ' ἀλλοτρί=
οις ἀγαθοῖς. Prouerb. Figulus figulo inuidet.
Probat hic illam aemulationem artificũ, qua
alter altero citius ditescere conatur. ἐνικάτ=
θεο θυμῷ.] ἤγουν ἔμβαλε τῷ λογισμῷ ταῦτα. τί
θημι. Infinitiuum 6. imperatiui medij θέσο,
θοῦ, uel θέο, cum ἐνὶ & κατ, ἐνικατάθεο, & poe
tice ἐνικάτθεο. 198. 13. Et altera praepositio=
num soluta, κάτθεο ἐνὶ θυμῷ. 342. 15. ἔρις κα=
κόχαρτος.] ἤγουν ἡ ἐπὶ τοῖς κακοῖς χαίρουσα. ἢ
ᾗ χαίρουσιν οἱ κακοί. est aptissimũ Epitheton
ἔριδος ὁ τιμωμητῆς. νείκε' ὀπιπεύοντα.] τυτέςι
πρὸς

I. LIBRVM HESIODI. 63

πρὸς μόνας τὰς φιλονεικίας βλέποντα. ὥρη γάρ τ' ὀλίγη πέλει.] Non licet tenuibus foro uacare. Hi enim infeliciter circa contentiones forenses uersantur, quibus non est bene instructa & opulenta domus. ἀγορέων.] genitiuus ab ἀγορά. 16. 2. κατάκειται] ἀντὶ τοῦ ἀποκεί μενός ἐστιν ἔνδον. ἤγουν ἐν τῷ οἴκῳ βίος αὐτάρκης εἰς ὅλον τὸν ἐνιαυτόν. 232. 15. & 374. 23. τὸν βίον δὲ εἶπεν ὡραῖον, ὡς ἐκ τῆς γῆς ὡρῶν περιόδου συλλεγόμενον. τὸν γαῖα φέρει.] ἀντὶ τοῦ ὃν ἡ γῆ φύει. 12. 16. δημήτερος.] τὴν γῆν ἀφ' ἧς οἱ καρποὶ πάντες, δήμηξαν ὠνόμαζον οἱ παλαιοί. δημήτηρ terra dicitur ὅτι πάντων ἡ γῆ μήτηρ. ἀκτὴν.] ἀντὶ τοῦ ἐξαίρετον δώρημα. τοῦ κεκορεσαμένου.] Concessio ironica, à κορέω. 201. 5. Et τοῦ pro τούτου, articulus præpositiuus loco pronominis demonstratiui sæpe apud Poetas ponitur. κλῆρον ἐδασάμεθα.] patrimoniū diuisimus. κλῆρον ἢ τὸν τῆς γῆς, ἢ τὸν τῆς οὐσίας. unde ἄκληρος, ὁ πτωχὸς, & ἐπίκληρος ὁ κληρονόμος. ἐδασσά.) à δάζομαι. μέγα κυδαίνων.] μεγάλως τιμῶν. βασιλῆας.] Ionice pro βασιλέας. 29. 4. Reges autem uocat δικαστὰς καὶ τοὺς ἄρχοντας iudices & præfectos singularum urbium quemadmodum Homerus. δωροφάγους.] Vide prouerbium Dorica Musa.   He=
siodus

ſiodus (inquit Eraſ. in prouerb. Scarabeus aquilam quærit) δωροφάγοις appellat, rectius tamen παμφάγοις appellaturus. Ad hunc locum attinet prouerb. Argenteis haſtis pu gnare. Item: Aut regem aut fatuum naſci oportere. ἐθέλυσι δικάσαι.] uolunt iudicaſſe. Græcis frequens uſus eſt ἀορίϛων Infinitiui, quando per ἵνα in Subiunct. poſſunt conuerti, ἐθέλει γράψαι, ἐθέλει ἵνα γράφῃ. κελεύει διδάσκησαι, κελεύει ἵνα διδάσκῃ, &c. νήπιοι, ἐδ᾽ ἴσασιν.] μωροὶ ουδὲ γινώσκουσι, ὅσῳ μέρω δηλονότι ὑπάρχει πλέον τὸ ἥμισυ τὸ ἀπὸ τῆς δικαίης δηλονότι, τῆς ὁλοκλήρου τῆς ἐξ ἀδικίας. eſt Epiphonema ſuperioris ſententiæ, quæ aptiſsime præ cedentibus cohæret. Nam ſubobſcure Heſi odus indicat, Perſen plus conſequi potuiſſe ſi dimidio ſortis paternæ citra fori lites, & munerū largitionem fuiſſet cōtentus, quàm ut bonam cōmunis hæreditatis portionem in corruptos iudices, quo ſuæ parti plus æquo faueretur, per ſtultitiam profunderet, atque tandem nihilominus hac ſpe fruſtratus, dimidium patrimonij per latam ſententiam accipere ſit coactus. Inquit enim, νήποι ſtulti, ſicut tu es Perſe, &c. uide prouerb. Dimidium plus toto. Cæl. lib. 4. cap. 8. ἴσασιν.]
ab

ἴσημι 233.12. ἀσφοδέλῳ.] Plin.libr.21.cap.17. Gell.lib.18.cap.2. per has herbas frugalitatem & temperantiam indicat. Prouerb. Iisdem uescētes cepis. κρύψαντες γὰ ἔχυσι θεοί.] ἀντὶ ἔκρυψαν οἱ θεοὶ τὸν βίον τῶν ἀνθρώπων, τὸν ἀπέριπτον δηλονότι καὶ ἄπονον. Est locutio Attica, per participium infiniti α et uerbum ἔχω. Fingit hoc loco Poeta longam fabulam de Pandora, simulq́ oftēdit quæ mala, & quas calamitates ipsa secum in mundum attulerit. Fortassis satis conuenienter uoluptatem interpretari poterimus, quæ quamuis maxime ornata uideatur, multisq́ modis abblandiatur, malorum tamen omnium, morborumq́ causa est. Pertinet huc adagium γυναικῶν ὄλεθροι. De his qui funditus, ac miserabiliter pereunt. Calamitates ex mulieribus testantur Deianira Herculi. Danaides Lemniæ mulieres, Cleopatra, & hæc Hesiodica Pandora. Testis denique Eua Christianis. ῥηϊδίως γὰ.] Ostendit facilitatem uictus quærendi, apud priscos homines, non enim uoluptati indulgebant, sed modestiæ, temperantiæ, ac frugalitati studebant. ὥς τε σε ἔχειν.] ἀντὶ ὡς σὺ ἔχῃς. 286.20.

Πηδάλιον.] proprie est clauus nauis, hic ca

tachresticæs pro ſtiua, & ſtiua pro aratro po
nitur. ὑπὲρ καπνῦ.] Ruſtici inſtrumenta li=
gnea ſuper fumoſa laquearia collocare ſolēt,
quo fumus ea corroboret & exploret.
Sic Vergilius:

Et ſuſpenſa focis exploret robora fumus.
ἡμιόνων ταλαεργῶν.] Vide Prouerbium Mu=
li aſinis quantum præſtant. χολωσάμψ☉.]
ἀγανακτήσας. ποιητική δὲ ἡ λέξις. φρεσὶν ᾗσιν.]
αἷς.ὅς ſuus. ἀγκυλομήτης.] πανῦργ☉, uafer,
aſtutus. Sciendum uero ὅτι τὸ ἀγκυλόμητις, τὸ
ποικιλόμητις, τὸ δολόμητις, καὶ ὅσα ἀπὸ τοῦ μῆ=
τις σύγκειται προπαραξύνεται, & per ι ſcri=
buntur. flectuntur aūt ἑτεροκλίτως· τῦ ἀγκυ=
λομήτυ, ποικιλομήτυ, κ̀ δολομήτυ. Sic πρέσβυς
πρεσβύτυ. πολὺς πολλῦ, & multa alia. τῦνεκ'.]
82.4. ρύψε.] (99.21. ἰαπετοῖο.] genit. Ionicus.
17.20. νάρθηκι.] ὅτι μὲν πυρὸς ὄντως φυλακτι=
κὸς ὁ νάρθηξ, ἡπίαν ἔχων μαλακότητα εἴσω, καὶ
φέρειν τὸ πῦρ, κ̀ μὴ ἀποσβεννῦναι δ' ὠαμψύω.
Narthex ferula, adſurgens recte. Narthecia
ſemper humilis eſt. Naſcuntur locis calidis
trās maria. Ignem ferulis optime ſeruari, au
thor eſt Plinius lib. 13. ca. 22. τερπικέραυνον.]
Interpres inquit. ἀπὸ τῦ ρέπειν per methate=
ſin τ῀ ρ, nec ἀπὸ τῦ τέρπεαζ. ὡς ρέποντα δηλονότι
τὺς

I. LIBRVM HESIODI.

τὰς ἐναντίους τῷ κεραυνῷ, ἐχ' ὡς προπόμπον ἐν αὐ
τῷ. νεφεληγερέτα.] ὁ δ' ἀθροίσεως τ̄ νεφέλων αἴ-
τι⊙. pro νεφεληγερέτης per antiptoſin. 14. 21.
ab ἀγείρω, uel ἀγείρω compoſitum eſt, cogēs
uel excitans nubes. Vide Prouerb. Riſus
Sardonius. Ἰαπετονίδη.] υἱὲ τοῦ Ἰαπετοῦ. ἀπὸ τοῦ
ἰαπετὸς, ἰαπετίων patronymicum Ionicū fit,
à cuius genitiuo ἰαπετίων⊙, per ſyſtolen ἰα-
πετίον⊙, aliud commune fingitur ἰαπετονί-
δης. παύτων πέρι.] ἀναςροφὴ pro περὶ παύ-
των. ἐσομένοισι.] Ionice, & σ geminatum eſt
cauſa metri ab εἰμὶ. ἐὸν κακὸν.] ἀντὶ τοῦ τὸ σφέ-
τερον. ἐὸν γὰρ ὁ μόν⊙ ἔχει τίς. σφέτερον δὲ ὁ πολλοὶ
ἔχουσι. πατὴρ ἀνδρῶν τε θεῶν τε.] προσωποποι-
ία ἐςὶ. patrem autē hominumq́ deumq́ uo-
cat τὴν εἱμαρμένην. ἥφαιςον δ' ἐκέλευσε.] Per
diſtributionem enumerat quomodo Pan-
dora ſit condita, et quid ſinguli dij in illā con
tulerint. ἥφαις⊙ τὸ διακονικὸν πῦρ. καὶ ὁ ταῖς
διὰ τοῦ πυρὸς ἐνεργουμέναις τέχναις ἐπιςατῶν θε-
ός. Quem quidem Homerus Iunonis & Io-
uis filium refert. περικλυτὸν] περίφημον, του-
τέςιν οὗ ἡ φήμη ἄδεται. ἐν δ' ἀνθρώπου θέμεν.]
pro ἐνθέμεν per tmeſin. αὐδὴν.] αὐδὴν δὲ
νῦν οὐ τὴν φωνὴν λέγει, ἀλλὰ τὸν τόπον τῆς φω-
νῆς, ἤτοι τὰ φωνητικὰ ὄργανα. ἀθανάτης θεῆς.]

E 2

68 ANNOTATIONES IN

ἀντὶ ἀθανάταις θεαῖς. 16. 3. εἰς ὦπα.] ἀντὶ τοῦ εἰς ὄψιν. καλὸν εἶδος.] Græci multa epitheta apponunt uni substantiuo sine connexu. ἀμφιχέαι.] à χέω infinit. a. infinitiui. 201. 16. πόθον ἀργαλέον.] ἤγουν ἀνιαρὸν ἄλγος ἔχοντα. ἕπεται γὰρ τῷ πόθῳ ἄλγος. πόθος ἢ ἔστιν ἐπιθυμία πραγμάτων ἀπόντων. ἐπιθυμία ἢ καὶ ἵμερος τὸ αὐτό. γυιοκόνοις.] Fatigantes membra. παρὰ τὸ κονῶ, τὸ ἀγωνιῶ καὶ ἐπείγομαι. alij γυιοκόρις depastinantes membra à κορῶ, ad satietatem usque arrodentes membra. Legimus & γυιοτόροις in quodam epigrammate, id est, membra penetrantes. κυνέον.] τὴν κυνὸς δηλονότι ἀναίδειαν ἔχοντα. ἰῶωγε.] iussit. 158. 7. ἀργηφόντην.] sic dicitur Mercurius quod Argum πανόπτην Iûs custodem occiderit. Fit itaque ἀργοφόντης, poetice uero ἀργηφόντης. πλάσε.] ablato augmento à πλάσσω. ἀμφιγυήεις.] claudus utroque pede. Est epitheton Vulcani.

26. Αἰδοίη.] αἰδοίη, ὡς γελοῖος ὁ ἄξιος γέλωτος. οὕτω καὶ αἰδοῖος ὁ αἰδοῦς ἄξιος. κρονίδεω.] τοῦ κρονίδου. 14. 5. ζῶσε.] cinxit ἀπὸ μεταφορᾶς τῶν ζωννυμένων. ζοννύω defectiuum. 216. 16. futurum ζώσω mutuat à ζέω cingo uel uiuo, nam uiuere est, quam diu anima ligata corpore tenetur,

I. LIBRVM HESIODI. 69

tenetur. ἀμφὶ δ᾽ ἓ οἱ χάριτες.] Sic collige, ἀμφι έθεσαν δὲ οἱ χροΐ, circumposuerunt ei corpore. Et ponitur οἱ pronomen pro αὐτῇ χάριτες.] tres sunt Charites. πειθώ, ἀγλαία, καὶ εὐφροσύνη. horæ tres. εὐνομία, δίκη, εἰρήνη. ἀμφὶ ᾗ τεύχη ὧραι ς´εφον.] pro ἀμφίςευον ᾗ ταύτην θεαὶ ὡραιότητ֯. horæ deǽ sunt cœli ianitrices, testante Homero. ἐφήρμοσε.] infinitum a. ab ἐπὶ & ἁρμόζω. tenui mutata in suam densam. 8. 19. τεῦξε.] τεύχω. 199. 22. βυλῆσι.] βυλαῖς. 16. 3. ἐν δ᾽ ἄρα φωνὴν θῆκε.] ἐνθῆκε infinit. a. 160. 2. ὀνόμηνε.] nominauit, ab ὀνομαίνω sine augmento. 199. 22. Si ι subscribis perfectum medium est. 62. 24. ἀφηςῆσιν.] τοῖς διανοητικοῖς ἀνδράσι καὶ εὑρετικοῖς. ἀμφηςής inuentor, indagator. 147. αὐτὰρ ἐπεὶ δόλον.] mittitur Pandora ad Epimetheum & recipitur. ἐφράσαθ᾽ ὡς.] ἐφράσατο rursus tenui mutata in suam densam ut supra à φράζομαι. οἱ.] pro αὐτῷ. ἔειπε.] ἔπω infinitum a. εἶπα ἔφπα. 199. 2. ὁ δεξά.] ὁ pro οὗτ֯. Vide prouerb. Malo accepto stultus sapit. πρὶν μέν.] ἀντὶ τῆ πρότερον. ζώεσκον.] ἔζωον. 54. 8. νόσφιν ἄτερ.] pleonasmus. χαλεποῖο πόνοιο.] χαλεπὸς πόνο֯ τῆ χαλεπῆ πόνυ. 17. 20. νύσων.] ἀντὶ νόσων Attice. ἔδωκαν.] δίδωμι, δώσω infinitum a. ἔδω-

e 3

70 ANNOTATIONES IN

κα. 169.2. αἶψα γὰρ ἐν κακό.] Vide Prouerb. Mala senium accelerant. ἀρρήκτοισι.] μετα-φραστικῶς ἀντὶ τῆς ἰσχυραῖς συγκρυβαῖς. ab α priuatiuo & ῥήγνυμι. Vide Prouerbium. Aegroto dum anima est, spes est: uel Spes in labro pyxidis.

27. Χείλεσι.] τὸ χεῖλΘ· παρὰ τὸ χέῳ λόγȣς. ἐξέπτη.] πτάω πτῆμι πτήσω. Infinit. β. ἔπτȣν ἐξέπτη euolauit. Acutum profecto & ex intimis sacrarijs Musarum depromptum figmentum. Quandoquidem alijs malis omnibus præsentaneis, solius autem spei malo absente mortalium animi discrucientur. ἐπέμβαλε.] Infinitum β. ab ἐπὶ, ἐν & βάλλω. πίθοιο.] πίθȣ. 17.21. νεφεληγερέταο.] ἀντὶ νεφεληγερέτȣ. 14.7. ἀλάληται.] 236.20. πλείη.] pro πλέα ἀ πλέΘ·. μήτι ἔτα.] 14.2¹. ὅτως ὅτι πȣ.] epiphonema. Διὸς νόον.] ȣ δυνατὸν ἐστὶ τ᾽ διὸς νȣν ἐκκλῖναι. ὁ ἐστὶ τ᾽ εἱμαρμέυω. ἐξαλέασθ.] ἀλέω, ἀλέεσθαι ἀλεῖσθ. ἀλέασθ. 156.13. ἕτερόν τοι.] τοι ἀντὶ σοί Dorice. 138.23. ἐκκορυφώσω.] ἀνακεφαλαιώσομαι. ἑτέρȣ σοι λόγȣ ἀπάρξομαι. ἐπεὶ ἡ κορυφή, ἀφ᾽ ἧ τίς τȣ σώματΘ·. Summatim ac breuiter perstringam. σύδ᾽ ἐνὶ φρεσὶ βάλλεο.] pro βάλλουσαῖς. 63.18. Vide prouerb. Ausculta & perpende. γεγάασι.] γέω. abusiuū nascor. 203.16.

I. LIBRVM HESIODI. 71

est ætatum descriptio, quam etiã Latini Poetæ sunt imitati. χρύσεον μὲν πρώτιϛα.] ἤϱουν χρυσῆν ἀντὶ τῆ καθαρὸν, τίμιον κ̀ ἀπαθὲς. πονηρίας ἐκτὸς. οἱ μὲν ἐπὶ κρόνε.] ἔτοι μὲν. ἀκηδέα.] liberum à curis, ab α priuatiua & κῆδ̃Θ.] νόσφιν ἄτερπε πόνων.] ἐκ παϱαλλήλας ἀντὶ τῆ χωϱὶς πόνων κ̀ ὀιζύΘ. ἀιεὶ δ̀ ὲ πόδας.] semper eodem robore membrorum. Trita Græcis synecdoche. ἐν θαλίησι.] ἐν θαλίαις. θαλία νεῶ παρ ἡμῖν ἡ μεγάλη διωχία λέγεται. θνῆσκον.] 199.24. ἔλω.] 221.3. & 200.6. ΖείδωρΘ.] ἤγεν ἡ τὰ προς ζωἐν δωρκμενη γῆ. ἀρρα γρ κυεί ως ἡ ἠρϱιασμένη γῆ. elegans epitheton terræ quod uitæ necessaria suppetat. αὐτομάτη.] τέτεϛι κ τἐν ἑαυτῆς φύσιν, μηδενὸς ἐπιμελεμένε. ἐθελημοὶ.] ἐθελημοὶ & ἥσυχοι idem sunt χω εἰσί τα ϱαχῆς, εἰρηνικῶς. πολέεσσιν.] 43.2. κ̀ σᾶια κάλυψεν.] pro κατεκάλυψεν. ἀντὶ τῆ τὰ σώματα τούτων ἀποθανόντων. Ὁι μὲν, ἀντὶ τοῦ, οὗτοι μὲν. δαίμονες.] ἐπιφωνηματικὸς δέ ὁ λόγΘ κ̀ τολμηρὸς, θεοὺς ὑποχθονίοις λέγειν.

Ἠέρα ἑσάμενοι.] ἀντὶ τοῦ ἀορασίαν ἐνδυσά-**28.** μενοι. obducti, induti aerem, hoc est, inuisibiles. ἔω. ἔσω ἔισα, &c. ἐπ᾽ ἀῖαν.] ἀντὶ γαῖαν per ablationem τοῦ γ. ἔχον.] 158. 11. γέρας βασι.] τιμὴν βασιλικὴν, ἤϱουν βασιλεύ-

E 4

σι ωρέπησαν. ἀτάλλων.) τυτέςι μετ' ἐπιμελείας ζεφόμϑμ۰ καὶ ὡς ἂν νηπιάζων, ἐν τῷ σφετέρῳ οἴκῳ. ἠβήχεε.) Infinit. a. Optat. ab ἡβάω. ζώεσκον.) Enallage numeri. ἀτάσθαλον.) ἤγουν ἀθέμιτον, παράνομον. ἀτάσθαλοι γὸ οἱ εἰς θεὸν ἐξαμδρτάνοντες. ἔρδειν.) Græcis pro sacrificare, ut facere apud Latinos. Virg. Cum faciam uitula pro frugibus. ᾗ θέμις) ἀντὶ καθὼς. ἐκ μελιᾶν pro μελιῶν. 16. 2. ἡ μελιά species arboris ex qua fiunt hastæ & tela, fraxinus. Significat quoque μέλισσαν. Hesiodus in Theogonia tradit terram ex sanguine uirilium Cœli nymphas, quę μελίαι uocarentur, progenuisse. Νύμφας θ' ἅς μελιάς καλέουσ' ἐπ' ἀπεί ϱονα γαῖαν. unde Valla ἐκ μελιᾶν sanguine dryadum reddit. Etiam alibi in Theogonia hominum est Epitheton. Οὐκ ἐδίδου μελίῃσι πυρὸς μένος ἀκαμάτοιο Θνητοῖς ἀνθρώποις, οἱ ἐπὶ χθονὶ ναιετάουσι. Itē Hesychius. μελίας καρπός, τὸ τῶν ἀνθρώπων γένος, meliæ fructus, genus humanum. ἄρης.] ὁ ἄρης Mars. 41. 17. ἀλλ' ἀδάμαντος.) ἀλλὰ ψυχὴν εἶχον ὑπὸ ἀδάμαντος, τυτέςιν ἀδαμαντίνην. Vide prouerbium Adamantinus. βίη] βιά Ionice. 14. 5.

29. Ἐπέφυκον.] pro ἐπεφύκεισαν à φύω sicut ἔτυφθεν, ἔςαν, ἔδων, pro ἐτύφθησαν, ἔςησαν, ἔδοσαν.
62. 5.

I. LIBRVM HESIODI, 73

61.5. μελέεσσι.] τὸ μέλος. 43.3. ἰῶ χάλκεα τεύ
χεα.] τὸ ἰῶ, ἀντὶ τῶ ἦσαν τεύχεα τὰ ὅπλα. Plura=
lia singularibus uerbis iunguntur. 269.8. ἐρ=
γάζοντο.] ἀντὶ εἰργάζοντο. 199.22. ἔσκε.] ἀντὶ τῶ ἦν.
221. 4. σφετέρῃσι.] σφετέραις. 16. βῆσαν.] ἔβη=
σαν ἀ βαίνω fut. βήσομαι. Infinit. β. ἔβλω, ἀπὸ τῶ
βῆμι. ἀΐδαο.] ἀΐδης τῶ ἀΐδου infernus, Pluto.
14.7. νώνυμοι.] ὄνομα in compositione pri=
mum o uertit in ω, alterum in υ. compositum
priuatiuo α, & cōsonante ν propter hiatum
inserta, ἀνώνυμος, per aphæresin νώνυμος, uel
ςερητικᾷ νε, νεώνυμος, contracte νώνυμος. ἠε
λίοιο.] ἠέλιος, ἠελίου. 17. 20. ἄρειον.] compara=
tiuus irregularis. 37.3. πόλεμος κακός.] pro=
prium belli epitheto. καδμηΐδι.] κάδμος, καδ
μίδης, καδμὶς poetice καδμηΐς. τῇ καδμηΐδι
pro καδμείᾳ, patronymicum loco possessi=
ui. de bellis Thebenis lege Eras. prouerbi=
um Cadmea uictoria. μήλων.] δχὰ τῶν μήλων
πᾶσαν δηλοῖ τὴν κτῆσιν. οἱ γὰ παλαιοὶ ἐν τοῖς τε
ξάποσι τὴν κτῆσιν εἶχον. οἰδιπόδαο.] οἰδιπόδης
τῶ οἰδιπόδου. 147. lege prouerbium Dauus
sum non Oedipus. ἀγαγών.] ab ἄγω. 202.17.
ηὐκόμοιο.] ηὔκομος τῆς ηὐκόμου, resoluta diph=
thongo ηὐκόμου, Ionice ηὐκόμοιο. 17.20. ἐν μα
κάρων νήσοισι.] de fortunatis insulis uide Pli=

e 5

74   ANNOTATIONES IN

nium lib.6.cap.32.& Solinum in postremo capite. τȣ ἴσις.) τὸ ἔτ^ο, τȣ ἔπ^ο ἔτοις. ὤφελον uel ὄφελον.) optandi aduerbium, flectitur per personas ob similitudinem uerbi ὄφελον ὄφελις. ε. utinam ego, tu, ille, ὤφελον μετεῖναι, pro μετείω. Infinitiuus adiuncta nota precandi pro optatiuo sumitur.

30.   Γεί^ο σιδήρεον.) ἀντίτυπον δηλονότι καὶ σκληρόν. καὶ τὴν γνώμην ἐσκοτισμένον. τοιȣτ^ο γὰρ ὁ σίδηρ^ο σκληρὸς κὶ μέλας. πολιοκρόταφοι.) ἤσυν πολιοὶ τȣς κροτάφȣς. ἀπὸ τῆϋ κροτάφων γὰρ ὡς ὅπὶ τὸ πλεῖσον ἄρχονται πολιȣσθαι οἱ ἄνθρωποι. ὑπερβολικῶς dictū. τελέθωσι.) τελῶ, τὸ ποιῶ κὶ τὸ ὑπάρχω. ἀφ'ȣ κτ' παραγωγὴν τελέθω. Sic à νέμω νεμέθω. φλέγω φλεγέθω. θάλλω θαλέθω. τὸ θ uertitur in τ, & τὸ α in η. & fit τηλέτω. à quo τηλεθάω τηλεθῶ κὶ τηλεθόω. ὁμοίι^ο.) ὁμονοητικός, σύμφων^ο. ἢ ὅμοιοι τῇ γνώμῃ, ἢ τῇ ἰδέᾳ. ἐπέεσσι.) τὸ ἔπος.43.3. εἰδότες.) εἴδω perfectū medium εἶδα uel οἶδα.199.16. γηραντεσσι.) γηρᾳ τὸ γηράσκω, infinitum α. ἔγηρα. participium ὁ γήρας, pluraliter γήραντες τοῖς γηράντεσσι Ionice 33.13. ἀπὸ θρεπτήρια δȣῖεν.)ἀποδȣῖεν. θρεπτήρια.) δίχα τροφάς. οἱ παλαιοὶ γὰρ τοῖς γονεῦσιν ἐδίδȣν τὰ θρεπτήρια. Vide Prouerb. ἀντιπελαργεῖν. χειροδίκῃ.) οἱ τῇ δυνάμει τὸ δίκαιον, τῇ

δίχ

I. LIBRVM HESIODI. 75

ἦ χειρῶν ὁρίζυσι qui manuū ui iustum metiū tur. Vide Prouerb. Martis campus. ἐξαλαπάξει.) πορθήσει. ὕβριν.) ἀντὶ ὑβριςὴν, Ita Homerus ὕβριν ἀνέρα pro ὑβριςὴν ἀνέρα. apud Latinos scelus pro scelesto sæpe ponitur. ἔςαι.) 221.12. ὅτι δ᾿ ὅρκυ ὀμεῖ].) ἐπίορκον ἦ. ὀμόω uel ὄμω. futurum α. ὀμῶ. mediū ὀμῦμαι ὀμῇ ὀμεῖ]. δυσκέλαδ῟ κακόχαρτος.) προσωποποιεῖ τ̄ φθόνον. aptissima epitheta inuidiæ. καλυψαμένω.) participiū duale masculinum pro fœminino. sic περιλιπόντε. 42.19. 268.15. Vide Prouerbiū Adrastia Nemesis, uel Nemesis adest. ἴτλην.) 223.18.

Νῦν δ᾿ αἶνον.) quid sit αἶνος uide Erasmū in 31. Chiliadib. de Parœmia. Quintilian. lib. 5. asserit fabularum primum fuisse authorē Hesiodū, propter hunc accipitris & lusciniæ apologū. ὧ δ᾿ ἴρηξ.) παραβολὴ μυθική. ὥπως εἶπεν ἱέραξ πρὸς ἀηδόνα ποικιλόφωνον. Vide Prouer. Lusciniæ deest catio. μεμαρπώς) perfectū mediū à μάρπτω. πεπαρμένη.) trāsfixa à πείρω. λέλακας.) perfectū mediū à λάκω. πρὸς μῦθον ἔειπε.) προσεῖπε κατὰ μῦθον. 199.3. τῇ δ᾿ εἶς.) εἶμι εἰς. 22.39. μεθήσω.) dimittam. ἵνημι ἤσω cum μ̄. 227.15. ἄφρων δ᾿ ὅς.) Epiphonema, seu Epimythion huius fabulæ est.

ἄκεε δίκης.] δίκη significat iustitiam, iudicium, & uindictā. Quod Romani ius uocant, hoc Græci δίκλω. φερέμεν.] à φέρω, 59.6. ἐγκύρσας.] illapsus. κύρω, κυρῶ, uel Aeolicè κύρσω. 46.23. in margine ἔκυρσα, κύρσας cum ἐν ἐγκύρσας. ἄτησιν.] pro ἄταις. ἄτη. 16.3. ἑτέρηφι.] pro ἑτέρᾳ Ionica paragoge est, sicut dici er pro dici. 41.5. παθὼν νήπιος.] Prouerb. Malo accepto stultus sapit. ἔγνω.] Infinitum 6. à γινώσκω. ξέχει ὅρκος.] ἤγουν ἀκολυθεῖ ὅρκος ταῖς δίκαις, ἤγουν ταῖς κρίσεσι ταῖς ὀρθῶς δεδικασμέναις. σκολιῆς δίκησι.] σκολιαῖς δίκαις. 16. 4. σκολιὰς δὲ δίκας λέγει νῦν, τὰς κακῶς δεδικασμένας. διὰ τὸ μηδὲν ὑγιὲς φρονεῖν τὰς δικάζοντας, ἀλλ' ἐμπαθῶς δικάζειν. πᾶν γὰρ πάθος, σκολιόν. ὡς ἁπλοῦν τὸ ἀπαθές. ᾗ κ' ἄνδρες.] ᾖ καὶ ὅπου ἂν ἄγωσιν αὐτὴν οἱ δωροφάγοι κριταὶ, ῥόθος καὶ ἦχος, καὶ θόρυβος γίνεται, τῶν ἀδικουμένων δηλονότι ὀδυρομένων καὶ θρηνούντων, καὶ τὴν ἄδικον κρίσιν καταβοωμένων αὐτῶν. κλαίουσα.] τῆς προσωποποιΐας ἐστὶν. ὁ καὶ ἔμψυχος καὶ γλυκὺς λόγος καλεῖται. εἰσάγει γὰρ τὴν δικαιοσύνην ἠτιωμένην. ἔνειμαν.] Infinitum a. à νέμω. 52.4. οἳ δὲ δίκας ξείνοισι.] Οἳ δὲ διδοῦσι δίκας δικαίας, ἤγουν κρίσεις τοῖς ξένοις καὶ τοῖς ἀστοῖς. καὶ μὴ κατά τι ἐκκλίνουσι τοῦ δικαίου, τούτων ἡ πό-
λις

I. LIBRVM HESIODI. 77

λις ὑπεραγεῖ. οἱ λαοὶ δὲ ἄνθηροί εἰσιν ἐν αὐτῇ. τῷ ξένῳ ἀντίκειται ὁ ἀστὸς. τῷ ἐνδήμῳ δὲ ὁ ἀπόδημος. τοῖσι τέθηλε πόλις.] εἰ γὰρ ὁ πόλεμος φθαρτικὸς καὶ ὀλιγανθρωπίας αἴτιος, εὔδηλον ὅτι ἡ εἰρήνη πολυανθρωπίαν ἐργάζεται, καὶ διὰ τὸ τῶν κουρότροφος. τέθηλε floruit. Perfectum medium à θάλλω. 69. 3. ἀνθεῦσιν.] ἀντὶ αὐθοῦσιν ab ἀνθέω. 156. 11. ἐν εὐθυμία καὶ ἀγλαΐα καὶ χαρᾷ διάγουσι.

Κουροτρόφος.] κουρητόν ὁ μὴ ὁ πόλεμος. κουροτρόφος δὲ ἡ εἰρήνη, καὶ γεροτρόφος, βρεφοτρόφος, λαοτρόφος. εὐρύοπα Ζεύς.] εὐρυόπης. 14. 21. λιμὸς.] ἤγουν τροφῶν ἔνδεια. θαλίης.] θαλία. 16. 3. μεμηλότα.] parta. 158. 8. τοῖσι φέρει.] τούτοις τοῖς κατὰ δίκην ζῶσιν. ὄρεσι.] τὰ ὄρος Ionice. καταβεβρίθασι.] onustæ sunt. Perfectum medium à βρίθω. ἐοικότα.] 199. 11. ὅπη νηῶν.] ἢ ναῦς. 42. 12. οἷς δ᾽ ὕβρεις.] ἀντὶ τοῦ ὅσοις μέμηλε.] perfectum à μέλω curo. πολλάκι καὶ ξύμπασα.] Vide prouerbium. Aliquid mali propter uicinum malum. μηχανᾶται.] 156. 22. pro μηχανᾶται. ἀποφθινύθουσι.] φθείρονται ἀπὸ τοῦ φθίνω φθινύθω. φραδμοσύνῃσι.] φραδμοσύνη. 16. 4. ὦ βασιλεῖς.] ἤγουν ὦ δικασταὶ, σκοπεῖτε τήνδε τὴν δίκην. τοῦτέστι τὴν τιμωρίαν.

Ἡδέ τε παρθένος.] παρθένος μὴ ἡ δίκη τοῖς 33.

ANNOTATIONES IN

θεολόγοις εἴρηται, διότι παῦ τὸ δικαστικὸν γλύφ᾽ ἀδιάφθορον εἶναι δεῖ κ̓ καθαρόν. καὶ τύτυ σύμβολον ἡ παρθενία. ἐκγεγαῖα.) γέω. 204. 1. ὄφρ᾽ ἀποτίσῃ.) Iuxta illud Horatij : Quicquid delirant reges, plectuntur Achiui. βασιλήων.) 29. 3. νοεῦντες.) νοέοντες, contractè νοοῦντες. 156. 11. ταῦτα φυλασσόμενοι.) ταῦτα ἐκφεύγοντες ὦ δικασταὶ δωροφάγοι, εὐθείας ποιεῖτε τὰς κρίσις. τῶν διεφθαρμένων δὲ κρίσεων ἐπιλάθεσθε παντελῶς. δωροφάγοι.) Lege Prouerb. Dorica Musa. οἷ αὐτῷ κακὰ τεύχει.) Prouerb. Malum consilium consultori peßimum. ἔμμεναι.) ἔῃ. 122. 1. 8. μείζω.) pro μείζονα. 39. 1. ἔολπα.) ἔλπω uel ἐλπέω. 199. 9. ἐλπίζω κοινόν. ἔλπομαι apud poetas idem significat, unde ἐλπὶς communiter, ἐλπωρὴ poetice. σὺ ἢ ταῦτα μετὰ φρεσὶ.) Vide Prouerb. Ausculta & perpende. ἐπιλήθω.) Imperatiuus ἀπὸ τῦ λήθω, uel λανθάνω 63. 19.

34. Ἐν δὲ δίκην βλάψας.) ἐμβλάψας ἢ δίκην. νήκεστον ἀάσθη.) ἄκες@ cum νε priuatiuo νεάκες@, synęresi νήκεστον. Nomen pro aduerbio, ἀκέω medeor. ἀάσθη laesus est, ab ἄτω. 200. 22. τἱω μὲν ὅι κακότητα.) ἀρεταὶ μὲν ἐναντίαι οὐκ εἰσὶ. κακίαι δὲ, ἐναντίαι εἰσί. Vide prouerbium, Difficilia quæ pulchra. κακότης ἡ κάκωσις,

I. LIBRVM HESIODI. 79

σις, καὶ ἡ κακία. ἐγγύθι ποιητικῶς. ἐγγὺς κοινῶς. ὀλίγη μὲν ὁδός.) περισσοποιεῖ τὴν κακίαν καὶ ἀρετὴν. τῆς ἀρετῆς περιπάρεισθεν.) Anastrophe est προπάροιθεν τῆς ἀρετῆς ἔθηκαν. οὗτος μὲν παναείσος.) Prouerb. Nec sibi nec alijs utilis ἦσιν.) ἢ. 222. 10. ἀμείνω.) 39. 4. ἐσθλὸς.) ἐσθλὸς κυρίως ὁ ἐθελοντὴς μαχόμενος. ἤγουν ὁ ἀνδρεῖος. cui contrarium est ὁ δειλός. κἀκεῖνος.) καὶ ἐκεῖνος. 9. 1. ἐργάζευ.) ἐργάζου. 63. 18. λιμὸς ἐχθαίρη) περισσοποιεῖ τὸν λιμὸν καὶ τὴν γεωργίαν. πίμπλησι.) impleat πίμπλω ἐὰν πίμπλω, πίμπλης πίμπλη, πίμπλησι. Ionicè. Dicitur & πιμπλάω πίμπλημι. ἀεργός.) ἀεργὸς ποιητικὸν, ἀργὸς κοινόν. ζωὴ κηφήνεσσι.) Lege Erasm. Prouerb. Mulieris podex. κοθούρεις.) fucis furacibus. Vide Plinium libro 11. cap. 17. & 22. κόθουρος ἀ κεύθω & οὐρά: non enim exerunt aculeum ut apes. μελισσάων.) ἡ μέλισσα apes. pro μελισσῶν. 16. 4.

Τοί.) pro σοι. Atticè ἔσεαι. 221. 11. ἀφνειοί.) 35. ἀφενὸς ὁ ἀπὸ τῶν ὡρῶν πλοῦτος. ἀφ'οὗ ἀφνειὸς ὁ πλούσιος τοῦτον τὸν πλοῦτον. ἔργον δ' οὐδὲν ὄνειδος.) ἡ ἐργασία δὲ οὐδαμῶς ἐστιν αἰσχρὸν: ἡ ἀργία δὲ αἰσχρόν. ὄνειδος τὸ αἶσχος. καὶ ἐργὸς.) 8. 24. πλουτεῦντα.) πλουτέω. 156. 11. οἶος ἔνθα.) ὅμοιος εἶ. 221. 3. αἰδώς.) κατὰ ἐπανάληψιν. Vi=

ANNOTATIONES IN

de Prouerbium, Verecundia inutilis uiro egenti. ἕρξει.) ῥέζω ῥέξω per methatesin ἔρξω. κασιγνήτοιο.) κασιγνήτου. 17.20. αἰ ἀδέμνια βαίνοι.) ἀναβαίνει. τεῦ.) Dorice pro τοῦ uel τινός alicuius capitur infinite. 12.9. ἀφραδής.) ἀφραδίαις. 16.3. ὅς τε γονῆα.) γονεύς, γονέα. 19.4. Vide Prouerb. Limen senectæ.

3. Καδδύναμιν. κ̄ τὸ δυνατόν σοι, ἔρδε κỳ θῦε τοῖς θεοῖς. κ̄ δύναμιν. ἔρδειν, ἔρδε, ἔρδειν δεῖ. tritum Hesiodo. σπονδῇσι.) ἀντὶ σπονδαῖς. 16.3. σπονδὴ ἡ τῶ οἴνου ἐπίχησις ἐπὶ τὰ ἱερουργήμμα. ἀ σπείδω. ὅτ' εὐνάζῃ.) κỳ νυξὶ κỳ ἡμέραις τὰ δέοντα πράτῖε. Vide Prouerb. Noctesq̃ diesq̃. κραδίην.) pro καρδίαν. 14.5. in margine. μὴ τὸν τεὸν ἄλλος.) Iuxta illud: Beatius est dare quam accipere. ὅςτις σέθεν ἐγγύθι.) Prouerbium, Amici procul agentes, non sunt amici. εἰ γάρ τοι κỳ χρῆμα.) negotiū aliquod domesticum. Prouerbiū: Aliquid mali propter uicinū malum. πῆμα κακὸς γείτων.) Aliud Prouerbiū. Festina lente. Et, Spartam nactus es, hanc orna. Item, Claudo uicinus disces claudicare. uel, Si iuxta claudum habites, claudicare disces. ἔμμορε.) sortitus est. 201.23. οὐδ' ἂν βοῦς ἀπόλοιτο.) λέγεται ὅτι Θεμιστοκλῆς χωρίον πιπράσκων, ἐκέλευσε κηρύτ]εσθαι, ὅτι

I. LIBRVM HESIODI. 81

ὅτι ἀγαθὸν ἔχει γείτονα. ἔνιοι δὲ βοῦν ἐδέξαντο τὴν γυναῖκα ἀπὸ τῆς ἀλφεσίβοια. ὅτι ἀδ' ἂν γυνὴ μοιχευθείη, εἰ μὴ γείτων κακὸς εἴη. Huc pertinet Prouerbium, Ne bos quidem pereat. εὖ μὲν μετρεῖσθαι.) μέτρον λέγεται τὸ μετροῦν καὶ τὸ μετρούμενον. Vide Prouerbium, Eadem mensura. δοῦναι.) possis. δύναμαι ἐὰν δύνωμαι δύνῃ uel δύναι Ionice, 65. 19. Verba in μι optatiua & subiunctiua circunflectunt præter δύναμαι, ὄναμαι. εὕρῃς.) ἐὰν εὕρῃς inueneris, inuenies. 158. 9. μὴ κακὰ κερδαίνειν.) Vide Prouerbium, Lucrum malum, æquale dispendio. uel, Dispendio æquale, malum lucrum. τὸν φιλέοντα φιλεῖν.) Vide Prouerbium, Gratia gratiam parit.) προσεῖναι.) ἀπὸ τῆς προσιέναι κατὰ μετάθεσιν καὶ συναίρεσιν. καὶ δόμεν.) 59. 8. δὸς ἀγαθή.) Dare bonum est, rapere malum est, cædes inde sequuntur.

Χαίρει τῷ δώρῳ.) qui hilari animo etiam multa largitus est, apud se sua liberalitate oblectatur. Qui aliquid rapuerit, quamuis parum, in sua conscientia discruciatur. ἅρπαξ δὲ κακή.) substantiue rapina. δώη.) dedisset, dederit, pro δοίη, sicut διδοίη pro διδοίη. 186. 12. ἀναιδείηφι.) φι Paragoge Poetica, & ἀναίδεια. 16. 10. εἰ γὰρ κεν καὶ σμικρὸν.) Vide

f

Prouerb. Multis ictib. deijcitur quercus. Itē Pusillū pusillo addere. τῦ θ'ἔρδοις.) ἀντὶ τῶ ἔρδοις tenuis in suā densam. 81.9. ὅδ' ἀλύξῃ.) ἐ̄-τος ἐκφύξει) τ̄ καυστικὸν λιμόν. ἒ ἢ τόγ' εἶν' οἴκω.) κρεῖσσον γὰρ τὸ εἰπεῖν ἐλθὲ φέρε, ἢ ἔξελθε φέρε. κὴ γὰρ τὰ ἐν τῶ οἴκω κείμενα, ἀσφαλέστερά εἰσιν. οἴκοι βέλτερον εἶ.) Prouerb. Domi manendū. βλαβερὸν.) τοτέστιν ἐκ ἀσφαλές. πλαστὸν, ἀγαθὸν μὴ ἀπὸ τ̄ παρόντος λαβεῖν. πῆμα ἢ θυμαί.) ἀντὶ τ̄ ἀνία τῇ ψυχῇ κὴ πάθος χρήζειν ὑπόντος. ἀρχομένῳ ἢ πίθε.) τινὲς ἀλληγορικῶς λέγουσι τ̄ λόγον εἶ τ̄ ἡλικίας. ὥς τε ἀρχόμενον ἀντ' κὴ γηρῶντα ἀπολαύειν. κὴ ἢ τ̄ μέσην ἡλικίαν, ἐργάζεσθ. Cæl. lib. 15. cap. 25. δίνη δ' ἐνὶ πυθμένι φειδώ.) Lege Prouerb. Sera in fundo parsimonia. πυγοστόλος.) nates ornans, suffarciens, πυγὴ & στέλλω. κωτίλλουσα.) σήμερον ἡδέα λέγουσα. κὴ γὰρ τ̄ χελιδόνα κωτίλλειν λέγει. πέποιθε.) Perfectū mediū à πείθω. 203.2. φιλήτῃσι.) ὁ φιλήτης, datiuus Ionicus. 14.7. παῖς σώζοι.) ἀντὶ τ̄ ἀρκείτω διοικεῖν τ̄ πυρᾶδον οἶκον. εὐχόμενος ἢ τῶ λέγει, ἐ προστάττων. φερβέμεν.) φέρβειν ἀ φέρβω, quasi βίον φέρω. 59.6. πλείων μὴ πλεόνων.) Vide Prouerbium, Multæ manus onus leuius reddunt. μελέτη.) μελέτην λέγει τὴν φροντίδα παρὰ τὸ μέλλειν.

B I-

II. LIBRVM HESIODI. 83
BIBΛION B.

IN primo libro docuit esse laborandum, & uolun-
tarium ad laborem parauit agricolam. In Secun-
do tradit usum et peritiam rei: & quomodo, & quan
do sit laborandum.

ΛHIAΔΩN ἀτλαγῃυέων.) 38.
τῶ πλειάδων τῶ τοῦ Ατλαν-
τ@ θυγατέρων. ὁ μἒν Ατλας
λέγεται παῖς Ιαπετῦ, τὸν οὐρα
νὸν ἀνέχων, καὶ τὰς κίονας, αἳ
γαῖαν τε κỳ οὐρανὸν ἀμφὶς ἔχυ-
σιν. Pleiades numero septem esse dixerunt.
τἠν κελαινὰν, τἠν στερόπἠν, τἠν μερόπἠν, τἠν
ἠλέκτραν, τ' ἀλκυόνἠν, τἠν μαῖαν, τἠν παϋγέτην.
ὁπιτελλομἐνάων,) ἀντὶ τ' ὀπιτελλυσῶν. Exortus
& occasus syderum Poeta uel agricola tri-
bus modis aduertit. Nempe sydus quod So
li orienti cooritur, cooccidítq; matutine (Grę
ce κοσμικῶς) oriri cadereue obseruat. Quod
Soli occidēti, uespertine χρονικῶς. Quod aūt
Solis aduentu abituue occultatur aut emer
git, solariter ἡλιακῶς. Sole igitur proprio mo
tu à tauro per geminos cancrum accedēte,

f 2

iuxta Taurum sitę Pleiades, quę Solis luce, dum id signum permeat, occultantur, rursus mane ante Solis ortum conspicuæ, Helladi messem, aliquanto nostra tempestiuiorem præsignificant. δυσομῃάων.) 14.7. δύω futurum δύσω, aliud præsens δύω. 217.23. δύσομαι uel δύσομαι, τῆϛ δυσομῃάν occidentibus matutinis. Quod fit Sole post æquinoctium libram oppositum tauro signum occupante. Vide Plinium lib. 18. cap. 25. ubi et Hesiodi nomine Astrologiam testatur suis temporibus extitisse. Hunc locum imitatus est Vergilius in Georgicis, docens frumentariam arationem & sementem, quam Theophrastus primam uocat, Pleiadum faciendam occasu matutino:

At si triticeam in messem, robustaq̃ farra
Exercebis humum, solisq̃ instabis aristis,
Ante tibi Aeoæ Atlantides abscondantur,
Debita quàm sulcis committas semina, &c.

Κεκρύφαται.) à κρύπτω tertia pluralis perfecti passiui Ionica. 210. 11. absconditę sunt. Occultantur quadraginta dies naturales à uicini Solis fulgore, tunc taurum & geminos peragrantis. περιπλομῃόυ.) præterlabente, circumagente se. πλόω πλᾶμι, πλόμαι, περιπλόμενος.

II. LIBRVM HESIODI. 85

ἴ⊙.perpetuum epitheton anni. ὅτός τοι ατε δίων.) αὕτη ἡ τάξις ὁτὶ τῆς ἀπορίμε γῆς, κὴ ὀκείνοις οἵ τινες ἐγγὺς θαλάσσης οἰκοῦσι. κὴ ὀκείνοις οἵ τινες ἄγκεα βησσήεντα οἰκοῦσι. ἐθέλησθαι.) ἐθέλης.235.9. ἐργάζου νήπιε.) ἐργάζου ἀνόητε Πέρση τὰ ἔργα, ἃ οἱ θεοὶ τοῖς ἀνθρώποις διετεκμήραντο. ἀντὶ τοῦ ἐγνώρισαν. 63.18. τούξεαι.) τεύξη. 61. 8. ἄνωγα.) praeteritum ab ἀνωγέω. 158.7.

Οἶκον μὲν πρώτιστα.) Agricola habeat fun= 39. dum, uxorem, boues, ancillam, instrumenta rustica idonea. Aristoteles principio Oeconomicorum citat hunc uersum. βοῦν ἀροτῆρα. Vide Erasm. Prouerbium, Octapedes. ἀροτὴρ ποιητικῶς, ἀρότης κοινόν. κτητὴν οὐ γα.) Nam apud ueteres tripliciter uxor habebatur, usu, farre, coemptione, ut docet Boetius, scribens in Topica Ciceronis. τητά.) prioueris. secunda subiunctiui à τητάομαι. ἐς τ᾽ ἀνήφιν.) εἴστε τρίτην τῆς σελήνης, ἢ εἰς τριακάδα τοῦ μηνός. Idem si dicas, in perendinum, uel ad nouiluniū. Ceterū infra de dieb. mēsiū apertius discutietur. ἀμβολιεργός.) ἀναβολιεργός, q semper sua negotia reijcit & differt in crastinum. ἦμ⊙ δὴ λήγει.) post autumnum cum folia deciderint, & arbores non turgent, cædenda est materia ad instrumenta rustica, &

f 3

ad partes aratri. μ^ὸ ὃ ξέπεται.) μεταξέπεται commutatur, & uires recolligit. ἐλαφρότε‑
ρ$Θ$.) leuius, imbecillius, dum infestaret Siri
us. σείριος ἀςὴρ.) quem nos canem maiorem,
uehemens sydus, quod nimio calore con‑
stringat, exciccet que nomen indeptum, ad
latus Austri uicinum leoni. Id sole in sa‑
gittario quarto à leone signo exoriente, pro
num tendit in occasum. Vnde productio‑
rem tunc circulum noctis quàm diei in no‑
stro hemisphærio metitur. κὴ ἐν τρεφέων ἀν‑
θρώπων.) ἤγουν τῶν τῷ θανάτῳ τρεφομένων, του
τέςι τῶν θνητῶν. ἀδηκτοτάτη.) ἤγουν ἄβρω‑
τα τοῖς ἐγγινομένοις θηριδίοις τοῖς δ' ἀνδρά‑
σι ἀβρωτάτη. τμηθεῖσα.) Participium
Infiniti a. 104. 13. πόρθοιό τε λήγει.) πόρ‑
θου λήγει. ἤγουν τῦ αὔξειν τοὺς κλάδους, τῦ κλα‑
νοφυεῖν. ὄλμον μέν τει.) Vide Prouerbium,
In holmo cubabo. ἀπὸ καὶ σφύραν κε τάμοιο.)
ἀποτάμοιο à τέμνω. ὃς γδ'.) αὐτὶ οὗτ$Θ$. διζή‑
μένου.) 236. 3.

40. Ἀθηναίης δμώς.) Atticæ Deæ famulus,
Cereris, quæ prima in Attica, inde in Italia
inuenit frumenta. Hic δμώς pro quouis
agricola sumitur. πήξας.) παρὰ τὸ πήγω τὸ
πηγνύω. προσαρήρεται.) adaptat. ἄρω ἄρω‑
μαι

μαι ἀρήρεμαι, facta reduplicatione in præ-
senti sicut in perfecto. 236. 17. 202. 4. ἰσοβο-
ῆι.) ἰσοβοῦς. Datiuus Ionicus. 29. 4. αὐτό-
γυον καὶ πηκτόν.) aratrum πηκτὸν Hesiodo di
citur, quod solum compactis quibusdam li-
gnis, nondum omnino absolutum est. αὐτό-
γυον quod dentale & uomere affixo iam pa-
ratum est ad arandum. Vnde in commen-
tarijs Græcis extat prouerbium, γύης οὐκ ἔ-
νες αὐτῷ. ὅτι τῆς ἔν τινι ἀχρήςων. Dentale non
inest illi. De his qui in aliquo deficiunt. Re-
fertur & ab Erasmo de aratri partibus. Lege
Cælium libro 14. capite 5. εἰ χ᾽ ἕτερν.) pro
καὶ ἕτερν. 8. 22. ἀκιώτατοι.) ἄκιον quod non
arroditur à uermibus, nam κὶς animalculum
quod frumenta & ligna exedit. σείνου γυ-
ῆν.) Vide Erasm. prouerb. Non inest illi den
tale. ἐννaετῆρῳ.) ἐννaετὴρ ποιητικὸν, ἐννaετὴς
κοινὸν, ὁ ἐννέα ἐτῶν ὤν. ἐννaέτης δὲ χρόνος πα-
ροξυτόνως. Duali numero utitur, non ope-
rosam agrorum Græcię indicans culturam,
quando saltem binis iunctis bobus facile
sulcare possint. καμὼν.) operando, inter
laborandum. κάμνω ἔκαμον καμεῖν uel κα-
μὼν. 59. 5. ἄξειαν Ionice. Infinitum α. opta-
tiui ab ἄγω. 57. 4. τετράτρυφον.) ἤγοuυν εἰς

ANNOTATIONES IN

τέσσαρα κλάσματα τεμνόμϑμον in quatuor fru
sta sectum. ξύφθ γδ τὸ κλάσμα frustum. ὀ-
κτάβλωμον.) octo morsuū. βλωμὸς morsus,
bolus. Potens cœnare panem cuius singu-
læ quadrantes octonos morsus efficiāt. μεθ'
ὁμήλικας.) pro μετ' ὁμήλικας. 8. 22. γεράνε κε-
κληγυίης.) uociferatę. κλάζω, κλάξω perfectū
medium κέκληγα. 69. 2. Grues uer & autu-
mnum & arationis tempus præsignificant.
κραδίω.) pro καρδίαν per metathesin. ἔδα-
κε.) momordit. a δήκω. ἀβέπω.) bobus ca-
rentis. ὁ ἀβέτης τῦ ἀβέτε Ionice ἀβέπω. 14.5.
de agricultura uide Plinium lib. 18. maxime
cap. 19. & 20. ῥηίδιον γδ ἔπθ.) Vide Prouer-
bium, Centum plaustri trabes. ἀπανήναϑαι.)
abnegasse. infinitum α. medium ab ἀναίνο-
μαι. πάρα.) 343. 6.

41. Οἱ δ' ἑκατόν.) ἀντὶ τῦ πολλά εἰσὶ τὰ ξύλα τῆς
ἁμάξης. Prouerb. Centum plaustri trabes.
Perfectum medium ab εἴδω. 199. 16. ἐχέμεν.)
ἀντὶ ἔχειν. 59. 6. ϑνητοῖσι φανείη.) mense scili-
cet Martio, Aprili & Maio. ἐφορμηϑῆναι.)
conatu quodam ac impetu aggredior. ὁρμάο-
μαι. depo. ὥρμημαι ὡρμήθω, ὁρμηϑῆναι ἐφορμη-
ϑῆναι. impetum fecisse. ἀρότοιο.) ἀροτθ τῦ
ἀρότε. Ionice ἀρότοιο. 17. 20. πωὶ μάλα.) lege
περὶ.

II. LIBRVM HESIODI.

σερὶ. πλήθωσιν.) pro πλήθωνται. 285. 6. εἴα-
ει πολεῖν.) legendū fortaſſe ἤει πολεῖν ob car
minis concinniorem ſtructuram, licet illud
etiam συνεκφωνήσῃ, de qua infra, defendi poſ
ſit. νεωμένη.) ſcilicet γῆ, noualis terra quę pri
mum aratur. νεόω uel νεάω νεαόμενος νεώμενος,
νεωμένη. ἀλεξιάρη.) ἀποσβέσα τὰς ἀράς, τυτε-
ςι τὰς βλάβας. pollens execratione. Sic Her-
cules ἀλεξίκακ@ dictus eſt depulſor malo-
rum. ἀκηλήτερα. ἤρουν κατάναςεια, ἡσυχά-
ξια quietem cōncilians. δὲ Διὶ χθονίῳ.) δί-
χε χθονίῳ καὶ γηΐνω. Ζεὺς γὰρ χθόνι@, ἐνταῦθα ἡ
εἰμαρμένη. ἤτοι ἡ τὰ περὶ τλὺ γῆν ἐποπέυεσα δύ-
ναμις. ὄρπηκα.) τὸ βέκεντρον ἵκηαι.) ἵκωμαι ἵκη
uel ἵκηαι Ionice. 65. 19. μεσάβω.) Suida τὸ μέ
σαβον, τὸ μέσον τῇ βοῶν ξύλον. πόνον τιθείη.) ne
gotium faciat. κακρύπτων.) κατακρύπτων. ςά-
χυς.) οἱ ςάχυες. 26. 19. ἐκ δ' ἀγγέων ἐλάσῃας.)
Non frugi ruſtici indicium eſt, quando ina-
nia uaſa & granaria referta ſunt texturis ara
nearum. Prouerb. Araneas eijcere. ἔολπα.)
perfectum medium ab ἐλπέω. 199. 9. ἐρδύμε-
νον.) adeptum. ἐρδυνάω Infinitum β. ἤρδυνον.
157. 19. ἠρδυνόμην ὁ ἐρδυνόμενος, ἐρευμένος. 204.
11. πολιὸν ἔαρ.) Canum uer. Epitheton ueris
quod adhuc ab hyeme & pruinis canescit.

f 5

ANNOTATIONES IN

αὐγάσεαι.) αὐγάζομαι. futur. αὐγάσομαι αὐγάσῃ uel αὐγάσεαι. 69. 12. σέο δ᾽ ἄλλ۞.) σύ genitiuo σοῦ Ionice σέο. 138. 20. ἠελίοιο τροπῆς.) ἠελίου τρο. solstitio brumali. Aratio circa solstitium brumale, & satio, minus fructuosa est. ἡμ۞.) sedens, ingeniculans. 230. 23. αὐτία δεσμευων, κεκονιμ۞.) κονιορτῦ πλήρου μ۞. inuersim ob fragilitatem hinc inde reflectentibus se culmis, obuolutus puluere, colligans manipulos. κονίζω in puluere laboro. κεκόνισμαι, uel κεκόνιμαι secundum Atticos, qui nonnunquam σ ante μαι perfecti passiui excludunt. ὁ κεκονιμ۞ fatigatus in puluere, puluerulentus.

42. Οἴσεις.) importabis. οἴω οἴσω. Mirum in modum rusticè hæc omnia depinguntur. Vnde & Lucianus Dialogo in Hesiodum hæc illum ut uerum rusticum non uatem cecinisse festiuo suo more illudit. παῦροι δὲ σε θη.) ὀλίγοι δὲ σε θαυμάσονται, ἀντὶ τοῦ οὐδείς σε θαυμάσεται. ἄλλοτε δ᾽ ἀλλοῖ۞.) Diuersæ tempestates, diuersum culturæ euentum dant. Vide Prouerbium, Iupiter aliquando pluit, aliquando serenus est. αἰγιόχοιο.) ὁ αἰγίοχος τῦ αἰγιόχου, Iouis epitheton ab ὀχῆς & αἰγὸς quia nutritus à capra: uel ab
ἔχειν

II. LIBRVM HESIODI. 91

tenere & αἰγίδ᾽ ὅτ᾽ quoniam ægide utitur. ἀνδρεασι.) ἀντὶ ἀνδράσι Ionice 33.13. εἰδ᾽ ἕκεν ὄψ᾽ ἀρόσης.) Vide Plinium lib. 8. cap. 20. Serotina aratio & satio emendatur, æstiua & trimestri satione, quæ fit medio uere, si tempestiui imbres consecuti fuerint. Vide cap. 10. li. 5. apud Macrobium de uerna pluuia. κόκκυξ.) lege Prouerb. Cuculus. μήτ᾽ ἄρ ὑπερβάλλων.) neque impressum terræ uestigium bouis exuperans pluendo, neque irrepletum linquens. ὁπλὴ solida ungula οἱονεὶ ἁπλῆ τις οὖσα. ὄνυξ ἵππων καὶ ἑτέρων κτηνῶν, πυξίς. φυλάσσεο.) ἀντὶ φυλάσσου. 63. 18. παρ δ᾽ ἴθι.) πάρειθι δὲ. παρέρχου δὲ τὴν καθέδραν τὴν ἐπὶ τοῖς χαλκείοις, ἀπερχόμενος ἐπὶ τὸ ἔργον. Consule Cælium lib. 10. cap. 50. χάλκειον θῶκον.) æneam tabernam. Erant enim confessus in officinis ferrarijs. Citat Erasmus in prouerbijs, Notum lippis ac tonsoribus. uel, Lippis ac tonsoribus. τὰ χαλκεῖα παρὰ τοῖς παλαιοῖς. ἄθυρα ἦν, καὶ ὁ βουλόμενος εἰσῄει καὶ ἐθερμαίνετο, καὶ οἱ πένητες ἐκεῖ ἐκοιμῶντο. λέσχη.) loquela, confabulatio, nugæ, conuentus. Item locus publicus in quo mendici morantes confabulabantur. λεπτὴ δὲ παχὺν πόδα χει εἰ πέζοις.) Eundem Celium libro 7. cap. 45.

ANNOTATIONES IN

Vide Prouerbium, Macilenta manu. βιό‑
αρκιΘ‑ εἴη.) ἀντὶ τῦ ὅζιν. θέρους.) τὸ θέρΘ‑ τ̃ θε‑
ρέΘ‑,θέρεις,uel θέρους.31.2. ἐκ ἀεὶ θέρΘ‑ ἐασεῖ
ται.) erit.ἔω ἔσω uel ἐσῶ.54.15. Vide Prouer
bium, Non semper erit æstas. πριεῖδε και‑
ας.) ἀντὶ τῦ οἰκίαν. μῶα δὲ ληναιῶνα.) κτ̀ τὸν
μῶα δὲ ληναιῶνα,ὅςις ὅζὶν ὁ ΙανυάριΘ‑. ἐκλή
θη δὲ ὕτως, ἐπειδὴ τῷ Διονύσῳ τῷ τῆς ληνῶν ὅτι
ςάτη ἐτέλεν ἑορτίω τῷ μῶι τύτῳ λεὺ Αμβροσί‑
αν ἐκάλεν.Mense Ianuario,neque arandum,
neque serendum Borea spirante. βύδδεα.)
βύδορΘ‑ bobus nocens,boues excorians. καὶ
βύδδεα ἤματα, ἐν οἷς βόες,καὶ ἄλλα ζῶα ἀποδέ
ρονται. ἀλεύασθαι.) ἀντὶ τῦ ἔκφυγε uitasse scili
cet conuenit,uitato. 201.14. βορέαο.) ὁ βορέ‑
ας aquilo.14.7. Vide Ouid.libr. Metam.de
Borea,Apta mihi uis est,&c.

43. Μέμυκε.) 158.6. δρῦς.)δρύας. 26.20. ἔρεος ἐν
βήσης.) ἀντὶ ὄρεΘ‑ ἐν βήσαις.βήσα uallis. ἐμ
πίπτων.) incidens præceps ab arctico. uide
Gellium lib.2.cap.30. νήριτΘ‑.) μέγας, πο‑
λὺς,ἀνήριθμος. & montis Ithacæ nomen.δάν
σι.) δάσημι. δασυςέρνων.) ἀπὸ τῆς ςέρνων ὅλον τὸ
σῶμα δηλοῖ. τὰ πώεα.) ἀντὶ τῦ τὰ πρόβατα.Τὸ
καθόλου ἀντὶ τῆς κτ̀ μέρΘ‑. ζοχαλὸν:) incur‑
uum ἐκ μεταφορᾶς τῦ ζοχῦ. δὶα παρθενικῆς ἁ‑
παλόχροΘ‑.)

II. LIBRVM HESIODI. 93

παλόχρο⊙.) Periphrasis innuptæ uirginis, quæ opera aureæ Veneris adhuc ignorat, iocus. Omnia sentiunt uim Boreæ, nisi tene ræ uirgines, quia domi se continent. πολυ-χρύσου ἀφροδίτης.) πολύχρυσον ἔλεγον τὴν Ἀ-φροδίτην, διὰ τὰς προῖκας, καὶ τὸν δίδομθυον ταῖς νύμφαις χρυσόν. καὶ λίπ᾽ ἐλαίῳ.) λίπα pro λιπαρὸν, id est, pingue, oleum, indeclinabili ter apud poetas, & in soluta oratione etiam legitur. λιπαρῷ ἐλαίῳ per Apocopen Atti-cam. 28.5. ἀνόςε⊙.) Carens ossibus seu spi nis, epitheton Polypi piscis. Plinius lib.9. ca pite 29. Cæl. lib.7. cap.53. Prouerb. Cum e-xossis suum rodit pedem. ἐν ἀπύρῳ οἴκῳ.) ἤγουν ἀθερμάντῳ, τυτέςι ψυχρῷ. δείκνυ.) pro δείκνυσι per apocopē, uel imperfectum pro præsenti. κυανέων ἀνδρῶν.) Aethiopum ul-tra æquinoctialem ad Austrum habitanti-um. κεραοί.) οἱ κερασφόροι, κέρατα ἔχοντες. νή κεροι.) οἱ μὴ κέρατα ἔχοντες. ὑληκοῖται.) sylui cubæ, in syluis cubātes. λυγρὸν μυλιόωντες.) stridentes dentibus. μυλιόω dentes concutio præ frigore. θρλυῶ. μύλοι dentes molares. hinc uerbum μυλιάω. particip. οἱ μυλιάοντες μυλιῶντες, μυλιόωντες. 156. 15. ἀνὰ δρύα.) per quercum, per quercetum, per syluam. μέμη λεν.)

λεν.) perfectum à μέλω, futurum μελήσω. σκέπα μαιόμδροι.) tectum quærentes.

44. Γλάφυ.) ἀντὶ τῶ γλαφυρὸν cauernam. τότε δὴ τρίποδι βρoτός.) seni, tertio iam pedi bacillo innitenti. Lege Prouerbium, Bœotica ænigmata. ἔαγε.) fractum, incuruatum est. 200. 21. νίφα.) pro νιφάδα. χλαῖναν.) χλαῖνα τὸ ἐκτὸς ᾧ παχύτερον, χιτὼν τὸ ἐνδοτέρω. σήμερον δ' ἐν παύρω.) stamine raro multum subtegminis, filato, texe. κερκα.) pro κερκίδα. κταμδροιο.) occisi. κτείνω perfectum ἔκτακα, ἔκτα μαι, ἐκτάμενος sine augmento κταμένε, Ionicè κταμένοιο. ἰεττῶ ἀλεείω.) ἀντὶ τῶ ἀλεωρίω καὶ τὰ συγκοπτίω. ἤγουν κτ᾿ φυγίω. ἠῶς.) aduerbialiter ἀντὶ τῶ κτ᾿ τὸν ὄρθρον. πυρφόρος.) ἀντὶ τῶ θρεπτικὸς κ̀ ζωογόνος τῶν καρπῶν. ἀπὸ γὰρ τοῦ τὸ σί τε πάντας τὸς καρπὸς νοεῖ. φθάμενος.) φθάνω & φθάω, φθῆμι, infinitum β. ἔφθιω, ἐφθάμιω ὁ φθάμενος. κατὰ δ' εἵματα δεύσῃ.) καταδεύσῃ. χαλεπὸς τοῖς περβάτοις.) ἀντὶ τῶ τοῖς βοσκήμασι ἁπλῶς.

45. Θὤμισυ.) per synalœpham Atticam pro τὸ ἥμισυ. sic θάτερον pro τὸ ἕτερον. θοἰμάτιον pro τὸ ἱμάτιον. Nam iumento statim primo uere pabula recrescunt, non autem homini. ἀρμαλιῆς.) ἀρμαλία, cibus, uelum nauis, quæ exercitui

xercitui cibum uehit. ἑξήκοντα μ̅ϟ̅ ζοπὰς.) au
tore Plinio, hirundinum aduentus, & arctu
ri ortus uespertinus ad septuagesimum ferè
diem post solstitium brumæ obseruatur, id
est, octauo Kalend. Martij. ἀρκτῦρ۞.) ὁ τῦ
ἀρκτοφύλαξ καλεῖται καὶ βοώτης, uicinus uirgi
ni & libræ oritur. ἀκροκνέφαι۞.) Aduerbia
liter ἀντὶ τῦ κατὰ τὸ ἄκραν τῆς νυκτὸς, id est, in
principio noctis, seu uespertinus, Sole occu
pante arietem. ἀκροκνέφας principium uel fi
nem noctis significat. Sunt enim eius duo
extrema. πανδιονὶς.) Pandion Erichthei A=
thenarũ regis filius, cui successit in regno.
Huius filiæ fuerunt Progne & Philomela.
Filia Pandionis Progne uersa in hirundi=
nem. Apud Ouidium Metamorphos.lib.6.
Bocatius libr.9. cap.8. & lib.12. cap.5. ὦρ۞.)
excitata est, prorumpit, prodit, tempus pro
tempore. ab ὅρω tertia plusquamperfecti pas
siui. οἴνας.) dicunt significare palmites, uo=
cabulum uetus est, apud iuniores ἄμπελ۞
in usu. περιταμνέμων.) præsens infinit. à περι-
τάμνω.) 58.21. ἄμεινον.) Comparat. irregula
ris ab ἀγαθὸς uel ἐσθλὸς. 37.6. φερέοικ۞.)
domiporta, id est, limax, testudo terrestris.
Nota est fabula de testudine, quæ sola domi

remansit, &c. uerum cur dicatur φερέοικ⸳, uide prouerbium, Domus amica, domus optima. Messis tempus describit. Quando æstus, inquit, coeperit esse uehementior, ita ut quærant humidiora loca testudines, tum falx erit acuenda & seges demetenda. ἀναβαίνῃ.) ἀναβαίνῃ, ἀν pro ἀνὰ sicut πὰρ pro παρὰ. Idoneum rusticis prognosticon. ὀνάφ⸳ instrumentum rusticum Polluci. οἰνέων.) ἀντὶ οἰνῶν. οἴνη.16.2. χαρασάμϑυαι. pro χαράσσειν. 59.6. ἐπ᾿ ἠῶ.) ἡ ἠὼς. ὁ⸳ aurora per apocopen Atticam. ἠὼς γὰρ τ᾿ ἔργοιο.) Matutini temporis commendatio. σκόλυμ⸳.) ἑ car duorum genere est. Ad hunc locum cōsule Plin. lib. 21. cap. 16. & lib. 22. cap. 22. circa medium Cæl. lib. 9. cap. 31. & lib. 8. cap. 4. ἠχέτα.) stridula. sonora cicada. pro ἠχέτης. 14.21.

46. Σείριο⸳ ἄζει.) ortu matutino, Sole scilicet tenente Leonem. βίβλιν⸳ οἶν⸳.) Suida βίβλιν⸳ οἶν⸳ αὐστηρὸς, ὑπὸ βιβλίνης ὕτω καλουμένης θρακίας ἀμπέλυ. μάζα τ᾿ ἀμολγαίη.) offa lactea. ἄρτ⸳ γάλακτι ἐζυμωμέν⸳, ἢ τυρὸς. σβεννυμϑυάων.) Extinctarum, amplius nō lactantium. 16.4. τέθκηνς.) uaccæ ramos arborum iam rodere potentis, nōdum autem enixæ. τίκω τέτοκα, τετοκὼς, fœm. υἷα. αἴθοπα.

θερμαν

IN LIBRVM HESIODI.

θερμαντικὸν. πινέμεν.) πίνειν. 59. 6. ἧς ὕδατος.) Memorant ueterum Græcorum historiæ οἶνον ὀλιγοφόρον, πολυφόρον, καὶ δ' ὕτερεῖον, id est, uinum modicæ aut multæ aquæ patiens, & secundarium. Huic loco suffragatur Cælius libr. 15. cap. ult. de tribus uini cum aqua symphonijs. De secundario seu operario uino Plinius lib. 14. cap. 10. δινέμεν.) δινεῖν uoluere, terere. κỳ σείριΘ ὠρίωνΘ.) præclarum sydus prope Leonem & Syrium. μέτρῳ δ' ἀκομίσαϑαι.) monet mensurandas esse fruges, ut sciat agricola quantum ex agro redeat. ὑπόπορτις.) ἀντὶ τοῦ τέκνα ἔχουσα. καρχαρόδοντα.) ὀξεῖς ἔχοντα τοὺς ὀδόντας. A sono factum esse uidetur epitheton canis. Est autem asperrimis dentib. Quot modis Græci canes distinguant, lege prouerbium, Melitæus catulus. uel, Catella Melitea. φείδεο.) pro φείδου à φείδομαι. 63. 18. ἡμερόκοιτΘ.) κλέπτης. interdiu dormiens, & noctu ut furetur obambulans. Vide prouerbium, ἡμερόκοιτΘ. συφερτόν.) paleas. Nam εἰ μὴ φυλάσσῃς τὰ μίκρ', ἀπολεῖς τὰ μείζονα. δμῶας ἀναψύξαι.) Iuxta illud. Nasonis:

Quod caret alterna requie, durabile non est,
 Hæc reparat uires, fessaq; membra leuat.

g

Ροδοδάκτυλ۞ ἠώς.) ἠρωϊνὴ λαμπρά, καὶ τερ-πνή. ἐς μέσον ἔλθῃ ἐρανὸν.) Sole libram tenen
te, aurora matutinū coorientem inspicit Ar
cturum, Orione & Sirio cum Leone tertio
à Libra signo, nostrum hemisphærium me-
dium iam emensis.

47. Δεῖξε δ' ἠελίῳ.) Veterib. in exprimendo
nouo musto, seu uuis calcandis uariū & no-
stro æuo maximè incognitū usum fuisse, uel
ipse Plin. in pluribus locis lib. 14. ostendit,
ubi eadem ferè quæ Hesiodus refert περὶ οἴ-
νυ δ᾽ραχύτου cap. 9. συσκιᾶσαι.) à σὺν & σκιάζω
compositum. Vinū passum quomodo fiat.
πολυγηθέ۞.) τῦ πολλῆς τέρψεως αἴτιυ. Epithe-
thon Bacchi. Virg. Adsit lætitiæ Bacchus da
tor. πληϊάδες δ' ὑάδες.) Pleiades sitæ sunt in
cauda tauri, Hyades in fronte, eas matutinè
Occidentes Orion plurimum loci in cœlo
occupans mox insequitur, quem tamen diu
tius in occasu morantē uelut fugientes præ-
currunt. πλειών.) τοῦ πλειῶν۞. Hesychius
πλειὼν ὁ ἐνιαυτός, ἀπὸ τῦ πάντας τὺς καρπὺς τῆς
γῆς συμπληρῦσθαι, id est, πλειὼν annus dicitur,
quod in eo omnes fructus terræ complean-
tur. Vult itaque Hesiodus in colenda terra
& legendis fructibus unumquodque fieri de-
bito

II. LIBRVM HESIODI.

bito tēpore. ἁρμῷΘ- εἴη.) ἀντὶ τ̄ ἁρμόδιΘ- ἔςω κατ' χθονός. εἰ δέ σε ναυτιλίης.) εἰ δέ σε ἐπιθυμία κρατεῖ τ̄ ναυτιλίας τ̄ κακῶς παρπεμπέσης. τέτο γδ τὸ δυσπεμφέλυ. cōponitur à δὺς & πέμπω, uel quod ægrè remittat afflictos, uel quod sæ pe nō remittat nauigātes. ἠεροδέα.) quia habet speciē aeris. ἠπείρυ.) in continentē, i. terrā littoralē. Inde Epirus. χείμερον.) aquam ex imbre collectā. υἱὸς πέερα.) Periphrasis remorū. πηδάλιον.) Clauū, gubernaculū nauis. ἑλκέμῳ.) infinit. ab ἕλκω. 59.6. ἁρναι.) ἀντὶ ἀρῆ. 65.19. πλωΐζεσκε.) imperfect. à πλωΐζω. 54.7. ὥσπερ ἐμός τε πατήρ.) exemplū domesticum, & digressio qua patriæ & fortunæ paternæ mentionem facit. κύμην.) quam in littorali Asia condiderunt Aeoles. Aeolia in Asia media inter Mysiam & Ioniam.

ΑφενΘ-.) diuitias significat. Propriè tamē 48. reditus qui quotānis redeunt, siue annui reditus, fingunt aūt uenire ab εἷς ἑνός. ἄσπρη.) Ascra, Bœotiæ uicus ad radices Heliconis, nostri Hesiodi poetæ clariss. patria. Ouid. li bro 4. de Ponto, Intumuit uati nec tamen Ascra suo. τυωή δ'.) ἀντὶ σύ. 238. 20. ὑπ' ὀλίγων.) actuariam. ἐνὶ φορτία θέσθαι.) ἐνιθέσθαι. βάλναι.) ἀντὶ βάλη. 61. 8. χρέα.) χρέα. 41. 24.

g 2

ANNOTATIONES IN

λιμὸν ἀτερπῆ.) ἐφ᾽ ᾧ ἐδ᾽ εἰς τέρπεται. famis proprium epitheton. πολυφλοίσβοιο.) ὀνοματοποιΐα. φλοισβὸς enī nihil significat. ἐπέπλων, πλόω, πλῶμι. infinitum β. ἔπλων. ἐξ αὐλίδος.) Aulis est urbs celebris in Euboea, uel insula (ut inquit Seruius) in qua coniurarunt Græci se non ante reuersuros quàm Troia caperetur. εἰς εὔβοιαν.) De Euboea uide Solinū cap. 18. Euboea hodie Nigri ponti insula dicitur. σὺν λαὸν ἄγειραν.) συνάγειραν. περιφραδμέα.) proclamata per præcones. 207. 13. ξίποδ᾽ ὠτώεντα.) tripoda auritum. Athenæus meminit tripodes significare pocula, nonnunquam mensas, & sellas quoque. ἀνέθηκα.) Dedicaui. infinitum ϛ. 160. 2. ἐπέβησαν.) aggredi fecerunt. Egregium quiddam effecturi in Poetica, opus habent furore poetico diuinitus inspirato, quem recte φυσικὰς ἀρετὰς dixerunt. Homer. hunc motum in heroicis animis, auream catenam cœlo demissam esse dixit.

49.   Μετὰ τροπὰς.) post solstitium æstiuum. Per integros 50. Dies post solstitiū æstiuale commodissima est nauigatio. νῆα.) ἡ ναῦς. 42. 12. καυάξαις.) καυάζω, καυάξω frango. ἐν τοῖς γὰρ πέλος ἐστίν.) Lege Prouerb. In omnia potentes.

tes. ἐνοσίχθων.) Epitheton Neptuni, terræ motor. ἔνοσις concussio. νότιότι.) νότ۞ Auster à meridie. 17.20. ἄλλ۞ δ'εἰαεινὸς.) Nauigatio uernalis lucri gratia fit, sed est periculosissima. ἄμβατ۞.) αὐτὶ ἀμβάτη, ἤγουν δ'ωαμῆι'η πλεῖδαη, Attice quemadmodum κλυτὸς ἱπποδάμεια. ἁρπακτὸς.) rapax, ui scilicet uentorum & tempestatum. ἀϊδρείησι.) αὐτὶ ἀϊδρείαις. ἀϊδρεια. 16.4. χρήματα γὸ ψυχὴ.) pecuniam homines pluris faciūt quàm animam. Prouerb. Anima & uita.

Μηδ' ἐνὶ νηυσίν.) Mediocritatis laus, quam 50. qui seruant, nec nimium ditescere student. Vide Prouerbium, Ne uni naui facultates. πλέω.) πλείονα. κύρσαη.) κυρέω, futurum κύρσω. μέξα φυλάσσεδαη.) Epiphonema generale de mediocritate. Vide Prouerbiū, Nosce tempus. Item: Ne quid nimis. ὡραῖ۞.) aduerbialiter pro τῷ ἐγκαίερς κỽ τὸν προσήκοντα καιρὸν ἄγε γυναῖκα πρὸς τὸν σὸν οἶκον. ποτὶ.) Ionice 329.7. τέτορ ἠβώη.) τέτορ τέτορ۞ τέτοει, Hesiodo dicitur pro τετάρτω. Et numerandū est decimo, mulier decimo quarto anno pubescat, quinto decimo nubat. Vide Iulium Pollucem lib. 1. cap. 7. ἠβών. ἠβάω uel ἠβέω. 124.20. παρθενικὼ.) αὐτὶ τῷ παρθέ-

γον γαμεῖν. Aristoteles & Plato 18. annum Pu
ellæ nubendi statuerunt. ἤθεα κεδνά.) ἀγα-
θὰ δὲ γυναικὶ ἤθη, τὰ ἀρέσκοντα τῷ ἀνδρί. Ari
stoteles hunc uersum in Oeconomico re=
censet. πάντα μάλ᾽ ἀμφὶς ἰδὼν.) Vide Era=
smi prouerbium, A fronte atq́ à tergo. χάρ-
ματα.) γέλωτα ludibria, iocus propter ma=
lam uxorem. λήζεται.) ἀντὶ τῦ κτᾶται. γή-
μης.) γαμέω. 157. 14. ὁ μὲν γάρ τοι γυναικός.)
Prouerbium, Qui non litigat coelebs est. ῥί-
γιον.) χαλεπώτερον. κυρίως τὸ ἀλγεινότερον ὑπὸ
τῦ ῥίγοις τῦ κρύοις δειπνολόχης.) Commessa=
trice quæ passim adeat conuiuia. Suidas δει
πνολόχον exponit κλεπτολόχον. Clanculū fur=
tiue ligurientis à δεῖπνο & λόχο. εὕει ἄτερ
δαλοῦ.) Vrit absque torre prouerbium. μὴ δ᾽
κασιγνήτῳ.) Cicero ad Atticum. Est uero à
natura & diuinitus homini inspiratum nul=
lam esse sanctiorem coniunctionem quàm
fraternam. Prouerbium, Genu sura propi-
us. ἔρξης.) per metathesin ῥέξης. à ῥέζω. ἤτι
ἔπο εἰπών.) Erasm. in prouerb. citat. Qui
quæ uult dicit, quæ non uult audiet. Δειλός
τι.) ὁ ἄθλιο καὶ ὀυδενὸς λόγου ἄξιο ἄνθρωπο.
σὲ δὲ μὴ.) accusatiuus pro datiuo Atticè.
51.   Μὴ δὲ πολύξεινον.) Vide prouerbium, Ne
que

que nullis sis amicus, neque multis. μηδὲ κακῶν ἑτάρον.) ἀντὶ ἑταίρον. Vide Prouerbiũ Non impetam lingua. uel, Lingua impetere. ἐλομδύλω πενίλω.) Græci apponunt plura epitheta sine coniunctione. τέτλαθι.) ἀντ χυ, sustineas, ausis. 231.12. εἰ δὲ κακὸν.) Prouerbium, Qui quæ uult dicit, quæ non uult audiet. δυσέμφελος.) grauatus, pœnitens accessor, morosus, difficilis, à δυς quod in compositione difficultatem uel malignitatem connotat, & πέμπω qui difficulter mittitur. Sæpius epitheton maris est, & tunc significat, quod uix citra periculum transuadari potest, formidolosum. ἐκ κοινῦ.) Prou. Phoci conuiuium. μηδέποτε ἐξ ἠῦς.) ἡ ἠώς. όος aurora. Vide prouerb. Illotis manibus. χερσὶν.) ἡ χεὶρ τῦ χερός, uel χερὸς poetice 18. 15. μηδ' ἀντ' ἠελίοιο.) Vide Prouerbium, Aduersus Solem ne meijto. περαμμός.) Perfect. passiuũ à τρέπω. 51.3. Item 205.17. ἔασιν.) ab εἰμὶ. 220. 21. πεπνυμδύα.) πέπνυμαι. sapiens sum. δυερκέος.) δυερκής dicitur id quod bonũ septum habet. πεπαλαγμδύος.) μεμολισμδύος ἀπὸ τοῦ παλάσω τὸ μολύνω. προφανέμδυ.) προφαίνειν. 59. 6. δυσφήμοιο.) ominoso & infausto à δυσφημέω. σπερμαίνειν.) σπείρειν.

g 4

γλυκεῖα.) ἀντὶ τῆς τέκνα. ἀενάων ποταμῶν.) Perpetuum epitheton fluminum. ὁ καὶ ἡ ἀείας semper fluens, à *νάω* fluo. δῶκαν.) infinitum α. ablato augmento. 199. 22. πεντόζοιο.) ἀντὶ τοῦ ζοῦ, πεντόζυς epitheton manus, quinos ramos, id est, digitos habentis. αὖον ἀπὸ χλωρῆ τάμνειν.) Siccum & emortuum à uiridi seu uiuo secare, hoc est, præcidere ungues. Cælius lib. 3. cap. 12. οἰνοχόην.) patinam libatoriam. τέτυκται.) contigit, paratum est, à τύχω uel τεύχω, τέτυκται. Sicut φύκτα φυκτὰ, et quædam alia ob leniorem prolationem. μὴ δὲ δόμον ποιῶν.) id est, Spartam quam nactus es orna. Lege Prouerbium, Domum cum facis, ne relinquas impolitam. ἀνεπίξεστον.) alij legunt ἀνεπίρρεκτον incōtabulatam, imperfectam, ab α. priuatiuo ἐπὶ & ξέω. λακέρυζα κορώνη.) de Cornicis uiuacitate uide prouerbium, Cornicibus uiuacior. λακέρυζα pro κελάρυζα, id est, garrula, stridula, arguta, proprium epitheton cornicis à κελαρύζω resono. ἀπὸ χυτροπόδων.) θυσίαν ταύτην ὁ Πλούταρχος προχείριον ἢ καθημερινὴν εἶπεν ὀρθῶς. καὶ γὰρ ἀφ' ὧν μέλλομεν ἐσθίειν, ἱερὰ ταῦτα ποιοῦντας διὰ τοῦ ἀπάρξασθαι. Lege prouerbium, A Chytropode cibum nondum sacrificatum rapias.

rapias, uel nōdum, sacrificata deuorat. Item, Sine sacris hæreditas. ἀνεπιρρέκτων.) ἀθύτων in quibus prius non dijs fuerit libatum, ab α priuatiuo, & ἐπιῤῥέζω, τὸ θύω. ἀνελόντα.) λαβόντα. ποινή.) τιμωρία. μηδ' ἐπ' ἀκινήτοισι.) Pueri à teneris statim exercendi & erudiendi sunt. μὴ δὲ ἐπὶ τοῖς τῶν νεκρῶν τάφοις κάθιζε παῖ δα δυωδεκαταῖον, τουτέστι δύο καὶ δέκα ἐτῶν ὄντα. ἀκίνητοι οἱ νεκροὶ. οὐ γὰρ ἄμεινον.) ἀντὶ τοῦ καλὸν. δυωδεκάμηνον.) δύο καὶ δέκα μηνῶν ὄντα. ἀνέρα ἀνήνορα.) καὶ ἄνδρα τέλθον ποιεῖ ἀνανδρον. τέτυκται.) ἀντὶ ἐστὶν. μὴ δὲ γυναικείῳ λουτρῷ. Verecundiæ commendatio, uiro nō utendum muliebribus delicijs & unguentis, id enim uiro probrosum. φαιδρύνεσθαι.) καθαίρεσθαι τὸ σῶμα. λουγαλέη.) χαλεπή. μὴ δ' ἱεροῖσι.) Sacra non illudenda, illusores religionis odit Deus. μὴ δέ ποτ' ἐν προχοῇ.) Neque matronis neque uirginibus turpitudo inferenda. κρηνάων.) genitiuo κρηνῶν. κρήνη fons 16. 4. ὑπαλεύεο.) ἔκφυγε subterfuge. 63. 18. ἀποψύχειν.) ἀποπατεῖν. ὧδ' ἔρδειν.) οὕτω πράττε. δεινὴ δὲ βροτῶν.) Vide Prouerbium, Fama non temere spargitur. uel, Non omnino temere est, quod uulgo dictitant. Item Vergil. li. Aeneid. 4. Fama malum quo, &c. O-

g 5

106 ANNOTATIONES IN

uid. *Sed neq; ex nihilo uolucris prorumpere fama,*
Et partem ueri fabula quæq; tenet.
Homerus fingit famam Deam esse & nunciam Iouis, lib. 2. Iliados. φήμη δ' ὄυτις.) Prouerbium, Fama prodit omnia. Item, Rumor publicus non omnino frustra est.

IN HESIODI DIES.

TRadit Poeta discrimina dierum. Qui uerò fausti infaustiúe sint, tabula hic impressa pulchrè explicabit. Super his consule Macrobium Saturnalium lib. 1. cap. 21.

53.

ΗΜΑΤΑ δ' ἐκ διόθεν πεφυλαγμδύ۩.) ἡμέρας δὲ ἀπὸ τȣ διὸς λέγει τὰς ἀγαθὰς πεφυλαγμδύ۩, ἀντὶ τȣ φυλάτ]ων, τȣτέςι παρατηρων. εὖ κτ' μοῖραν.) καλῶς κτ' τὸ πρέπον ἐντέλȣ τοῖς δ' ἀλοις σȣ. πεφραδέμδυ.) ἀντὶ πεφραδέναι præteritum perfectum uerbi medij infinitiui à φράζω. τριηκάδα μίωὸς.) Athenienses mensem tantum triginta dies præter Romanorum consuetudinem iuxta lunę augmentū, decrementumq; complectentem, in tres de

cades

cades secernendo, primam nominabant ἱϛα μᾐνου μηνὸς, secundam μεσῦντ©, tertiam φθί‑
νοντ©, Deinde primæ decadis diem pri‑
mam νουμηνίαν, secundam, δ'ἀυτέραν ἱϛαμᾐνὒ,
tertiam ϟίτην ἱϛαμᾐνὒ, & sequenter usque ad
δεκάτην ἱϛαμᾐνὒ. Secundæ decadis primam
diem, πρώτην ὄπι δέκα, usque ad εἰκοϛὴν seu
εἰκάδα. Tertiæ primam, πρώτην ὄπι εἰκάδα
uel Solonis inuentu numeros dierum ad lu
næ decrementum minuendo, ἐνάτην φθίνον‑
τ©, secundã ὀγδόην φθίνοντος, tertiam ἑβδό‑
μην φθίνοντος, usq̃ ad ϟιακάδα, quã etiam ἕνην
ϗ̀ νέαν, id est, ueterẽ & nouam uocabant. Eo
die exactiones debitorũ & usurarum, ut pa
tet ex Aristophane, similiter forẽsia iudicia
Athenis fieri solebant, quod & hic ostendi‑
tur, εὖτ'αν ἀλήθθαν λαοὶ κρίνοντς ἄϛωσιν. ubi Val
lę trãslatio minus apte cohæret. Itẽ Hesiod.
ἕκτην ὄπι δέκα, i. sextã medię decadis, seu de‑
cimamsextã, præter uulgatũ morẽ, ἕκτην μέ‑
σην uocat, decimamquartã τϟάδα μέσην, de‑
cimamnonã, εἰνάδα μέσην, uicesimamnonã,
ϟιοϟνάδα & πέμπτας intelligit quintã, quintã
decimã, ac uicesimam quintã. τϟάδα ἱϛαμᾐνὒ
τε ϗ̀ φθίνοντος, quartã & uicesimam quartã ϟι
σκαιδεκάτην μηνὸς ἱϛαμᾐνὒ, decimamtertiam.

Insuper duodecimam, ἡμέρ ἔκπλειον, id est diem cumulatam & adauctam appellat: & uicesimā μεγάλω ἡμέραν siue πλεῖον ἡμέρ, quod summa dies sit μίωὸς μεσοῦντΘ, diebus τ̅ φθίνοντΘ continuo insequentibus. Praeterea nec singulatim omnes dies, neque ex ordine commemorat, sed repetit quosdam bis uel ter, nonnullis interim uelut μεταδ᾽ούπων, κỳ ἀκκρίων praetermissis. Denique scitu dignum, quod ἔνη κỳ νέα dici potest simul tricesima dies mensis decedentis & instantis prima. Item prima dies lunae iam apparētis, & tertia à coitu digressae. Vnde illud Hesiodi, μὴ δ᾽ ἀναβάλλεαι ἐς τ᾽ αὔριον ἐς τ᾽ ἔννηφιν, uertere licet, neque differ inq́; crastinum, in q́; perendinum, tertiam lunae, nouilunium, uel sequentem mensem. Quandoquidem lunam 27. diebus, & tertia ferè diei parte, ad sui ambitus principia regredi, & ueterum probat & recentiorum consensus. inde biduo in coitu latentem, ad tricesimam diem, cum tardissimè, reaccensam conspici. Vide Plinium lib. 2. cap. 9. De mensibus Atheniensium consule quoque, si libet, Iulium Pollucem lib. 1. cap. 7. Suidam in ἔνη κỳ νέα, Theodorum Gazam περὶ μίωῶν, & Hesychium
in

in τῆ μὲν φθίνοντ۟۟ μίωὸς, τῆ δ' ἰςαμὲνοιο. Inter quos difconuenit quod Suida in tertia Decade retrogradatim numeranda, de nonario tantum ad binarium, qui diem fignat uicefimamoctauam, defcendit, continuoq̃ fubiungit ἕνίω καὶ νέαν, quam idem, aftipulante quoque Proclo, νεμίωίαν appellat, quę uicefima nona effet, tricefima defyderata, quodq̃ primæ decadis primam uocat πρώτίω ἰςαμένε, Polluce & Gaza appellantibus νεμίωίαν. Sed & Gaza ubi Solonis meminit, aperte oftendit non eandem diem effe ἕνίω καὶ νέαν & νεμίωίαν. Eius uerba hęc funt; Σόλωνα γὰρ πρῶτον ἀθίωησι τίω περὶ τὰς μίωας ἀνωμαλίαν συνιδεῖν φασι. καὶ τίω μὲν ἡμέραν, καθ' ίω ἡ σελίωη καταλαμβάνει τε καὶ παρέρχεται τὸν ἥλιον, τάξαι ἕνίω καὶ νέαν καλεῖδαι, τίω δ' ἐφεξῆς νουμηνίαν προσαγορεῦσαι. ἄχρι τε ζια κάδ۟۟ τὸν μίωα ἠριθμηκέναι. Ex quibus apparet primores Athenienfes tantum uicenum nouenum dierum mēfes computaffe, dein tricenum Solonem, νεομηνία, quæ prima effet lunæ recentis poft ἕνην καὶ νέαν diem coitus adiecta. Vnde & diuerfam illam de menfium diebus traditionem authorum coniicio irrepfiffe. Præterea conftat Græcis

ob succrescentes in lunæ motu minutias, sū
as etiā fuisse ἐμβολίσμους ☞ ἐπακτὰς, sicut Romanis intercalares. (ςὖν τέξάς τε.) ςὖν pro ἔυν
κỳ γέα, cogente lege hexametri. τέξάς pro πτάρτη. εὖτ᾽ ἂν ἀληθείίω.) ὅταν μὴ ἀληθείας κρίνωσιν οἱ ἄνθρωποι τὰς ἡμέρας. ἤ τι ὅταν τὴν ἀληθῆ ἐπίςαν] σύνοδον, κỳ μὴ ἀκριβείας γινομένην. χρυσάορα.) τὸν χρυσῆν σπάθην φέροντα. ὄϊς.) pro
ὄϊας. ια cōtractis in ι. Hanc synæresin in Grāmatica. 26. 4. neglectam adscribe. σπείρειν.)
κείρειν proprie de ouibus dicitur, & significat tondere. εὔφρονα καρπόν.) ἥδύτατον τέρποντα τὴν ψυχὴν, ἢ εὐφραίνοντα. ἀμᾶας.) ἀντὶ τ̄
ἀμᾶν, ἤ ἴσον θερίζειν τὸν εὐφροσύνην ποιοῦντα καρπόν. ἀεροιπότητ Θ.) ἀντὶ τῦ ὁ ἀεροιπότης. ἤγεν
ἐν τῷ ἀέρι πετόμενΘ in aere uolans, in alto pēdula ab ὁ ἀὴρ, τῷ ἀέρι τοῖς ἀέροι, & ποτέομαι. Simile est ἀεροίπους ἀεροίποδες, aeripedes, pedibus sublati in altū. ἀράχνης λέγεται τὸ ζωύφιον
αὐτὸ τὸ ὑφαντικόν. ἀράχνιον ϑ τὸ ὑπ᾽ ἐκείνκ ὑφαινόμενον. ἐκ πλείκ.) ὁ πλεῖΘ, ἡ πλεία, κỳ τὸ πλεῖον. sic ὁ χρεῖΘ, ἡ χρεία, τὸ χρεῖον. Ἴδρις.) formica. ὁ μύρμηξ ὁ ἔμπειρΘ σοφὸν ἀμᾶται, ἀντὶ τῦ οἶτον συλλέγων ἀποθησαυρίζει. Formicæ inprimis sedula atque operosa animalia, tanto laborandi studio tenentur, ut ne noctes quidem

II. LIBRVM HESIODI.

dem in suo opere cessent, modo sit plena lu=
na. Has rerum cœlestium notitiamh abere
cursum syderum tenere testantur Historici.
ἀλέαϑαι.) ἔκφυγε. ἀντιβολῆσαι.) ἐπιτυχεῖν.

Ημον ἧμαρ.) ἀντὶ τῦ ἀγαϑὸν εἰς τὸ τάμνειν ἐεί 54.
φȣς. τȣτέςιν δ᾽νυχίζειν. πώεα μήλων.) περιφρα
ςικῶς ἀντὶ τῦ ἀρνία. ἐρίμυκον.) πολλὰ μυκώμε
νον. ταμνέμεν.) ἀντὶ τάμνειν. 59.6. ἐρήας.) ὀρέ
ας ὁ ὀρϑῦς mulus. ἀνδρογόνῳ.) εἰς ἄρρενῳ γε
νησιν. εἰλίποδας.) curuantes uel trahētes pe-
des. Homerus hac uoce sæpe utitur. καρχα-
ρόδοντας.) Prouerb. Catella melitæa. ἀμφιπο
λεύειν.) περιέρχεϑαι. νήϊάτε.) κὴ τὰ εἰς καταςκȣὴν
νεὼν συντελέσοντα ξύλα πολλά. πολλὰ ᾖ λέγι, ἐ-
πεὶ πολλῶν ἡ ναῦς δεῖ). ὑπὶδ είελα.) est aduer.
plur. num. sicut πρῶτα δ᾽ είελον crepusculum
uocāt, δειλινὸς & δείελος meridianus & me
ridianum tempus δειλινὸν uocant.

Οὔποτε πάγκακον.) Prouerb. Nullus dies 55.
omnino malus. ἄρξεϑ᾽ πίϑȣ.) Grçcismus est,
pro aperire doliū. εἰρύμεναι.) εἰρύϑν uel ἐρύϑν.
59.6. ἄλλοτ᾽ μήτρυὰ, ἥτȣν κακὴ κὴ βαρεῖα ὥσπερ ἡ
μήτρυὰ περὶ τὰς προγόνȣς. Prouer. Dies nouer
ca & parēs. τάων εὐδαίμων.) pro τῶν. 16.4.

ΤΕΛΟΣ.

PROVERBIA QVAE IN HOC
opere in nostris annotationibus citantur, &
ab Erasmo in Chiliadibus diligen-
ter explicantur.

Adamantinus.
Aduersus Solem ne meijto.
Adrastia Nemesis.
Aegroto dum anima est, spes est.
A fronte atque à tergo.
Aliquid mali propter uicinum malum.
Amici procul agentes non sunt amici.
Anima & uita.
Ἀνηπελαργεῖν.
Araneas eijcere.
Argenteis hastis pugnare.
Ausculta & perpende.
Aut regem aut fatuum.
Bœotica ænigmata.
Cadmea uictoria.
Catella melitæa.
Centum plaustri trabes.
Claudo uicinus disces claudicare.
Cornicibus uiuacior.
Cum exossis suum rodit pedem.
Dauus sum non Oedipus.

Dentale

Dentale non inest illi.
Dies nouerca & parens.
Difficilia quæ pulchra.
Dimidium plus toto.
Dispendio æquale malum lucrum.
Domi manendum.
Domum cū facis, ne relinquas impolitam.
Domus amica, domus optima.
Dorica Musa.
Eadem mensura.
Fama non temere spargitur.
Fama prodit omnia.
Festina lente.
Figulus figulo inuidet.
Genu sura propius.
Gratia gratiam parit.
Homo homini deus.
Ημιεργκοιτ&.
Iisdem uescentes cepis.
Illotis manibus.
In holmo cubabo.
In omnia potens.
Inuidus uicini oculus.
Limen senectæ.
Lingua impetere.
Lippis ac tonsoribus notum.

h

Lucrum malum, æquale dispendio.
Lusciniæ deest cantus.
Macilenta manu pinguem pedem.
Mala senium accelerant.
Malo accepto stultus sapit.
Malum consilium consultori pessimum.
Martis campus.
Melitæus catulus.
Mulieris podex.
Muli asinis quantum præstant.
Multæ manus onus leuius reddunt.
Multis ictibus deijcitur quercus.
Ne bos quidem pereat.
Ne à Chytropode cibum.
Nec sibi,nec alijs utilis.
Neque nullis sis amicus,neque multis.
Ne quid nimis.
Nemesis adest.
Ne uni naui facultates.
Noctesq̃ diesq̃.
Nondum sacrificata deuorat.
Non impetam lingua.
Non inest illi dentale.
Non omnino temere est, quod uulgo dici-
Non semper erit æstas.   (tant.
Notum lippis ac tonsoribus.
                                    Nosce

Nosce tempus.
Nulla dies omnino mala.
Octapedes.
Phoci conuiuium.
Pusillum pusillo addere.
Qui non litigat cœlebs est.
Qui quæ uult dicit, quæ non uult audiet.
Risus Sardonius.
Rumor publicus non omnino frustra.
Scarabeus aquilam quærit.
Sera in fundo parsimonia.
Si dixeris quæ uis, audies quæ non uis.
Si iuxta claudum habites claudicare disces.
Sine sacris hæreditas.
Spartam nactus es, hanc orna.
Spes in labro pyxidis.
Verecundia inutilis uiro egenti.
Vrit absque torre.
Vtilis nec sibi nec alijs.

PROVERBIORVM FINIS.

OBVIA DE RATIONE
carminum Græcorum.

VISVM est quoque nõ incommodum futurum studiosis, si de ratione carminum ea duntaxat subiecero, quæ Latinis, nisi parcissime fiant ad imitationem Græcorũ, uitiosa sunt, uel etiam ignota, Græcis tamen communi usu protrita, omnibus iure optimo libere cõceduntur.

— Nota est longæ syllabæ.
◡ breuis.
⁂ ancipitis, siue natura siue licentia.

Canon 1.

In qualibet cæsura uocales breues subinde Græcis producuntur, perraro in quinaria & septenaria Latinis. Cæsura seu sectio, Græce τομή uel τμῆσις, est dictionis post pedem quemuis absolutum, ultima syllaba superstes.

Οἱ δ' ἐμέγα ἰάχοντες ἐπέδραμον υἷες ἀχαιῶν.
— ◡ ◡ | — ◡ ◡ — ◡ ◡ — ◡ ◡ — ◡ ◡ — —

Ἀλλὰ τά γ' ἄασπαρτα & ἀνήροτα πάντα φύονται
— ◡ ◡ ⸏ — ◡ | — ◡ ◡ — ◡ ◡ — ◡ ◡ — ◡

Αὐτὰρ

NVM GRAECORVM.

Αὐτὰρ ἐπεὶ Δαναῶν ᾤχετο ἰαχή τε θεός τε.
‒ ∪ ∪ ‒ ∪ ∪ ‒ ∪ ∪ | ‒ ∪ ∪ ‒ ∪ ∪ ‒ ∪

Καί τε σμικρὸν ἐὸν τό, τ᾽ ἐπάχνωσε φίλον ἦτορ.
‒ ‒ ‒ ∪ ∪ ‒ ∪ ∪ ‒ | ‒ ∪ ∪ ‒

In primi uersus ζινημιμερεῖ, γα, & secundi πενθημιμερεῖ, τα, producitur α, quamuis correpta sit. 96. 11. In tertij ἐφθημιμερεῖ, Το, et quarti ἐννεημιμερεῖ, σε.

Canon 2.

Idem frequentius fit, si sequens dictio substruat binas uel duplices consonantes, quæ præcedentis dictionis uocalem finalem breuem Græcis positione suffulciunt, cum tamen apud Latinos binæ consonantes dictionis posteræ principales, nihil iuuent positu uocalem breuem nude finalem dictionis prioris: nam in sequentibus metris uocales breues cum ob cæsuram tum positionē producuntur.

Καὶ τῆς γε στρατ᾽ εὐρὺ ἀπώλεσεν ἢ ὅ γε τεῖχος.
‒ ‒ | ‒ ∪ ∪ ‒ ∪ ∪ ‒ ∪ ∪ ‒ ∪ ∪ ‒ ∪

Δεῦτε Δί᾽ ἐννέπετε σφέτερον πατέρ᾽ ὑμνείουσαι.
‒ ∪ ∪ ‒ ∪ ∪ | ‒ ∪ ∪ ‒ ∪ ∪ ‒ ‒ ∪

Καὶ τοὶ μὲν χείρεσσιν ὑπὸ σφετέρῃσι δαμέντες.
‒ ‒ ‒ ‒ ‒ ∪ ∪ | ‒ ∪ ∪ ‒ ∪ ∪ ‒ ∪

h 3

Τοῖσιν ἔην καρπὸν δ᾽ ἔφερε ζείδωρος ἄρουρα
‿ υ υ ‿ ‿ ‿ υ υ ‿ ‿ υ υ ‿ ‿

Τόν τε χολωσάμενος προσέφη νεφεληγερέτα Ζεὺς
‿ υ υ ‿ υ υ ‿ υ υ ‿ υ υ ‿ υ υ ‿ ‿

Canon 3.

Vocales longæ uel diphthongi nude finales, communes fiunt, si subsequens dictio incipiat à uocali, ut in hoc carmine η et η cor ripiuntur.

Τῳύη ἐγὼ δέ κε Πέρση ἐτήτυμα μυθησαίμην.
‿ υ υ ‿ υ υ ‿ υ υ ‿ υ υ ‿ ‿ ‿

Canon 4.

Quandoque in eadem dictione tam longæ quàm breues, cōmunes fiunt uocali continuo sequente.

Ἐδμεναι οἷα σύες χαμαιευνάδες αἰὲν ἔδουσι.
‿ υ υ ‿ υ ‿ ‿ υ υ ‿ υ υ ‿ υ υ ‿ υ

Ἕκτορ υἱὲ Πριάμοιο, τίη δὲ σὺ νόσφιν ἀπ᾽ ἄλλων,
‿ υ υ ‿ υ υ ‿ υ υ ‿ υ ‿ υ υ ‿ ‿

Αὐτίκα πὰρ Διὶ πατρὶ καθεζομένη κρονίωνι.
‿ υ υ ‿ υ υ ‿ υ υ ‿ υ υ ‿ υ υ ‿ υ

Τόνδε γὰρ ἀνθρώποισι νόμον διέταξε κρονίων.
‿ υ υ ‿ ‿ ‿ υ υ ‿ υ υ ‿ υ υ ‿ ‿

Canon 5.

Per συνεκφώνησιν seu σύζευξιν duæ syllabæ sine media consona interuallante, in unam longam confluunt quatuor modis, bre

NVM GRAECORVM 119

ues, breuis & longa, longa & breuis, longę, & quandoque finales in breuem proxime uocali sequente.

Τῦ κεκορεσαμβρ۞ νείκεα κὴ δῆεν ὀφέλλοις.
– ◡ ◡ – ◡ ◡ – ‿ – ◡ ◡ – ‿

Ὤρη γάρ τ' ὀλίγη πέλεται νεικέων τ' ἀγορέων τε
– – – ◡ ◡ – ◡ ◡ – – ‿ ◡ ◡ ‿

Βυσὶ καὶ ἡμιόνοισι ἐπήτανον αὐτὰρ ἔπειτα.
– ◡ ◡ – ◡ ◡ – ◡ ◡ ‿ ◡ ◡ – ◡ ◡ ‿

Τῆμ۞ θῶμσυ βυσὶν ἐπὶ δ' αὔξει τὸ πλέον εἴη.
– – – ◡ ◡ – ◡ ◡ – ◡ ◡ – ◡ – ‿

Δενδρέῳ ἐφεζόμβρ۞ λιγυρίω κỳ χέυατ' ἀοιδὴω.
– * ‿ ◡ – ◡ ◡ – ◡ ◡ – ◡ ◡ – ◡ ◡ –

Canon 6.
Connexiones μν κτ πτ, præcedentem uocalem breuem, ueluti mutæ cum liquidis, communem faciunt.

Ἥ τε κỳ ἀπαλάμνόν περ ὅμως ἐπὶ ἔργον ἐγείρει.
– ◡ ◡ – ◡ ◡ – ◡ ◡ – ◡ ◡ – ◡ ◡ – –

Πέντε δ' ἐ συσκιάσαι ἕκτῳ δ' εἰς ἄγγε' ἀφῦσαι.
– ◡ ◡ – – ◡ ◡ – ◡ ◡ – ◡ ◡ – –

Αἰγύπτης ὅτι πλεῖστα δόμοις ἐνὶ κτήματα κεῖται.
– ◡◡ ◡ – ◡ ◡ – ◡ ◡ – ◡ ◡ – ◡ ◡ – ◡.

Canon 7.
Non raro sola liquida uocalem antecedẽ tem breuem extendit.

h 4

RATIO CARMI-

Μηκέτ' ἔπειτ' ὤφελον ἐγὼ πέμπτοισι μετεῖναι.
– υ υ – – – υ υ – – – υ υ – υ

Ἱμερθεν κονάβησε, Θεὸς δ' ὑπὸ μέλος ἄεισε.
– υ υ – υ υ – υ υ – – υ υ – υ

Δῶρα Διονύσου πολυγηθέος αὐτὰρ ἐπ' ἰῷ δή.
– υ υ – – – υ υ – υυ – υ υ – –

Sed poteſt etiam Διωνύσου per ω legi, ut habet Euſtathius.

Canon 8.
Liquida cum alia conſonante ſequente, quandoque præcedentem uocalem breuem nihil impedit poſitione.

Εἰ γάρ τοι κ̣ χρῆμα ἐγχώριον ἄλλο χρῆνται.
– – – – – υ υυ – υυ – υ υ – υ

Χρύσεον μὲν πρώτιστα γένος μερόπων ἀνθρώπων.
– υ υυ – – – υ υ – υ υ – – – –

In ἐγχώριον γ natura υ eſt, conflatur enim ex ἐν & χώρα. Quod ſi mauis non abſurde ex χρύσεον per συνεκφώνησιν, ſpondæū efficies.

Canon 9.
Nonnunquam σ præcedentem uocalem longam uelut liquida mollificat.

Τροπὰς α producit. 98,2.

Εὖτ' ἂν ἐξήκοντα μετὰ τροπὰς ἠελίοιο.
– – – – – υ υ – υ υυ – υ υ – υ

Canon 10.
Quædam monoſyllaba apoſtrophū paſſa quan-

quandoque ueluti ad artem non pertinen=
tia, negliguntur: quandoque, ceu uernæ, al=
terius dictionis uicinam syllabam inuali=
dam suffirmant.

Ασπρη χεῖμα κακῆ θέρῳ δ᾽ ἀργαλέῃ ὐδ᾽ ποτ᾽ ἐσθλῆ.
- - - ͜ ͜ - ͜ ͜ ͜ - ͜ ͜ - ͜ - -

Εἰ δ᾽ ἐκεν ἐργάζῃ τάχα σε ζηλάσῃ κἀεργός.
- ͜ ͜ - - - ͜ ͜ - - - ͜ ͜ - ͜

Νῦν δ᾽ ἐγὼ μήτ᾽ αὐτὸς ἐν ἀνθρώποισι δίκαιΘ.
- ͜ ͜ - - - ͜ ͜ - - ͜ ͜ - ͜

In θέρει & ζηλώσει corripitur ει propter
uocales insequentes, & δ᾽ κ᾽ particulæ tan=
quam nullius momēti, eq carminis structu
ra semouendæ, despiciuntur. In ἐγὼ uero ε
ministerio δ᾽ adiuta protenditur. Vide Ser-
uium eadem ferè differentē super uersu 17.
tertij Aeneidos:
Liminaq̃ laurusq̃.

Canon 11.

Gręcis liberum est in carmine facere, uel
minus, apostrophum.

Τὸ πρῶτον τέρπει τε βροτός ἐπ᾽ ἀπείρονα γαῖαν.
ὡραῖΘ δὲ γυναῖκα τὸν ὑπὶ οἶκον ἄγεσθαι.

Vides in priore uersu ὑπὶ ι amisisse, in po
steriore non item, utrobique tamen uocali
proxime sequente. At Latinis, quando pri-

or dictio finit uel in uocalē uel cōsonantem m, nunquam sine uitio conceditur præterire collisionem: ut, Littora mult' ill' & terris iactatus & alto: nisi id rarissime fiat ad imitationem Græcorum: ut, Insulæ Ioni' in magno quas dira Celæno. Et succus pecori, & lac subducitur agnis. Vergilius Aegloga 3. &, Tun' ill' Aeneas quem Dardanio Anchisę. In Insulę, Pecori & Dardanio, uocales finales longæ non àuulsæ per apostrophum, communes fiunt more Gręcorum, iuxta canonem tertium. Item Latini tā longas quàm breues uocales elidunt, Græci tantum bre-

Rarissime longas ut ϡαωιν.

ues, * adposito semper collisionis signaculo. Vnde nulla facienda est collisio in mensurandis carminibus Græcis, nisi sit signata. Denique sciendum, celebri usu Græcis esse poetis, præcipue Hesiodo, quinto loco Hexametri deligere spondæum.

Μῶσαι Πιερίηθεν ἀοιδῇσι κλείουσαι.

‒ ‿ ‿ ‒ ‿ ‿ ‒ ‒ ‒ ‒ ‿

In hoc carmine etiam μῶσαι spondæum efficit, non trochęum: nam αι & οι diphthongi finales, quamuis apud Grammaticos censeantur breues, tamen apud poetas, nisi per apostrophum decidant, uel propter sequentem

NVM GRAECORVM 123

tem uocalem corripiantur, habentur produ-
ctæ. Item Πιιείνθω primam producit, licet
uocalis sit ante uocalem. Vbi nota quod in
Latinis dictionibus semper uocalis ante uo-
calem corripitur, præter in fio. Apud Græ-
cos uero α ι υ ante alias uocales nunc longæ
sunt, nunc breues, ut in λαὸς - υ ‒ produci-
tur, in ἀοιδὸς υ - υ corripitur. Porro Græcis *Syllabarū*
facillima obseruatio est quantitatum, nam *quantitas*
quælibet diphthongus, & uocales η, ω, per- *apud Græ-*
petuo syllabam longam: ε, ο. breuem, nisi na- *cos.*
turam suam exuant aliquo prædictorū mo-
dorum, constituunt. Solæ uocales α ι υ, δι-
χρόν⊕, id est, nunc productę, nunc correptę
inueniuntur. Quarum tempora leuissimis
quoque coniecturis studiosus abunde uena-
bitur, nempe primitus uel inflexione fina-
lium quantitatem, cum passim ex compen-
dio, tum etiam accentu uel apostropho de-
prehendet, ut τὸ μέλι τῷ μέλιτι corripit. 371.
13. & 373. 15. τιμὰς α producit. 373.20. O-
mnis synæresis facit syllabam longam. στά-
χυες υ υ υ στάχυς υ - 20. 4. in margine. Caue ta-
men putes synæresin factam, ubi sæpius
syncopa fit uel apostrophus, ut in κλέεα υ υ υ
κλέα υ υ καὶ ἀεργός, κἀεργός. υ - υ. In uer-

bis α ι finales corripiuntur, quia polyſyllaba in antepenultimam accentum, ubi ſtare nequiret ſi ultima eſſet longa, recipiunt, τέτυφα, ἔτυψα, τύπτοιμι, τυφθῆτι, ἴςημι, ἴςαθι, biſſyllaba eodem argumento in penultimam circunflectunt, εἶπα, χῆμι. ſic quoque α productam participiorum in ας oſtendit accentus, ποιήσας --- ποιήσασα --- υ. ſed & participia uerborum in μι, ancipites α υ extendunt ἰςάς -- ἰςᾶσα -- υ ςάς - ςᾶσα - υ ζεύγνύς -- ζεύγνῦσα -- υ. Etiam α in tertijs perſonis ante ultimam Ionum more inſertum, ι per reduplicationem acceſſorium, & α, υ proprie uocales in uerbis μι ſolutæ, corripiuntur. τύπτοιντο τυπτοίατο -- υυ ποιεῖται ποιέαται - υυυ τιθεῖσι υ - υ τιθέασι υυυυ ζεύγνυτον -υυ. Item apoſtrophus communi uſu deſecans uocales tantum breues, ancipites arguit correptas, ut in ὑπί υυ κατά υυ μάλα υυ ἵνα υυ ancipites corripiuntur, quia ſæpius inueniuntur per apoſtrophum reuulſæ, ἐπ' κατ' μάλ' ἵν'. Sed & α ι υ finales, in præpoſitionibus, aduerbijs, & coniunctionibus ferè in uniuerſum correptæ ſunt. Et hæc de finalibus. Verum ſi ſecundam, tertiam, quartam'ue à fine ancipitis occupent ſyllabam, facillimum tutiſsimumq́ erit,

erit, si imiteris poetas receptiores. Vel etiam Gazam consulas licet, in tertio suę grammaticæ de hac re quædam breuiter & docte præcipientem. Denique unum admonendum, α ι υ non ideo uocari δίχρονα, quod ad cuiusuis arbitrium, ut quidam existimant, in una eademq́ dictione & produci & corripi queant, sed eo modo δίχρονα esse, quo omnes uocales apud Latinos, ita quod in hac dictione omnino producantur, in illa corripiantur. Nam sicut apud Latinos in fames - - risuros - - - uocales omnino productæ, & in ades ᴗ ᴗ dominus ᴗ ᴗ ᴗ eædem perpetuo correptæ sunt, sic quoque apud Græcos fit in διχρόνοις. tametsi non ignorem Gręcos poetas quandoque δίχρονα eiusdem dictionis, præsertim alia uocali uel liquida, ut prædictum est, sequente, modo corripere, modo producere consueuisse, ut in χυανέ☉ υ reperitur indifferens apud poetas: similiter in ἄρες α, apud Homerum, ἄρες ἄρες βροτολοιγὲ - ᴗᴗ - ᴗᴗ - ᴗ. Idq́ frequentius si complures breues cócurrant, ut α particula in compositione priuans, breuis est, producta tamē legitur composita θάνατ☉ ᴗᴗᴗ κάματ☉ ᴗᴗᴗ & similibus pedibus ξιβραχέσιν, ἀθάνατ☉

–∪∪ ἀκάματ͛ –∪∪ sic Διὸς quum, corripi‐
at, in Διογήνης –∪∪– producit. Atque huius ge‐
neris permulta occurrunt legentibus poe‐
tas. Semper enim Gręcis quàm Latinis Mu
sæ fuere fauentiores: unde doctissimum e‐
xtat Martialis Epigramma:

> Dicunt εἰαρινὸν tamen poetæ,
> Sed Græci, quibus est nihil negatum,
> Et quos ἄρες ἄρες licet sonare.
> Nobis non licet esse tam disertis,
> Qui musas colimus seueriores.

FINIS.

HESIODI AS-
CRAEI OPERA ET DIES IO=
hanne Frisio Tigurino in=
terprete.

*Numerus ad marginem positus denotat columnam
in Græco textu Hesiodi.*

VSAE è *Pieria carminibus celebran* 23.
    tes,
   Agite, Iouem dicite uestrum patrem
    laudantes,
Quomodo mortales uiri pariter obscuriq́, clariq́,
Nobiles ignobilesq́, Iouis magni uoluntate.
Facile enim extollit, facile uero elatum deijcit.
Facile præclarum minuit, & obscurum adauget,
Facile uero corrigit incuruum, & superbũ desiccat,
Iupiter altifremus, qui supremas domos incolit.
Audi uidens, audiensq́, iustitiæ uerò dirige leges
Tu. ego uero Persæ uera dicam.   (terram
   Non sanè unũ erat contentionũ genus, sed super
Sunt duo. Hanc quidem laudauerit intelligens,
Altera uero uituperabilis, in diuersum animũ ducũt.
Hæc etenim bellumq́, exitiosum, & litem adauget
Noxia. nullus hanc amicè accipit mortalis, sed ne=
   cessariò

  Immortalium ex consilijs litem honorant molestam.
  Alteram uero (priorē quidem genuit nox obscura)
24. *Posuit uero ipsam Saturnius altijugus, æthere ha-*
   bitans.
  Terræq̃ in radicibus,& uiris multo meliorem.
  Hæc et ignauũ quantumuis,tamen ad opus excitat.
  In alterum enim quiſpiam intuitus, operis indigus,
  Diuitem,hic festinat quidem arare,atq̃ plantare,
  Domumq̃ recte administrare. æmulatur uerò uici-
   num uicinus,
  Ad diuitias festinantem, bona uerò cōcertatio hæc
   hominibus.
  Et figulus figulo irascitur,& fabro faber,
  Et inops inopi inuidet,& cantor cantori.
   O Persa. Tu uero hæc tuo reconde animo.
  Neq̃ tuum contentio malis gaudens ab opere ani-
   mum abstrahat,
  Lites inspicientem, fori auditorem existentem.
  Tempus enim breue est contentionumq̃,foriq̃,
  Cui non uictus intus annuus reconditur
  Tempestiuus, quam tellus profert,Cereris munus.
  Quo saturatus,contentionem & litem augeas
  Facultatibus in alienis. Tibi uerò non amplius se-
   cunda uice licebit
  Sic facere. Sed hic dijudicemus contentionem
  Rectis iudicijs,quæ ex Ioue sunt optima.
           Nuper

Nuper enim sortem diuisimus, aliaq́; multa
Rapiens auferebas, ualde concilians reges
Doniuoros, qui hanc litem cupiunt iudicasse:
Stulti, neq́; sciunt, quanto plus sit dimidium toto.
Neq́; quàm in maluaq́; & asphodelo magna commo
  ditas.
Occultarunt enim Dij uictum hominibus.
Facile enim uel uno die laborasses
Ita ut tu in annum haberes, etiam otiosus existens.
Statim uerò temonem super fumum posuisses,
Labores boum perijssent, & mulorum laboris pati-
  entum.
Sed Iupiter abscondit iratus mentibus suis,
Quoniam ipsum decepit Prometheus uafer,
Propterea hominibus machinatus est curas diffi-
  ciles,
Occultauit uero ignem, quem rursus bonus puer Ia-
  peti
Furatus est hominibus Ioue à prudente,
In caua ferula, latens Iouem fulmine gaudentem.
Hunc iratus allocutus est nubicogus Iupiter.
Iapeti fili de omnibus consilia edoctus,
Gaudes ignem furatus, & quod meas mentes dece-
  pisti,
Tibiq́; ipsi magnam calamitatem, & uiris posteris:
His ego pro igne dabo malum, quo uniuersi

Delectantur animo, suum malum amplectentes.
Sic dixit. subrisit uerò pater hominumq, Deûmq,
Vulcanum uerò iußit præclarum, quàm ocyßimè
Terram aqua commiscere, in uerò ponere uocem,
Et robur. immortalibus uerò Deabus aspectum aßimulare
Virgineis pulchram formā peramabilem. Cæterum Mineruam.
Opera docere, artificiosam telam texere.
Et gratiā circunfundere capiti auream Venerem,
Et desyderium difficile, & membra fatigātes curas
Imponere uerò caninamq, mente, & fallaces mores
Mercurium iußit, internuntium Argicidam.
Sic dixit, illi uerò obediunt Ioui Saturnio regi.
Protinus uerò ex terra formauit inclytus utroq, pede claudus

26. *Virgini uenerandæ simile, Iouis ob præcepta.*
Cinxit uerò et ornauit Dea cæsijs oculis prædita Minerua.
Circum ei Charitesq, Deæ & Veneranda suadela
Monilia aurea posuerunt corpori. circū uerò ipsam
Horæ pulchricomæ coronarunt floribus uernis,
Omnem uerò ei corpori ornatum applicuit Pallas Minerua.
In sanè ei pectoribus internuncius Argicida,

Menda-

Mendaciaq́;, blandosq́; sermones, & furax ingeni=
um
Struxit, Iouis consilijs grauisoni, in uerò uocem
Posuit Deorum præco, nominauit uerò hanc mulie-
rem
Pandoram, quoniā omnes cœlestes domos incolentes
Donum donarunt, nocumentum hominibus solertib.
 Cæterum postquam dolum arduum ineuitabi-
lem perfecit;
Ad Epimethea mittit pater inclytum Argicidam
Donum ducentem Deorum celerem nuntium, neque
Epimetheus
Considerauit quod ei dixerat Prometheus, ne forte
donum
Acciperet à Ioue cœlesti, sed remitteret
Retro, ne forte quid mali mortalibus accideret.
Cæterum ille ubi accepit, quādo sanè malum habuit,
sapuit.
 Prius quidē uiuebant super terrā tribus hominū
Seorsum sine malis, & absq́; difficili labore,
Morbisq́; difficilib. quin & hominib. Seniū dederūt.
Statim enim in afflictione mortales consenescunt.
Sed mulier manibus dolij magnum operculum cum
abstulisset,
Effudit, hominib. uerò machinata est curas difficiles
Sola uero illic spes in infractis domibus

Intus mansit dolij sub labris, neq, foras
27. *Euolauit, prius enim superiniecit operculum dolij,*
Aegida habentis consilijs Iouis nubicogæ.
Alia uero infinita mala inter homines oberrant,
Plena enim terra malis, plenum uero mare,
Morbi inter homines, interdiu, atq, noctu
Spontanei obambulant, mala mortalibus adferen-
　tes,
Tacitè, quoniam uocem ademit prudens Iupiter.
Sic nullo modo licet Iouis mentem effugere.
Si uero uis, alium ego tibi sermonem summatim per-
　stringam
Bene & doctè: tu uerò mentibus immitte tuis.
　Vt simul nati sunt Dei, mortalesq, homines,
Aureum quidem primum genus diuisis linguis uten
　tium hominum
Immortales fecerunt cœlestes domos incolentes.
Isti sub Saturno erant, quando in cœlo regnauit.
Vtq, Dij uiuebant securum animum habentes,
Seorsum absq, laboribus & ærumna, neque ulla mi-
　sera
Senectus aderat, semper pedes & manus similes
Delectabantur in conuiuijs, mala extra omnia.
Moriebantur uerò, tanquã somno domiti, bona uerò
　omnia
Illis aderant, fructum uero proferebat alma tellus
　　　　　　　　　　　　　　　　　　　　Nullo

OPERA ET DIES. 133

Nullo cogente, multumq́, & copiosum. ipsi uero uo-
　　luntarij
Trãquilli, laboribus fruebantur cum bonis multis.
　　Cæterum postquam & hoc genus terra obtexit,
Illi quidem Dæmones sunt Iouis magni consilijs
Eximij, terrestres custodes mortalium hominum　　28.
Qui sanè custodiuntq́, iura,& molesta opera
Aerem induti, undiq, peragrantes super terram,
Diuitiarum datores, & hoc premium regale consecu
　　ti sunt.
　　Secundum rursus genus multo deterius deinceps
Argenteum fecerunt, cœlestes domos tenentes,
Aureo neq, indole simile neq, sensu
Sed centum quidem puer annos apud matrem sedu-
　　lam
Alebatur crescens, ualde stolidus, sua in domo
Sed postquam adoleuisset, & pubertatis modum at=
　　tigisset,
Breue uiuebant ad tempus, doloribus referti
Ex insipientijs, iniuriam enim nociuam non poterãt
A se mutuo propulsare, neq, Deos colere
Volebãt, neq, sacrificare Deorum sacras super aras,
Quatenus fas est hominibus secundum consuetudi-
　　nem. hos quidem postea
Iupiter Saturnius extinxit iratus, eo quod honores
Non dabant beatis Dijs, qui cœlum incolunt.

i 3

Cæterum postquam & hoc genus terra obtexit,
Hi quidem subterranei beati mortales appellantur
Secundi, sed tamen honor & hos sequitur.
Iupiter uerò pater tertium aliud genus articulata
    uoce utentium hominum
Æneum produxit, non argenteo quicquam simile,
E fraxinis, acre & robustum. quibus Martis
Opera curæ sunt suspiciosa, & contumelia, neque ci-
    bum
Edebant, sed adamante habuerunt robustiorem ani
    mum,
Informes. ingens uerò uis, & manus intactæ,
29. Ex humeris crescebant in ualidis membris.
Illis uerò erant ænea arma, æreaq́ domus.
Ex ære uerò operabantur. nigrum uerò non erat fer
    rum,
Et isti quidem manibus à proprijs domiti,
Descenderunt in opacam uel amplam domum hor-
    rendi Plutonis,
Ignobiles, mors uerò & immanes quantumuis exi-
    stentes
Cepit atra, splendidum uerò reliquerunt lumen So-
    lis.
Cæterum postquam & hoc genus terra cooperuit,
Rursus etiam aliud quartum super terram multipa
    scuam
                                            Iupiter

Iupiter Saturnius fecit, iustius & præstantius
Virorum heroum diuinum genus, qui uocantur
Semidei priori ætati, per immensam terram.
Et hos quidem bellumq́; calamitosum, & pugna du-
ra,
Hos quidem apud Septiportas Thebas Cadmæam
terram
Perdidit pugnantes oues propter Oedipi.
Alios uerò in nauibus super magnum fluxum maris
Ad Troiā ducens, Helenā propter pulchricomam.
Ibi certè hos mortis finis oppreßit.
Illis autem seorsim ab hominibus uictū & sedes præ-
bens,
Iupiter Saturnius constituit pater, ad terminos ter-
ræ,
Et isti quidem habitant liberum à curis animum ha
bentes,
In beatorum insulis, iuxta Oceanum uorticosum
Beati heroes, illis mellifluum fructum
Ter in anno uirentem profert alma tellus.
Non amplius utinam ego quintus interessem
Viris, sed aut prius mortuus essem, aut postea natus.
Nunc enim genus est ferreum. nec unquam die   30.
Cessabunt à labore & ærumna, neque noctu,
Perditi, duras uerò Dij dabunt curas.
Sed tamen & his miscebuntur bona malis.

i 4

Iupiter uerò destruet & hoc genus distincte loquen-
tium hominum.
Quando uero facti cani circa tempora fuerint,
Neq̃ pater filijs concors, neq̃ liberi,
Neq̃ hospes hospiti, & amicus amico.
Neq̃ frater amicus erit, quemadmodum antea.
Statim senio confectos dehonestabunt parentes.
Arguent uero asperis alloquentes uerbis,
Impij, neq̃ Deorum intuitum ueriti. neq̃ isti quidem
Grandæuis parentibus nutricandi officium reddēt.
Violenti, alter uero alterius urbem euertet.
Nulla uero pij gratia erit, neq̃ iusti,
Neq̃ boni. magis uero scelerum artificem & uiolen-
tum
Virum honorabunt. Iustitia uero in manibus & ue-
recundia
Non erit. damno uero afficiet malus præstantiorem
uirum,
Verbis intortis alloquēs, insuper periurium iurabit.
Inuidia uero homines calamitosos omnes
Obstrepera malis gaudens sequetur inuidiosè respe-
ctans.
Et tunc sanè ad cœlum à terra latiuia,
Albis uestibus obtectæ corpus pulchrum,
Immortalium ad familiam perrexerunt reliquentes
homines,

Pudor

OPERA ET DIES. 137

Pudor & Dea iustitiæ. relinquentur uero dolores difficiles
Mortalibus hominibus, mali uero non erit remediũ.
    Nunc uero apologum regibus dicam, sapientibus 31.
    quamuis ipsis.
Sic accipiter alloquutus est lusciniam canoram,
Alte admodum in nubibus ferens, unguibus corri-
    piens,
Illa uerò miserabiliter incuruis transfixa unguibus
Lugebat. hanc uero imperiosè sermone allocutus est.
Infelix, quid obstrepis? habet nunc te multò præstan
    tior.
Hac eundum est tibi, quà te ego duco, licet cantatri
    cem existentem.
Cœnam uero, si uoluero, faciam, aut dimittam.
Stultus qui uelit potentioribus aduersari.
Victoria priuatur, & ad dedecus dolores patitur.
Sic ait uelox accipiter, extensis alis prædita auis.
O Persa, tu uero audi iustitiam, neque contumeliam
    auge.
Iniuria uero mala misero homini, neq, sanè fortis
Facile perferre potest, grauetur uerò ab ipsa,
Illapsus damnis, uia uero altera perueniendi
Potior ad iusta, ius uero super iniuriam præualet,
Ad finem progressa. damno accepto stultus sapit.
Statim .n. currit periuriũ unà cũ peruersis iudicijs.

i 5

Iustitiæ uerò impetus uiolentus tractæ quo & homi-
   nes duxerint
Doni uori. iniquis uerò iudicijs iudicarint leges.
Hæc uerò sequitur flens per urbē & sedes populorũ
Aere amicta, malum hominibus adferens,
Qui uerò ipsam expellunt, & non rectam distribue-
   runt.
Qui uerò ius hospitibus & popularibus reddunt
Æquum, neq́ prætergradiuntur iustum,
His floret urbs, populiq́ florent in ipsa,
32. Pax uerò per terram prolifera, nunquam ipsis
Triste bellum parat latè uidens Iupiter
Neq́ unquam iustos inter uiros fames uersatur,
Neque damnum in conuiuijs, aut partis opibus fru
   untur.
His profert terra copiosum uictum, in montibus ue
   rò quercus
Summa quidem profert glandes, media uerò apes,
Lanigeræ uerò oues, lanis degrauatæ sunt.
Pariunt uerò uxores similes liberos parentibus.
Florent uerò bonis perpetuo, neq́ in nauibus
Iter facient, fructum uerò profert uberrima tellus.
   Quibus uerò & iniuria curæ est, mala & praua
   opera,
Iisdem pœnã Saturnius destinat latè uidens Iupiter.
Sæpe & uniuersa urbs ob malum uirum molestatur,
                                                          Qui

Qui peccat & iniusta machinatur.
Illis uerò cœlitus magnam induxit pœnam Satur=
 nius,
Famem simul & pestem. pereunt uerò populi,
Neq̃ mulieres pariunt, decrescunt uerò familiæ,
Iouis consilio cœlestis. Interdum uerò rursus
Aut horum exercitū latè perdidit, aut ipse murum,
Aut naues in mari Saturnius punit illorum.
 O gubernatores, uos uerò perpendite & ipsi
Hanc pœnam. Propè enim inter homines existentes
Immortales, uident, quotquot peruersis iudicijs
Se mutuo atterunt Deorum aspectum non curantes.
Ter enim decies mille sunt super terram multorum
 altricem
Immortales Iouis custodes mortalium hominum.
Qui sanè custodiunt iura, & praua opera,
Nube amicti, passim obambulantes super terram,
Hæc & uirgo est iustitia Ioue procreata,
Pudicaq̃, & ueneranda Dijs, qui cœlum incolunt.
Et sanè quando aliquis ipsam offenderit prauè iniu
 ria afficiens,
Protinus apud Iouem patrem sedens Saturnium,
Exponit hominum iniustam mentem, ut luat
Populus scelera regum, qui praua cogitantes
Alio deflectunt iudicia, obliquè pronunciantes.
Hæc custodientes ô reges rectas facite sententias,

33.

Doniuori, prauorum uero iudiciorum omnino obliui
scimini.
Sibi ipsi mala struit uir, alteri struens.
Malum uero consilium consultori peßimum.
Omnia uidens Iouis oculus & omnia intelligens,
Et sanè hæc, si uelit, intuetur. neq, ipsum latet,
Quale nam iudicium urbs intus contineat,
Nunc uerò neq, ipse inter homines iustus
Esse uelim, neq, meus filius, quoniam malum est, ui
rum iustum
Esse, si plus iuris iniustior habebit.
Verum hæc non existimo perfecturum Iouem fulmi=
ne gaudentem.
O Persa, tu uero hæc animo reconde tuo.
Et sanè iustitiæ obtempera, iniuriæ uero obliuiscere
omnino.
Hanc enim hominibus legem constituit Saturnius,
Piscibus quidem, & feris, & auibus uolatilibus,
Se mutuo deuorare, quoniam ius non est in illis.
Hominibus uero dedit iustitiam, quæ longè optima
34. Est. Si enim aliquis uoluerit iusta pronunciare
Prudens: huic quidem dat latè uidens Iupiter.
† beatitudinem, Qui uero testimonijs sponte sua periurium peierans,
opes diuitias, Mentietur, ius uero uiolauerit: immedicabiliter da=
πλυτος αφενος. mno affectus est.
Huius uero obscurior posteritas in posterũ relicta est
Viri

OPERA ET DIES. 141

Viri uerò ueracis posteritas postea illustrior.
 Tibi uero ego, bona senties, dico stultißime Persa.
Malitiam quidem & cumulatim licet capere,
Facile, breuis quidem uia, ualde uero prope habitat.
Virtutem uerò sudorem Dij ante posuerunt
Immortales, longa uero & ardua semita ad ipsam,
Et aspera primum, postquam uero ad summum uen
  tum fuerit,
Facilis quidem postea est, difficilis quantumuis exi
  stens.
Hic quidem optimus est, qui sibijpsi omnia prospicit,
Expendens, quæ & in posterum & ad finem sint me
  liora.
Bonus etiam rursus & ipse, qui rectè consulenti pa-
  rueris.
Qui uerò neque sibijpsi sapit, neque alium audiens
Animo recondit: hic rursus inutilis uir extat.
 Verum tu nostri memor semper præcepti,
Labora Persa, ex Dij prosapia ut te fames
Odio habeat, amet uero te pulchre coronata Ceres
Veneranda, uictu uero tuum impleat horreum.
Fames etenim omnino ignauo comes uiro.
Huic uero Dij succensent, & homines, quicunq, otio
  sus
Viuit, fucis aculeo carentibus similis studio,
Qui apum laborem absumunt, otiosi

35. *Comedentes. tibi uerò opera grata fint mediocria co-*
　　lere,
Vt tibi tempeſtiuo uictu impleantur horrea.
Ex laboribus uerò uiri pecoroſíq́, diuitesq́,.
Et tu laborans multo charior immortalibus
Eris, atq́, hominibus. ualdè enim odio habēt ociofos
Labor uerò nullum dedecus, ocium uerò dedecus.
Si uerò laboraueris, mox te æmulabitur & ociofus
Diteſcentem. diuitias uerò & uirtus & gloria comi
　　tatur.
Deo ſimilis eris (nam laborare melius)
Si ab alienis poſſeſſionibus ſtultum animum
Ad opus uertens curam habeas uitæ, ut te iubeo.
Pudor uerò non bonus indignum uirum fert,
Pudor, qui uiros ualdè lædit, atq́, iuuat.
Pudor utiq́, ad pauperiem, animoſitas uerò ad opes.
Opes uerò non raptæ, diuinitus datæ multò ſunt præ-
　　ſtantiores.
Nam ſi quis & manibus per uim magnas diuitias
　　attraxerit,
Aut hic lingua prædabitur (qualia multa
Contingunt, quando ſanè lucrum mentem deceperit
Hominum, pudorem uerò impudentia profligarit.)
Facile & ipſum diſperdūt Dij, minuūturq́, familiæ
Viro huic, pauxillum uerò ad tempus diuitiæ ad-
　　ſunt.

Æquale

Æquale uerò peccatum qui & supplicem, & qui ho-
　spitem malo afficiat.
Quiq̀ fratris sui cubilia ascenderit,
Furtiui cubilis uxoris flagitiosa committens.
Quiq̀ cuiusdam ineptijs læserit orphanos liberos.
Quiq̀ parentem senem, misero in senectæ limine,
Contumelijs affecerit, molestis inuadens uerbis.　　　36.
Huic sanè Iupiter ipse irascitur, ad extremum uerò
Facinoribus pro iniquis duram imponet talionem.
Verum tu ab his omnino coerce dementem animum.
Pro uirili uerò facito sacra immortalibus Dijs
Mundè ac purè, splendida uerò crura cremato.
Interdum sanè libationibus suffimentisq̀ placato.
Quando uero cubitum ieris, & quum lux sacra ue-
　nerit,
Vt tibi propitium cor & animum habeant,
Vt aliorum acquiras sortem, non tuam alius.
Amicum ad conuiuiū uocato, inimicū uerò omittito.
Hūc uero maximè inuitato, qcunq̀ te prope habitat.
Si enim tibi & negotiū domesticū aliquod contingat,
Vicini discincti accedunt, cinguntur uerò cognati.
Tantum est exitium malus uicinus, quātum bonus
　magna commoditas.
Assecutus est honorem, qui nactus est uicinū bonum.
Neq̀ sanè bos periret, si non uicinus malus esset.
Rectè quidem mensurā accipe à uicino, rectéq̀ redde

Eadem mensura, & uberiore si potes.
Vt sanè indigens, & in posterum satis promptum inuenias.
Ne malum lucrum sequere, mala lucra æqualia damnis.
Officium præstantē officijs prosequere, & uisentem te, uise.
Et da qui dederit, & non da qui non dederit.
Datori quidē aliquis dat, non danti uero nemo dat.
Datum bonum, raptus uero malum, mortis conciliatrix.
Qui quidem uir liberalis, etsi multum dederit,
37. Gaudet re donata, & delectatur suo in animo.
Qui uero ipse acceperit, impudentia fretus,
Quantumuis pusillum sit, hoc, & molestat charum cor.
Nam etsi paruum ad paruum addideris,
Et frequenter hoc feceris, mox quidem magnum & hoc conspicietur.
Qui uero quod adest cōfert, hic euitabit nigrā famē,
Neque hoc in domo reconditum quod est, uirum molestat.
Domi melius est esse, nam nociuum quod foris est.
Iucundum quidem de re præsenti accipere, damnum uero animo
Indigere absenti. quæ te consyderare iubeo.
Incipiente

Incipiente uerò dolio & desinente, saturari. s. iubeo,
In medio parcere. sera uerò in fundo parsimonia.
Merces uerò uiro amico pacta sufficiens sit.
Et sanè fratri iocans testem adde.
Nam crudelitas simul, & diffidentia perdiderunt
    uiros.
Neq, mulier tuam mentem nates ornans decipiat,
Suauia garriens tuum explorans tugurium.
Qui uerò mulieri confidit, confidit idem furibus.
Vnigenitus uerò filius seruabit paternam domum
Pascendo, sic enim diuitiæ augentur in ædibus.
Senex uerò morieris, alium filium relinquens.
Facilè sanè pluribus præbuerit Iupiter immensas di
    uitias.
Maior quidem plurium cura, maior uerò prouentus.
Tibi uerò si diuitias animus cupit in mentibus suis
Sic facito, opus super opus operare.

LIBER II.

LEIADIBVS ab Atlante genitis e- 38.
    xorientibus,
    Incipe messem. arationem uerò, occiden=
    tibus.
Quæ sanè noctesq, & dies quadraginta

k

Abscondita sunt. rursus uero præterlabente anno,
Apparent, primum acuminato ferrum uel falcem.
Hæc sanè aruorum est regula, quiq́, mare
Propè habitant, quiq́, ualles decliues
Mari procelloso procul pinguem terram
Incolunt. Nudus serito, nudus uero arato,
Nudus quoque metito, si modo tempestiua omnia ue
 lis
Opera importare Cereris, ut tibi singula
Tempestiua crescant. ne fortè interim inops
Mendicando adeas alienas domos, & nihil effici-
 as.
Quemadmodū & nunc ad me uenisti. ego uero tibi nō
 amplius dabo,
Neq́ admetiar. labora stolide Persa,
Opera quæ hominibus Dij ordinarunt,
Ne quando cum liberis uxoreq́, animo mœrens,
Quæras uictum per uicinos, illi uero non curent.
Bis quidem, & ter forsan consequeris: si uero ampli-
 us molestus fueris,
Rem quidem non facies. Tu uero inania multa pre
 caberis.
Inutilis uero erit uerborum regula. Sed te iubeo
39. Considerare debitorum solutionem, famisq́, fugam.
  Domum quidem primum, uxoremq́, bouemq́, a-
   ratorem,
                                        Famulam

OPERA ET DIES. 147

Famulam non nuptam, quæ & boues sequatur.
Vtensilia uero domi omnia apta disponito.
Ne tu poscas ab alio, ille uero neget, tu uero tarde-
  as,
Tempus uero prætereat, minuatur uero tibi opus.
Neq; reijce & in crastinum, & in perendinum.
Non enim inaniter laborans uir implet horreum,
Neq; dilator, cura uero tibi opus promouet.
Semper enim dilator operis uir noxis luctatur.
Quando sanè cessat uis acuti Solis,
Ab æstu sudorifero, in autumno pluente
Ioue præpotente, commutatur uero mortale corpus
Multo agilius (nam tunc sirius stella
Modicè supra caput fato obnoxiorum hominum
Oritur interdiu, maiori parte nocte fruitur)
Tunc incorruptißima est secta ferro
Materia, folia uero humi fundit, annoq; cessat.
Tunc sanè ligna secato, memor tempestiui operis.
Mortarium quidem tripedale secato, pistillum tri-
  cubitalem.
Axemq́ue septempedalem, ualde enim apta sit.
Si uerò octopedalem & malleum inde secueris.
Trium palmorum curuaturam secato decem palmo-
  rum currui.
Multa præterea incurua ligna, ferto uerò dentale
  cum inueneris,

k 2

In domum, per montem quærens, aut per terram.
Ilignum, hoc enim bobus ad arandum firmißimum
  est,
40. *Quando sanè Atticæ Cereris famulus in buri fi-*
  gens
Clauis admouens adaptauerit stiuæ.
Bina uerò disponito aratra fabricans domi,
Dentatum & compactum, nam multo melius sic,
Si & alterum fregeris, alterum bobus inijcias.
Ex lauro uerò uel ulmo, firmißimæ stiuæ.
E quercu, burim. ex ilice, dentale. boues duos noue̅
  nes
Masculos comparato (horum enim robur non debi-
  le est)
Ætatis parilitatem habe̅tes, hi duo ad laborandum
  optimi.
Non enim hi duo contendentes in sulco laborando,
  aratrum
Frangent, opus uerò imperfectum ibi reliquerint.
Hos uerò simul quadragenarius iuuenis sequatur,
Panem cœnatus quadrifidum octo morsuum.
Qui operis curam habens, rectum sulcum ducat,
Nec amplius respiciens ad æquales, sed ad opus
Animum habens, hoc uerò minimè iunior alius me-
  lior,
Spargere semina, & iteratam sationem euitare.
                                          Iunior

Iunior namq̃ uir ad suos æquales stupet.
　Consydera uerò, quando sanè uocem gruis au-
　　dieris,
Altè ex nubibus annua clangentis.
Quæ arationis signum adfert,& hyemis tempus
Ostendit pluuialis,cor uerò rodit uiri bobus carentis.
Tunc sanè pasce tortiles boues domi existentes.
Perfacilè enim dictu est,par boum da & currum:
Facilè uero abnuere.instat uero labor bobus.
Ait uero uir mentibus compos,fabricato currum,
Stultus neq̃ hoc nouit,centum ligna currus.
Horum ante curam habeto,domestica disponito.　41.
Quando sanè primum aratio mortalibus apparuerit,
Tunc sanè aggredere pariter & famuli,& ipse.
Siccam & humidam arans,arationis tempore.
Manè ualde festinans,ut tibi impleantur arua.
Vere proscinde.æstate uero proscissa non te fallet.
Noualem uero serito,adhuc suspensa terra.
Noualis expultrix execrationum, puerorum placa-
　trix
Supplicia uero Ioui terrestri,Cereriq̃ castæ,
Prouentum ut onerent Cereris sacrum munus.
Cum incipis primum arationem, cum summitatem
　stiuæ
Manu capiens,stimulo boum ad tergum cum uene-
　ris,

k 3

Temonem trahentium loro, iuuenis uerò à tergo
Famulus habens ligonem, laborem auibus ponat
Semina occultans, industria enim optima
Mortalibus hominibus est, ignauia uerò peßima.
Sic uerò ubertate spicæ nutabunt ad terram,
Si finem ipse postea cœlestis bonum præbuerit.
Ex uasis expellas telas aranearum, & te spero
Gauisurum, uictum adeptum domi existentem.
Lætus autem peruenies ad album uer. neque ad alios
Respicies, tui uerò alius uir indigus erit.
Si uerò Solis uersione araueris terram diuinam,
Sedens metes, parum manu comprehendens,
Obuersim ligans, puluerulentus, non ualde lætus

42. Feres autem calatho, pauci uerò te admirabuntur.
Interdum uerò alia Iouis mens ægida habentis,
Difficile uerò hominibus mortalibus cognoscere.
Si uerò serò araueris hoc sanè tibi remedium sit
Quando cuculus cuculat quercus in folijs,
Primum, & delectat mortales super uniuersam terram.
Tunc Iupiter pluit tertio die, neq; desinit.
Neq; sanè excedens bouis ungulam, neq; deficiens.
Sic sanè serotina aratio priori arationi æquiualet,

In

OPERA ET DIES. 151

In animo uerò tuo recte omnia obserua, neque te lateat,
Neq́ uer exoriens canum, neq́ tempestiua pluuia,
Præteri æneam sedem, & tepidam confabulationem
Tempore hyemali, quando frigus uiros uehemens
Retinet, tunc sanè impiger uir magnam domum auget.
Ne te malæ hyemis desperatio opprimat
Cum paupertate, macra uerò pinguem pedem manu premas.
Multa uerò otiosus uir uanam ob spem expectans,
Indigens uictus, mala uolutat animo.
Spes uerò non bona indignum uirum fert,
Sedentem in taberna, cui non uictus sufficiens sit.
Ostende uerò famulis, æstate adhuc media existente.
Non semper æstas erit, parate nidos.
Mensem uerò Ianuarium, malos dies, boues excoriantes omnes,
Hunc uitato, & glacies, quæ super terram,
Spirante Borea, ualde molestæ existunt.
Qui & per Thraciã equorũ altricem, spacioso mari,
Inspirans, concutit, remugit uerò terra & sylua,
Multas uerò quercus alticomas, abietesq́ crassas
Montis in uallibus deijcit, terræ almæ
Irruens, & omnis reboat tunc ingens sylua.

k 4

Feræ uero horrent, caudas uerò sub pudenda ponũt,
Quarum & uellere tergus densum est, sed tamen et
  hos
Frigidus existens perflat, hirsuto pectore quantum-
  uis existentes.
Quin etiam per pellem bouis penetrat, neq̃ ipsum su
  stinet
Etiamq̃ per capram perflat uillosam, greges ouium
  minimè,
Eo quod annui uilli eorum, non perflat,
Vis uenti Boreæ. incuruum uero senem efficit.
Et per uirginem tenero corpore non perflat,
Quæ intra domum, charam apud matrem permanet
Nondum opera experta aureæ ueneris.
Beneq̃ lota tenerum corpus, & pingui oleo
Vncta, noctu cubat intra domum,
Tempore hyemali. quando exossis polypus suum pe
  dem arrodit,
In frigida domo, & in domicilijs molestis.
Non enim ei sol ostendit pabulum ut inuadat,
Sed super nigrorum hominum populumq̃ urbemq̃
Voluitur, tardius uero uniuersis Græcis lucet.
Et tunc sanè cornigeræ & non cornutæ syluicubæ,
Lugubriter dentibus stridentes per quercetum uallo
  sum
Fugiunt & omnibus in animo hoc curæ est.

Sibi

Sibi tegmina inquirentes, densa latibula incolunt,
Et speluncam saxosam. tunc sanè tripedi homini si= 44.
    miles,
Cuius dorsum fractum est, caput uero ad pauimen-
    tum spectat.
Huic similes, discurrunt euitantes niuem albam.
Et tunc indue munimentum corporis, ut tibi præci-
    pio,
Chlænamq́; mollem, & talarem tunicam.
Stamine uerò raro multam tramam intexe.
Hanc indue ut tibi capilli non tremant,
Neq́; erecti horreant leuati per corpus.
Circum uero pedibus perones bouis fortiter mactati
Aptos ligato, uillis intus obstruens.
Primogenitorum uero hœdorum, quãdo frigus ten=
    pestiuum uenerit,
Pelles consuito neruo bouis, ut super humerum,
Pluuiæ arceas teporem. caput uero super
Pileum habeto elaboratũ, ut aures non madefaciat.
Frigida enim aurora est Borea incidente.
Matutinus uero, super terram à cœlo stelligero,
Aer frugifer, extensus est beatorum super opera.
Qui haustus fluminibus à perennibus
Altè super terram leuatus uenti turbine.
Interdum quidem pluit ad uesperam, interdum flat
Densas Thracio Borea nubes agitante.

k 5

*Hunc præueniens, operibus perfectis, domum redi-
to.
Ne quando te è cœlo atra nubes circumtegat,
Corpusq́, madidum faciat, uestesq́, humectet.
Sed fugito. mensis enim sæuißimus iste
Hybernus, difficilis ouibus, molestus uerò homini-
bus.
Tunc dimidium bobus, uiro uerò plus adsit*

45. *Cibi. longæ enim ualidæ noctes sunt,
Hæc custodiens perfectum in annum,
Æquato noctesq́, & dies. donec rursus
Terra omnium mater fructum omnigenum produ-
cat.
Quando uerò sexaginta, post uersiones Solis,
Hyberuus perfecerit Iupiter dies. tunc sanè stella
Arcturus, relinquens sacrum fluxum Oceani
Primum totus lucens, exoritur uespertinus.
Post hunc mane lugens Pandionis prorumpit hi-
rundo
Ad lucem hominibus, uere recens ineunte.
Hanc præueniens, uites incidito. sic enim melius.
Sed quando domiporta à terra arbores conscende-
rit
Pleiades fugiens, tunc sanè fossio non amplius uiti-
um,
Sed & falces acuito, & famulos excitato.*

Fuge

Fuge uerò umbrosas tabernas, & ad auroram lectum,
Tempore messis, quando & Sol corpus exiccat.
Tunc festina, & domum fructum congrega.
Mane surgens, ut tibi uictus sufficiens sit
Nam aurora operis tertiam sortitur partem.
Aurora tibi promouet quidem iter, promouet uerò
  & opus.
Aurora, quæ cum apparuerit multos ingredi fecit
  uiam
Homines, multis uerò iuga bobus inijcit.
Quando uerò & carduus floret, & canora cicada
Arbori insidens stridulum effundit cantum
Crebro sub alis æstatis laboriosæ tempore,
Tunc pinguissimæ & capræ, & uinum optimum   46.
Lasciuissimæ uerò mulieres, debilissimi uerò uiri
Sunt, nam caput & genua Sirius exiccat,
Siccum uerò corpus ab æstu. uerum tunc iam
Sit petricosa & umbra, & Biblinum uinum,
Mazaq́, lactaria siue colostrum, lacq́ caprarum non
  amplius lactantium.
Et bouis arboriuoræ caro, nondum enixæ,
Primogenitorum & hædorū. præterea uerò nigrum
  bibito uinum,
In umbra sedens, saturatum cor edulio,
Contra leniter spirantem uentum uertens faci-
  em,

Fontemq́ semper fluentem & deorsum fluẽtem, qui illimis sit,
Tertiam partem aquæ infundito, quartam uerò immittito uini.
Famulis uero impera, Cereris sacrum munus
Vertere, quando sanè primum apparuerit robur Orionis,
Loco in uentoso, & bene planata in area.
Mensura uero diligenter recondito in uasis. Cæterũ postquam sanè
Omnem uictum deposueris aptum intra domum,
Seruum domo carentem conducere, & sine liberis ancillam
Inquirere iubeo. difficilis liberos habens ministra.
Et canem dentibus asperum nutrito (ne parcas cibo)
Ne forte tibi interdiu dormiens uir opes auferat.
Fœnum uero importato & paleas, ut tibi sit
Bobus & mulis annuum pabulum. Cæterum deinde
Famulos refocilla chara genua, et binos boues solue.
   Quando sanè Orion & Sirius in medium uenerit
Cœlum, Arcturum uero inspexerit roseis digitis prædita Aurora,
47. *O Persa tunc omnes decerpe domum uuas,*
   Exponito uero Soli decem dies & decem noctes,
   Quinq́ uero adumbrato, sexto uero in uasa haurito,
                                    Dona

Dona Bacchi lætitiæ datoris. Cæterum postquã sanè
Pleiadesq̧, Hyadesq̧, & robur Orionis
Occiderint, tunc deinde arationis memor sis
Tempestiuæ. Annus uero per terram aptus sit.
　Si uero te nauigationis periculosæ desyderium cœ
　　perit,
Quando sanè Pleiades uim ualidam Orionis
Fugientes occidunt in cœruleum pontum,
Tunc sanè uariorum uentorum strident flabra
Et tunc nõ amplius naues contineto in nigro ponto,
Terram uero laborare memor, ut te iubeo.
Nauem uero ad continentem subducito, munitoq̧, la
　　pidibus
Vndiq̧, ut prohibeat uentorũ uim humidè flantium,
Sentinam exhauriens, ut non putrefaciat Iouis im-
　　ber.
Instrumenta uero apta omnia tua repone in domo,
Concinne aptans nauis alas marinagæ
Clauum uero bene fabricatũ super fumum suspende,
Ipse uero tempestiuam expecta nauigationem donec
　　uenerit,
Et tunc nauem uelocem in mare trahito. in uerò &
　　onus
Amplum reponito, ut domum lucrum reportes.
Quemadmodum meusq̧, pater, & tuus, ualde stolide
　　Persa,

Nauigabat nauibus, uictus indigus boni.
Qui olim & huc uenit, magnum mare emensus,
Cuma Æolide relicta, in naui nigra.
48. Non reditus fugiens, neq̑ diuitias & facultates,
Sed malam paupertatem quam Iupiter hominibus
tribuit.
Habitauit uerò prope Heliconem, misero in uico
Ascra, hyeme mala, æstate molesta, nunquam bona.
Tu uerò ô Persa operum memor esto
Tempestiuorum omnium, de nauigatione uerò ma-
ximè.
Nauem paruam laudato, magnæ uerò onera impo-
nito.
Maius quidem onus, maius uerò ad lucrum lucrum
Erit, si modo uenti malos arceant flatus.
Quando ad mercaturam uerteris stultum animum,
Velis uerò & debita effugere, & famem iniucun-
dam,
Ostendam uerò tibi modum multisoni maris,
Etsi nunquam nauigationis peritus, neq̑ uacuum,
(Nunquam enim naui prouectus sum per spatiosum
mare,
Nisi in Eubæam ex Aulide ubi olim Græci
Expectantes tempestatem, copiosum congregarunt
exercitum
Græcia è sacra ad Troiã pulchras mulieres habentẽ,
Vbi

OPERA ET DIES. 159

Vbi ego ad certamina prudentis Amphidamantis
Chalcidemq́, traieci, promulgata uerò multa
Præmia propoſuerunt filij magnanimi, ibi me aſſe-
 ro
Carmine uictorem, deportaſſe tripodem auritum,
Quem ego Muſis Heliconiadibus ſuſpēdi, dedicaui.
Ibi me primum argutum aggredi fecerunt cantum
Tantum ſanè nauium expertus ſum multos clauos
 habentium)
Sed & ſic dico Iouis mentem à capra nutriti,
Muſæ enim me docuerunt diuinum carmen canere.
Dies quinquaginta poſt uerſiones Solis,   49.
Ad finem uenientem æſtatis laborioſo tempore.
Tempeſtiua eſt mortalibus nauigatio, neq́, nauem
Fregeris, neq́, homines perdiderit mare,
Si non prouidus Neptunus terræ motor,
Aut Iupiter immortalium rex uelit perdere.
In his enim finis eſt pariter bonorumq́, malorumq́,
Tunc uerò faciles auræ, & mare innocuum,
Tranquillum. tunc nauem uelocem, uentis fretus,
Trahito in mare, onus uerò bene omne ponito.
Feſtina uerò quam celerrime iterum domum redire.
Neque uerò expectato uinumq́, nouum, & autumna
 lem imbrem,
Et hyemem accedentem, Notiq́, moleſtos flatus,
Qui concitat mare, ſecutus cœleſtem imbrem

Multum autumnalem, difficileq́ mare reddit.
Alia uero uerna est nauigatio hominibus.
Quando sanè primum, quantum ingressa cornix
Vestigium fecit, tamen folia homini appareant
In ficu summa, tum peruium est mare.
Vernalis uero hæc est nauigatio. nõ ipsam ego sanè
Commendo, non enim meo animo grata est,
Rapax, difficulter effugies malum. attamen & ea
Homines faciunt, stultitia mentis,
Pecuniæ enim anima est miseris mortalibus.
Miserum uero est mori in fluctibus. sed te iubeo
Considerare hæc omnia in animo, ut te doceo.

50. Neq́ intra naues omnem substãtiam cauas impone.
Sed plura relinque, pauciora uero imponito
Miserum enim, maris in fluctibus periculum subire
Miserum etiam, si super currum prægrande onus im-
  ponens
Axem fregeris, onera uero intereant.
Modum seruato. opportunitas uero in omnibus opti-
  ma.
Tempestiuè uero uxorem tuam ad domum ducito,
Neq́ triginta annis ualde multum deficiens,
Neq́ adijciens ualde multum. nuptiæ enim tempesti-
  uè hæc.
Mulier uero quarto supra decimum pubescat, quin-
  to uero nubat.

Virginem

OPERA ET DIES. 161

Virginem ueró ducito,ut mores honestos doceas.
Hanc potißimum ducito,quæ te propè habitat.
Omnia ualdè circumspiciens, ne uicinis ludibria du-
cas.
Neq́ enim muliere uir poßidet melius
Bona.rursus ueró mala,non durius quicquam,
Comeßatrice, quæ uirum etiam fortem existentem,
Vrit absq́ face,& crudæ senectæ tradit.
Bene ueró aspectum immortalium Deorum obser-
uato.
Neq́ fratri æqualem facito ámicum.
Quod si feceris,ne ipsum prior malo afficias,
Neq́ mentiaris linguæ gratiam.quod si incœperis,
Aut uerbum locutus iniucundum,aut faciens,
Bis tamen puniri memineris.Quod si rursus
Redeat ad amicitiam,pœnam ueró uelit præbere,
Suscipito.(Miser enim uir,amicum aliâs alium
Facit) te ueró ne quid animo redarguat uultus.
Ne ueró multorum hospes, ne'ue nullius hospes uo= 51.
ceris.
Neq́ malorum socius,neq́ bonorum conuitiator.
Nunquam perniciosam paupertatem animum cor-
rumpentem homini
Sustineas exprobrare,beatorum donum semper exi-
stentium.
Linguæ certè thesaurus inter homines optimus,

l

Parce, plurima uerò gratia secundũ modum euntis.
Si uerò malum dixeris, forsan & ipse maius audies.
Neq̃ publici conuiuij grauis accessor esto.
Ex publico maxima gratia, sumptusq́ minimus.
Nunquam ab aurora Ioui libato nigrum uinum
Manibus illotis, neq̃ alijs Dijs.
Neq̃ enim illi exaudiunt, respuunt uerò preces,
Neq̃ contra Solem uersus erectus meijto.
Cæterum postquã occiderit memor usq̃ ad Orientẽ.
Neq̃ in uia, neq̃ extra uiam eundo mingas,
Neq̃ denudatus (beatorum sanè noctes sunt)
Sedens uerò diuinus uir prudentia doctus,
Aut hic ad murum accedens bene septæ caulæ.
Neq̃ uerò pudenda semine inquinatus intra domũ,
Focum iuxta reuelato, sed euitato.
Neq̃ ab informi sepulchro regressus,
Seminato progeniem, sed immortalium conuiuio.
Nunquam perennium fluuiorum pulchre fluentem
 aquam
Pedibus transito, priusquam oraueris intuitus in pul
 chra fluenta,
Manibus lotus amœna aqua lympida.
Qui fluuiũ transierit, prauitate uerò manus illotus,
Huic dij succensent, & dolores dant in posterum.
52. Ne uerò à quintuplici ramo Deorum in conuiuio ce
 lebri,
           Siccum

Siccum à uiridi secato candenti ferro.
Nunquam patinam libatoriam pone craterem super
Bibentium, perniciosum enim in eo fatum situm est.
Neq; domum faciens, impolitam relinquas.
Ne fortè insidens crocitet garrula cornix.
Neq; à pedatis ollis nondum initiatis rapiens
Edito, neq; lauato, nam & in his inest pœna.
Nec super immobilia sedere facito (nõ enim bonum
   est)
Puerum duodecim annorum, quoniam uirum imbel
   lem reddit.
Neq; duodecim mensium, æquale & hoc existit.
Neq; muliebri balneo corpus abluito
Vir, grauis enim ad tempus est & in hoc
Pœna. neq; ad sacrificia intensa incidens,
Reprehende arcana. Deus nam & hæc indignè fert.
Nunquam in ostijs fluuiorum in mare fluentium,
Neq; in fontium meijto, ualde enim euitato.
Neq; cacato, hoc enim nequaquam melius est.
Sic facito, grauem uerò mortalium euitato famam.
Fama enim mala est, leuis quidem leuatu
Facilis ualdè, difficilis uerò portatu, molesta uerò
   depositu.
Fama uerò nulla omnino perit, quam quidem multi
Populi diuulgant, Dea enim est & ipsa.

DIES.

53. DIES uerò è Ioue custodiens bene secundum
sortem
Præcipe famulis, tredecimam mensis optimam
Et opera inspicienda, atq; dimensum diuidendum,
Quando utique ueritatem populi iudicantes admini
strant.
Hæ enim dies sunt Ioue à prudente.
Primum nouilunium, quartaq;, & septima dies sa-
cra.
Hac enim Apollinem aureum ensem gestantem ge-
nuit Latona.
Octauaq;, nonaq;, ambæ quidem dies mensis
Excellenter crescentis, mortalia opera ad curan-
dum.
Vndecima uerò duodecimaq; ambæ quidem bonæ:
Hæc quidem, ouibus tondendis, illa uerò lætis frugi
bus metendis.
Duodecima uero undecima ualde melior.
Hac enim net fila in aere pendens aranea
Die expleta, quando & formica prudens cumulum
colligit.
Hac uerò telam statuat mulier, proponatq; opus
Mensis uerò ineuntis tredecimam euitato,
Sementè incipere, plantis uerò inserendis optima est.
Sexta

Sexta uerò media ualde incommoda est plantis,
Viriparáq́ bona, puellæ uerò non utilis est,
Neq́ gignendæ primum, neq́ nuptijs tradendæ.
Nec prima quidem sexta puellæ gignendæ
Apta, sed hœdis castrandis, & gregibus ouium,   54.
Stabulóq́ circumsepiendo ouili mansueta dies.
Bona uerò uiripara, amat uerò conuitia loqui,
Mendaciáq́, blandósq́ sermones, & occulta colloquia.
Mensis uerò octaua caprum, & bouem mugientem
Castrato, mulos uerò duodecima patientes laboris.
Vicesima uerò in magna plena die prudentē uirum
Generato: ualde enim animo prudens est.
Bona uerò uiripara decima, puellæ uerò & quarta
Media. hac uero & oues, & curuantes pedes tortiles boues.
Et canem asperis dentibus, & mulos laboriosos
Cicurato sub manum ponens. cautus esto uero animo
Quartam ut euites desinentísq́ & inchoantis,
Doloribus animum excruciare, ualde enim perfecta dies.
In quarta uerò mensis ducito ad domum uxorem,
Obseruans auguria, quæ ad rem hanc optima sunt.
Quintas uerò euitato, nam et difficiles & duræ sunt.
In quinta enim aiunt furias circumire   (periuris.
Periurium ulciscentes, quod contentio peperit malū

l 3

Media uerò septima Cereris sacrum munus,
Valde bene inspiciens bene æquata in area
Ventilato.& lignicida secato cubicularia ligna,
Naualiaq̃ ligna multa, quæ & apta nauibus sunt.
Quarta uerò incipito naues compingere exiles
Nona autem media pomeridiana melior dies.
Prima uerò nona omnino innoxia hominibus,
55. Bona quidem est,& ad plantandũ & ad gignendũ
Viroq̃ & mulieri,& nunquam ualde mala dies.
Pauci uerò rursus sciunt tertiã nonã mensis optimã,
Et aperire dolium,& sub iugum collum ponere
Bobus & mulis & equis uelocibus.
Nauem multa transtra habentẽ uelocem in nigrum
    mare
Trahito.pauci uerò & uera sciunt.
Quarta uerò aperi doliũ (præ omnibus sacra dies est)
Media.pauci uerò rursus post uigesimam mensis o‑
    ptimam
Aurora existente,Pomeridiana uerò est deterior.
Hæ quidẽ dies sunt terrestribus magna cõmoditas.
Aliæ uerò ancipites,sine sorte,nihil conferentes,
Alius uerò aliam laudat,pauci uerò sciunt.
Interdum nouerca est dies,interdum mater.
Harum beatusq̃ & felix,qui ista omnia
Sciens,laborat inculpabilis immortalibus,
Auguria observans,& transgressiones euitans.

IN HESIODI
OPERA ET DIES E-
NARRATIONES PHI-
LIPPI MELANCTHONIS.

CONTINET inuocationem, quæ cum laude Iouis coniuncta est. Precatur enim Musas ut Iouem celebrent, ne statim in initio parum religiosè Iouem compellare uideretur. Postea, tanquam placatum iam laudibus Musarum & ipsum inuocat, precaturá, ut respiciat res humanas, & det mentem meliorem fratri. Et familiare est poetis inuocationi Encomiũ adijcere, quemadmodum Verg:

Tuq́, adeo quem mox quem sit habitura Deorũ.
Musæ à Græco uerbo Μοῦσαι dictæ sunt, quod propriè inquirere est, dichten, Deinde per prosopopeiam Deam quandam significat,

Θεῦ] nota est aduerbiorum de loco.

Δία] expletiua est.

Ὑμνείουσαι] Id est celebrantes, est actiuæ significationis, quanquàm aliqui neutraliter exponãt, quæ estis celebres, aut inclytæ. Græci uerò actiuè exponunt. Vtitur Hesiodus & alibi in Theogonia, & Homer. in Hymnis.

Οὔτε δ/ὲ βροτοὶ.] *Repetitio est, constans distributione rhetorica. Enumerat enim pias quasdã sententias de Deo, quæ præterquàm quod natura insitæ sunt sanis hominibus, tamen poetæ retinuerunt honestos ueterũ sermones, quos dubio procul, à filijs Noe & alijs patribus acceperunt, licet religionem & mores non item seruauerint. Et constat Hesiodum ex uetustissimis fuisse, quo tempore nondum à Philosophis hæ Patrum sententiæ fuerant deprauatæ. Iam quid de Deo potuit sanctius dici, quàm quod hoc loco dictum est ab Hesiodo? etiam si uim religionis non nouerat. Sic enim & nos in Cantico: Deposuit potentes de sede, & exaltauit humiles. Et Æsopus, cũ rogaretur quid ageret Deus. Sublimes, inquit, detrudit, & humiles eleuat. Atq̃ hoc Deo proprium est, neq̃ enim potest pati superbos* φαντάζεϑαι *et omnia præ libidine agere.*

Ἐκητι] *aduerbium ab* ἑκών *uolens.*

Φατός κỳ ῥητός.] *differunt perinde ut Latinis loquor & dico. Est enim* φατός *de quo magna fama est.*

Πα *est scandẽdum pro* ρεῖα. *Nã breuis absorbet longam. Sic dixit Virgilius aluaria pro aluearia.*

Ἀείζηλον] *eum uocat qui dignus est æmulatione atq̃ imitatione.*

Καρφει] *Elegans metaphora est in hoc uerbo,*
quod

quod ξηραίνει, *id est, desiccat significat*, & καρφ‌ος, *siccum, arefactum,* & *fissum lignũ,* ein span. *Hac uoce poeta subitam ruinam elatæ mentis indicat.*

Ζεὺς ὑψιβρεμέτης κλῦθι.] Αποστροφὴ *est ad Iouẽ, qua precatur, ut se iuuet in Perse docendo. Sunt enim duæ precationes in hoc exordio, quarum prior ad Musas, posterior ad Iouem instituta est.*

Θέμιστες.] *præcepta sunt de moribus.*

Εγὼ δὲ καὶ Πέρση.] *Propositio est. Ego Persæ consulam optima. Iam* τυών *potentialis particula ad* μυθησαίμην *referenda est, quasi dicat. Tum ue ra dixero fratri meo, ubi tu leges gubernaueris Iuppiter,* & *adfueris mihi præscribenti præcepta de moribus.*

Ετήτυμα.] *pro* ἔτυμα *posuit, certa. significat enim* ἔτυμον *certum quiddam, inde* ἐτυμολογία, *quæ docet quid quæuis uox certò significet.*

Οὐκ ἄρα μοῦνον ἔην.] *Narratio. Orditur à generali sententia ad specialem per distributionem,* & *commemorat duplicem esse rationem rei familia ris augẽdæ, alteram honestam, cùm labore, industria* & *diligentia rem facimus: alteram turpem, cùm per iniuriam* & *scelus cumulantur opes. Et quia in omni oratione ex aliqua occasione, ex facto aliquo, narrationes trahuntur, Hesiodo etiam occasionem præbuere fratris iniuriæ. Itaq̃, à litibus orditur. Sed*

l 5

ut gratiorem faciat orationem, non dicit simpliciter alios per iniuriam ac lites quærere pecuniã, alios industria ac labore, sed nomen litis transtulit etiã per metaphoram ad honestam artem, & duplicem contentionem esse dicit, alteram uituperandã, alteram dignã laude,ubi aliquis contendat cũ alijs industria.

Hæc Paronomasia multò uenustiorẽ orationem facit. Sæpe enim ad uicinas uirtutes nomina uitiorũ transferimus, aut è contra, ut cùm pro sordido frugalem dicimus, pro prodigo liberalem, &c. Submonet aũt hoc poeta nos in omni generis laboris, non tantũ aliorum exemplis accendi, sed etiam iuuari: Ideoq́; hanc contentionem tantopere probat. Quia si solus aliquid agas,erit infelix labor, frequentia aũt iuuat. Sicut si quis solus pingat, nunquam efficere tantum poterit, quantum efficeret, si aliorum exemplis adiuuaretur. Inde nata sunt ista, Vnus uir nullus uir. Et illud apud Homerum Iliad. κ.

Σιώτε δ' ὑ''ερχομ μύω,&c.

Et Cicero scribit discendo συζήτησιν uel primas partes tenere, hoc est, habere aliquem qui cum conferas de quibus rebus uelis, & uersari in quadam frequentia discentium, ubi à multis de uarijs rebus admoneri possis. Sicut Ouidius ait de Ponto:

Scilicet ingenijs aliqua est concordia iunctis,
Et seruat studij fœdera quisq; sui.

V iiij

Vtq́; meis numeris tua dat facundia neruos,
Sic redit à nobis in tua uerba nitor.

Οὖτις τιωγε φιλεῖ ἐριστὸς.] Sentit fato quodam concitari homines ad hoc genus contentionum. Nemo enim est qui amat iniustitiam: licet & ratio reclamet, tamen sequimur. Viderunt nimirum prudētes uiri quid esset in natura hominis. Quare et Plato recte iudicauit, cum ait, rationem aurigam esse, equos esse affectus qui & currum & aurigam rapiūt.

Νὺξ ἐρεβεννὴ.] Per noctē incomprehensibilem quandam æternitatem rerum intelligit.

Ἀπάλαμνον.] inertem significat, quasi dicas sine manu, aut qui manus nulli operi admouet. παλάμη enim manum & opus ipsum apud Græcos significat.

Ὦ Πέρση σὺ δὲ ταῦτα τεῷ.] Subiecit exhortationem. Ergo tu amplectere contentionem honestiorem, non illam turpem. Est uerò magna simplicitas, magna suauitas huius loci, & sic finis est honestæ cōtentionis, nunc turpem describit. Et quia malum contentionis genus est, et turpe alteri inuidere, omnibus modis fugiendum esse monet, addita dehortatione, ne in mentem quidem ueniat fratri uelle in foro rixari, & malis artibus ditescere. Ratio est quòd infeliciter uersatur circa contentiones forenses, cui singulis temporibus sui prouentus non adfuerint. nam hoc ὡραῖος significat.

Τῦ κεκορεσαμδύ⁹ νείκεα.] Concessio Ironica est. Quando ditatus es & abundas iam re familiari, nec animus à malo reuocari potest, age per me licebit litiges quàm diu uoles. Et quanquam melius est litigare quàm rapere, tamen mecum litigare nō poteris, cū de meo nihil amplius rapere possis, & res iam sit transacta.

Αἴτ᾽ ἐκ Διὸς εἰσὶν ἄρισαι.] Ita enim scripserunt sapientes uiri, esse animis nostris innatam rationem æqui & boni.

Δωροφάγοις.] Doniuoros, elegans epitheton est. Vocat autem reges præfectos singularum urbium, quemadmodum & Homerus. Quod autem munera facilè quæuis expugnent, etiam Ouidius sensisse uidetur, dum ait:

 Munera crede mihi placāt hominesq̈, Deosq̈,
 Placatur donis Iuppiter ipse datus.

Νήπιοι ἀδὲ ἴσασιν ὅσῳ πλέον ἥμισυ παντός.] Epiphonema est superioris sententiæ. Nam cum reprehendisset fratris auaritiam & rapacitatem, adijcit exclamationem, O stultos mortales, qui nesciunt satius esse modicas facultates iure partas habere, quàm magnas opes scelere & iniurijs quæsitas. Et generaliter mediocritatem nobis commendauit hoc Epiphonemate. Solet autem Hesiodus apologis, ænigmatis, allegorijs, & huiusmodi alijs figuris præ reliquis

liquis poetis libenter uti, quia figuratè dicta acrius feriunt aures atque animum. Ideo & hic figurate mediocritatem laudat, cum ait: Dimidium plus esse toto, cum nihil aliud, authore Platone in Gorgia, & in lib. de Repub. dicere uelit, quàm mediocritatem conseruandam esse. Vt, si quis dicat: Satius esse dimidio cibi uti, quàm immodico cibo onerare stomachũ. Sic satius est dimidium facultatum habere, quàm ingentes opes, quæ sine periculo retineri nõ possunt. Sic in moribus satius est esse cunctantiorem & timidiorem, quàm esse supra modum audacem. Ad hunc modum de mediocritate præcipit & Horatius,

Est modus in rebus sunt certi deniq́ fines,
Quos ultra citráq́ nequit consistere rectum.
Sic Hesiodus hoc loco totum uocat id quod est superuacaneum & superfluum, dimidium uocat mediocritatem. Et hanc quidem sententiam confirmat etiam sequens uersus qui planè œconomicus est. Monet enim modicis facultatibus scienter & cũ ratione quadam utendum esse. Ita futurum esse, ut in angusta re familiari commodius uiuas, quàm alij in magnis opibus, quorum pleriq́ sunt obærati, aut sordidi, denique qui suis fortunis ipsi minime omnium fruuntur. Itaq́ & Vergilius ait:

―― Laudato ingentia rura,
Exiguum colito. ――

Et de quodam tenui sene, qui tamen diligenter colebat suum hortulum, ait: Regum æquabat opes animis. Sed hoc Hesiodi præceptum latè patet, Paruas & humiles res præstare magnis. Sic præstat uita trãquilla priuatorum regum uitæ, sicut ille dicit:

Gaudentem paruisq́ sodalibus, & lare certo.
Sæpe contemptæ res plus utilitatis adferunt, quàm ea quæ plurimi fiunt, ut Grammatica.

Ἐν μαλάχῃ.] Numerant Maluam inter saluberrimas herbas, et inter eas quæ principatum in medicina ueteri habuerunt: facit enim aluum bonam, et utiliter humectat. Plin. ait, aduersus omnes morbos præsidium esse, si quis quotidie dimidium Cyathum ex ea sorbeat. A molliendo nomen habet, **pappel**. Asphodelo in cibis usi sunt et ueteres cū uicis, sed nūc tantum eius in medicina usus est, ad scabiem cū primis utilis. Latini albucū & hastulam uocant, **gold wurtzel**. Gellius sese hic præter rem torquet.

Κρύψαντες γὰρ ἔχουσι θεοὶ βίον ἀνθρώποισι.] Priusquam tradat præcepta, longam narrationem hic inseruit, in qua caussam exponit, cur difficilius sit uictū parare hoc tempore quàm antea. Et longã quandam fabulam fingit, Iouẽ iratũ misisse in terras Pandoram, quæ tum id mali, tum omnes alias ærumnas secum attulerit. Est autem Pandora uoluptas. Luxuria enim multis reb. opus habet, augetq́ quotidie
sumptus.

IN HESIODVM.

sumptus. Neq, id modò adfert incommodi, sed etiam omnis generis morbos gignit. Sicut Horatius ait:
—— *Vides ut pallidus omnis*
Cœna desurgat dubia cum corpus onustum, &c.
M. Cicero in 5. lib. Tuscul. quæstio. docet, Promethea magnum quendam uirũ fuisse, in sapientiæ studio uersatum, item abditas & arcanas res in natura hominibus ostendisse. Hinc intelligi fabula potest, Iouem iratum ignem abdidisse. Veritas enim latet, seu ut scribit Cic. Democritum dixisse, penitus abstrusa est in natura. Sed cũ ostendisset Prometheus hominibus recta & honesta, tamen misit Iuppiter Pandorã, hoc est, uoluptatem, quæ non sinit nos recta, etiã quæ iam cognouimus, sequi. Vt apud Ouid. in Medea:
—— *Video meliora proboq́,*
Deteriora sequor. ——
Nomen Prometheus significat deliberantẽ ante factum. Epimetheus deliberantem post factum. Itaque Prometheus uetat recipere uoluptatẽ, hoc est, uel sapiens aliquis monitor, uel ipsa ratio. Epimetheus uero, hoc est, stultus, seu sensus non auscultans rationi, non obtemperat monitis, itaq́, noxiam uoluptatẽ incautus recipit, sed serò recepisse pœnitet. Est enim euentus stultorum magister. Et quemadmodum ictus piscator sapit, sic nos serò uidemus, quantum mali nobis attulerint uoluptates. Sicut & Horatius monet.

Sperne uoluptates, nocet empta dolore uoluptas. Est autē & forma narrationis obseruanda, quæ quidem & fusior est, & ualde molles uersiculos habet, ordine exponens, primum, Promethea ignem furatum esse. Deinde Pandoram factam, & in eo opificio longius commoratur. Tertio missam esse Pandoram in has sedes. Quarto receptam ab Epimetheo. Quinto numerat mala quæ secum attulit. Porrò, ut hoc quoq̃ obiter admoneam, non est semper in fabulis ratio quærenda, sed satis sit aliquousq̃ deprehendisse quid significare Poeta uoluerit. Nam sicut in pictura rationes non semper sunt quærendæ cur arborem sic pinxerit, cum aliquis montem pingere potuerit. Ita nec in expositionibus fabularum ad amussim omnia sunt rimanda. Quod autem spes remansit in pixide significat neminem tam desperatis rebus esse, quin aliquando speret. Vnde etiam prouerbium, Aegroto dum uiuit spes est. Nam quantumuis sint duræ res, tamen spe leuatur animus. Vnde homines nati durum genus. Nam nulla est bestia quæ tantum perpetiatur quantum homo. Euripides uenustissime dixit, οἰστέον καὶ ἐλπιστέον, id est, ferendum & sperandum.

Ῥηϊδίως γάρ κεν.] Ad mores communes pertinet hoc, & respicit illuc quod uulgo dici solet. Quondam facile uictus parabatur, olim erant modesti.
Nam

IN HESIODVM. 177

Nam credo poetam uoluisse significare cupiditatib. & uitijs difficiliorem uiuendi rationem factam esse.

Ἀγκυλομήτης.] *qui uafer & astutus est, quod a-* 15. *stuti obliqua consilia inueniant, & non meditentur uulgari ratione.* ἄγκυλον *enim quod curuum & obliquum est significat.*

Ἐὸν κακὸν ἀμφαγαπῶντες.] *Ita ferè nobiscum agitur, atque ea est conditio rerum humanarum. Omnes errore tenemur atq̃ illo delectamur. Ita sumus stulti, ut illæ ipsæ cupiditates quæ omnis generis mala secum trahunt, nos delectent.*

Ἥφαιστον δ' ἐκέλευσε.] *Distributio est, ut oratio fiat copiosior, enumerat enim quomodo Pandora sit condita, & quomodo singuli Dij in hanc mulierem aliquid contulerint. Et significat poeta non unum esse genus uoluptatis, quemadmodum ille ait : Nemo repente fuit turpissimus, Accipient te paulatim.*

Πόθον.] *desyderium uehemens, id est, ut ametur uehementer.*

Γυιοκόρους.] *Ad satietatẽ usq̃ arrodentes membra, deducunt à* γυῖον *&* κόρος. *Poterit autem hic locus copiæ exemplo esse cum sit simplex quædam ubertas in hoc carmine, & oratio per gradus quosdam ascendat.*

Ἑρμείην ἰώωγε.] *Mercurium finxerunt nuntium Deorum, quòd eius motus sit maxime admira-*

bilis, & quod eius uaria ratio sit in genituris.

Ἐν δ' ἐ θέμβυ κυνέον τε νόον.] Impudentiam intelligit. Sic enim uidetur in hominibus coopertis & obrutis uoluptatib. quos nihil pudet. Nulla sunt flagitia tanta quæ non impunè ipsis licere arbitrantur. Neminem metuunt, neq́ Deos neq́ homines, non fas non pietatem ullam curant. Leges uerò, ad quas omnes ex æquo uiuere par est, nõ pluris faciunt quàm muscam elephantus Indicus. In summa, caninam impudentiam retinent, nec ullam honestatem spectant. Hanc impudentiam apud Homer. in primo Iliad. exprobrat Agamemnoni Achilles dum ait:

Οἰνοβαρὲς, κυνὸς ὄμματ' ἔχων, κραδίην δ' ἐλάφοιο.

26. Καὶ πότνια πειθώ.] Eloquentiæ Dea est, quã Græci peculiari tẽplo & ceremonijs colebant. Hora.

Et bene nummatum decorat Suadela Venusq́.

Δῶρον ἐδώρησαν πῆμ' ἀνδράσιν ἀλφηςῇσιν.] Ἀλφήςας, indagatores exponũt, sed id accipiendum est in malam partem pro curiosis, quia sic sunt hominum ingenia, ut præsentia fastidiant, cupiant & adfectent alia. Sicut & pisces ἀλφήςας uocant, quia statim adnatare solent, si quid abieceris in piscinam. Porrò grauißime ista curiositas reprehenditur apud Horatium Epist. lib. 1.

Optat ephippia bos piger, optat arare caballus.

Et apud Martialem:

Quod

IN HESIODVM. 179

Quod sis esse uelis nihilq́; malis.

Αὐτὰρ ἐπεὶ δόλον αἰπὺν ἀμήχανον.] Mittitur iam *Pandora ad Epimetheum & recipitur. Sunt enim affectus nostri inexpugnabiles, ita ut iure illum possis fortem uirum uocare, qui uoluptatem superet. An non uidemus maxima bella propter priuatos affectus nasci? Vt de tot morborum generib. interim sileam, quos latenter interdiu & noctu sua sponte dicit irrepere. Est autem elegans prosopopeia, qua fingit morbos obambulare tanquam animātia.*

Οὕτως ὅτι πυ.] *Epiphonemate claudit sententiā.* 27.

Εἰδ' ἐθέλεις ἕτερόν τι ἐγὼ] *Posteaquam hunc locum absoluit, cur tota hominum uita nunc calamitosior sit, atq́; olim fuit, ætates iam fingit. Neq́; aliud hoc commento significat, quàm & naturam & mores subinde deteriores fieri. Sicut & Verg.*

——— *Sic omnia fatis*
In peius ruere & retro sublapsa referri.
Porrò, quia hanc descriptionem ætatum Latini poetæ imitati sunt, proderit hic obseruare, quomodo sententias Hesiodi expresserint. Nam ea collatio docebit nos, quomodo aut breues sententiæ copiosius illustrandæ sint, aut longiores sententiæ breuiter & significanter efferendæ. Hesiodus uno uersu dixit liberos uixisse, id Ouid. amplificauit ex caußis, quia sine legibus, sine iudicijs recte uiuebant. Sic enim ait:

m 2

Pœna metusq́, aberant, nec uerba minantia fixæ
Ære ligabantur, nec supplex turba timebat
Iudicis ora sui, sed erant sine iudice tuti.
　　　Et Vergil. 7. Æneid.
Saturni gentem haud uinclo nec legibus æquam
Sponte sua ueterisq́, Dei, &c. ─────
Item quod ait *Hesiodus* terram ultro fructum produxisse copiosum, id quoq́, pluribus uersibus amplificauit *Ouidius* ex circunstantijs.

Ipsa quoq́, immunis, rastroq́, intacta, nec ullis
Saucia uomeribus per se dabat omnia tellus.
Elegans metaphora est in uerbo ἐκκορυφόσω. significat enim κορυφόω accumulo, ἐκκορυφόω tāquam à summo uertice repeto, **oben anheben.**

Θαλίῃσι.] Ἑορταῖς exponunt. Vocant enim Θαλίας sacras epulas ἀπὸ τε θάλλειν, id est florere. Est autem non uulgare tranquillitatis & pacis Encomium quod dicit in conuiuijs delectatos fuisse sine omnibus malis, & suauiter omnibus conuixisse.

Τοὶ μὲν δαίμονες εἰσὶ Διός.] Quidam dicunt *Homerum* ita Deum factum, & diu uersatum fuisse inter homines. Et recte *Cic. 2. de leg.* libro scripsit: *Cum omnium animi sint immortales tum fortium ac bonorum esse diuinos.*

28. Ἡ Θέμις ἀνθρώποισι κατ' ἤθεα.] Veluti dicat iuxta prouerbium, νόμος καὶ χώρα, uel, sicut consue
tum

IN HESIODVM.

tum est singulis. Sunt enim alij aliarum gentium mores. Et ἤθεα, non mores tantũ, sed loca etiam in quibus consueuimus significat, ut apud Homerũ in fine Iliad. ζ. & Iliad. ι. ubi de apro loquitur.

ἢ particula posita est ἀντὶ τῦ καθὼς.

Ζεὺς Κρονίδης ἔκρυψε.] *Significat propter impietatem & neglectam religionem mortuos esse. Et securis hominibus timorem incutere debet, quod semper graues dederint poenas impietatis, qui non solum irreuerenter de Deo senserunt, uerum etiam debito honore defraudarunt.*

Ex μελιᾶν.] *Fingit natos ex arboribus, ut significet duritiem & feritatem animorum, quia soboles imitatur naturam eorum à quibus procreata est, ut Vergil. testatur,*

Sic canibus catulos similes, sic fratribus hoedos.
Ideo & Dido, cum Æneae immanitatem tribueret, negat à Dijs ortum esse, sed ait:

―― *Durus genuit te in cautibus horrens*
Caucasus, Hyrcanaeq́, admorũt ubera Tygres.

Οὐδέ τι σῖτον ἴσθιον.] *Non ederunt frumentũ, sed primi pecudes laniarunt, & carne uesci coeperũt, quod antea magnum nefas est creditum. Sic enim de boue aratore ait Varro. Ab hoc antiqui manus ita abstineri uoluerunt, ut capite sancierint si quis occidisset. Et apud Homerum, cum socij Vlyßis boues*

m 3

Solis mactasse dicuntur, intelligi debent boues aratores, quos uiolare impietas erat.

Ἀλλ' ἀδάμαντ۟ ἔχον.] Pulchra descriptio uirium corporis est, & uolebat significare mirabilē duritiem in illorum animis fuisse, quòd à ciuilibus discordijs, quæ florentißimas Respublicas euertere solent, impias manus non cohibuerint.

29. Αὐτὰρ ἐπεὶ καὶ τῦτο.] Iam ante dictum est hoc consilio ætatum differentias recenseri, ut describeret poeta quomodo uitia hominum aucta sint. Adiecit autem tertiæ ætati Heroicam ætatem quando Hercules, Iason & alij Argonautæ uixerunt, qui propterea Heroes & semidei dicebantur, quòd naturæ communi hominum nonnihil præstabant. Et Aristoteles scite uocauit heroicam uirtutem, impetum quendam peculiarem in homine, supra communem hominum captum, sicut in Cicerone maior uis dicendi fuit quā uulgus caperet. Et in Hectore maior fortitudo quā in reliquum uulgus caderet.

Πολεμός τε κακὸς.] Aptißimum belli epitheton est. Nam si Ciceroni credimus, Iniquißima etiam pax iustißimo bello præferenda est.

Τὺς μὲν ἐφ' ἑπταπύλῳ.] Heroica ætas continet Argonautas, & res gestas ad Theben, & Troianam historiam. Posteriora tantum tempora recenset, Vide de Thebano argumento Statium in 12. libris.

IN HESIODVM.

bris. Oedipus ille coniector & ænigmatum solutor, ut eſt in Andria Terentij, duos filios habuit, Eteoclen & Polynicen, qui monomachia decertarunt de regno, cum iam Thebe erat obſeſſa. Cadmus uerò profectus ex Phœnicia, condidit primum has Thebas ſeptem portarum in Bœotia. Septiportes dictæ ad differentiam Thebarum Ægyptiarum, quæ centiportes fuere.

Μῆλα.] Pecudes, & poſtea ſynecdochicῶς opes ſignificant. οἰδιπόδης. ꝛ, ao. prima uox eſt, non patronymicum.

Εν μακάρων νήσοισι.] De fortunatis inſulis ui de Plinium libro ſexto, capite trigeſimoſecundo, & Solinum in poſtremo capite. Sunt autem non procul à Mauritania.

Μηκέτ' ἔπειτ' ὤφελον ἐγὼ πέμπτοισι.] Deſcriptio poſtremæ & ferreæ ætatis, quæ peſſimis prædita moribus eſt, id quod poeta uoluit, cùm ait: Omne in præcipiti uitium ſtetit, utere uelis. Maiorum mores ſenes magis laudant, & recte quidem: nã ſemper degeneramus, & ſic eſt in natura rerum, ut ſubinde omnia degenerent. Iam quoq̑ boni uiri queruntur de moribus adoleſcẽtiæ, neq̑ pater filijs ſimilis, neq̑ filij patrib. παῦρει γάρ τοι παῖδες, &c. ut eſt apud Homerum. Neq̑ hoc tantum uidere eſt in natura rerum aut in moribus, ſed in omnib. rebus.

m 4

Nam nemo negare potest olim Germanorum corpora fuisse robustiora ac proceriora multò quàm nunc sunt. Item semina à multis accepimus decreuisse, qui dicebant se pueris comperisse, multo maiora & meliora simul olim semina frumētorum & leguminum fuisse quàm nunc sunt. Itaq̄, non immerito conqueri Hesiodus uidetur, quòd in istam postremam aetatem & peßimos hominum mores inciderit. Et si istis melioribus quidem temporibus ad comparationem nostri seculi is rerum status fuit, in quam nos spem reseruati simus senescente iam mundo & ingrauescentibus hominum uitijs uidemus.

30. Χαλεπὰς δὲ θεοὶ δώσουσι μερίμνας.] A μεριμνάω est, quod curo, sollicitus sum significat, quemadmodum est in Euāgelio: Nolite solliciti esse, quid dicatis coram principibus. Nam sollicitudo & angustia prohibent fidem. Et sollicitũ esse, est incredulum esse. Addit tamen mitigationem & dicit, quòd ijs miscebuntur bona malis, quasi dicat: & rosa nonnunquam crescet inter spinas.

Οὐδὲ ξεῖνος ξεινοδόκῳ.] Eleganter hanc sententiam ad uerbum ferè expreßit Ouidius cum ait:

—— Non hospes ab hospite tutus,
Non socer à genero, fratrum quoq̄ gratia rara est.
Quod autem in decalogo de honore parentibus exhibendo est, hoc totidem hic ferè uerbis retulit Hesiodus.

IN HESIODVM. 185

dus. Neq́; dubium est illa ex sermone Patrum accepta esse. Adde quòd lex naturæ sit, honorare parentes. Est autem difficilius honorare parentes, id est, cedere illis, existimare de illis omnia bona, obedire, &c. quā præstare opes. Itaq; & promißio addita est: Vt sis longæuus super terram. Athenis capitale fuit τρεπήλεια non persoluere parentibus. Incredibilis quoq; amor atq; pietas erga senes parentes & uolandi impotentes inest Ciconijs, solus homo uitiatæ naturæ uitio renutricandi officium aut nunquam, aut ægre præstat.

Χειροδίκας.] uiolentos uocat, & quibus ius est in manibus, breuiter, qui neq; ius neq; leges norunt. Cuiusmodi descripsit Ouidius,

Non metuunt leges, sed cedit uiribus æquum,
Victaq́; pugnaci iura sub ense latent.

Ὕβειν posuit pro ὕβεις ἣν, substantiue, pro adiect. quemadmodum & Homerus ὕβειν ἀνέρα pro ὑβριςὴν ἀνέρα. Et Latinis poetis scelus pro scelesto admodum familiare est.

Ζῆλος δ' ἀνθρώποισιν.] Hactenus descripsit in genere mores cuiusq́; propemodum ætatis. Itaq; iam redit ad primam propositionem de litibus, quas multa mala inter homines parere dicit. Posteaquam uerò congerie quadam inuidiæ epitheta enumerauit, fingit Pudorem & Nemesin Deas reliquisse terras,

m 5

hoc est nec pudore bonos absterrere amplius à turpitu-
dine, neq́; improbos metu uindictæ. Nemesis enim in-
dignationem significat, quæ ulciscitur malefacta fla-
gitiosorū. Alioqui Nemesis Dea est quæ significat il-
lam fortunæ speciem, quæ irascitur ijs, qui cum res af-
fluunt, nimis inflantur et insolescunt, quos deinde pu-
nit & deijcit rursum. Aristoteles posuit inter uirtu-
tes illum impetū animi generosi, qui dolet rebus ma-
le gestis. Et Græci omnes uirtutes Deas fecerunt.
Ouidius uerò magis uidetur ex Arato locum de iu-
stitia sumpsisse quàm ex Hesiodo, cum inquit: Victa
iacet pietas, &c. Hos enim potißimum locos capta-
uit, qui illustrari tractando poterant & nitescere in
loco adhibiti.

 Κακῶ δ'ἐκ ἔσεται ἀλκή.] Id est, in tantū ma-
litia hominum inualescet, ut planè nullum uel reme-
dium uel auxilium hisce tantis malis expectandum
sit (id enim ἀλκή significat.) Et perspexerunt sapi-
entes omnia in rebus humanis mala corrigi non pos-
se, nec ius ciuile corrigit omnia. Multa enim toleran-
da & dißimulanda ueniūt, non quòd laudē merean-
tur, sed quod sine maximo incōmodo è medio tolli ne-
queant. Quare posteaquam admodum rethorice que-
stus est de publicis moribus, & de perturbatione o-
mnium rerum (fuit enim totus ille locus Querela tē-
porum) commode nunc præcepta subijcit.

Nuū

Νῦν δ' αἶνον βασιλεῦσι ἐρέω φρονέουσι.] *Propositio est. Tradam nunc præcepta regibus & Magistratibus. Et priusquam perueniat ad Parœneses, narrat apologum, quo figuratè significat quales mores sint Tyrānorum, quòd nihil minus deceat quàm ui grassari more bestiarū. Significat enim* αἶνος *sermonem tecte aliquid monentem de moribus. Vnde et Apologos* αἴνους *dixerunt. Ænigma ueró est obscura significatio.*

Φρονέουσι κὴ αὐτοῖς.] *Correctio propositionis est, quasi dicat, Nunc monebo reges, sed fortasse frustra moneo, sicut olim Luscinia accipitrem. Nam ueritas odium parit.*

Ἀηδόνα ποικιλόδειρον.] *Epitheton Lusciniæ est, habet enim uariatum collum. Magis tamen ad uocem quadrare puto quàm collum, hac enim cum primis excellit, quemadmodum & Plinius in illa describenda lusit.*

Τῇ δ' εἰς ἦσ' αὖ ἐγώ πέρ ἄγω.] *Tyrāni uox est, planè prouerbialis, de alterius uita pro libidine statuentis, quasi dicat, quantumuis iusta sis & æqua postules, tamen penes me est ius de te statuendi quid uelim. Conuenit cum illo Agamemnonis quod est apud Homer. lib. 1. Iliados:*

Εἰ δέ κε μὴ δώησιν ἐγὼ δέ κεν αὐτὸς ἕλωμαι. & *alibi:* Ὄφρ' εὖ εἰδῇς ὅσον φέρτερός εἰμὶ σέθεν.

Ἄφρων δ' ὅς κ' ἐθέλοι πρὸς κρείσσονας.] Epiphonema seu Epimythiō huius fabulæ est, sunt enim Epiphonemata sententiæ ex superioribus consequentes. Monet non esse contendendum cum præstantioribus. Nec enim fieri potest, ut potiatur uictoria unquam, uerū ad dedecus mala quoq̃ pati cogitur. Qua sententia eleganter germanismum expreßit. **Et muß den spott zum schaden haben.**

Ὦ Πέρση σὺ δ' ἄκουε.] Adhortatio est ô Perse fuge iniuriam. Estq̃ primum præceptum. Nam in legibus naturæ prima lex est, ne quem lædamus. Huiusmodi notitias, quæ in omnib. sanis hominib. sunt, Græci προλήψεις uocant. Et Paulus quoq̃ ius naturæ uocauit. Plutarchus integrum librum scripsit περὶ προλήψεως. Et prodest scire quantum uideat ratio, deinde uidere quid desit ei, & ad quæ pertingere nequeat.

Δίκη.] significat iustitiam, iudicium et uindictā. Quod Romani ius uocant, hoc Græci δίκην. Germanica uox **recht** planè sic usurpatur. ἐσθλὸν pro forti exponendum censeo, ut sit sensus: Ne fortis quidem uir iniuriam perferre possit. ἑτέρηφι pro ἑτέρᾳ Ionica Paragoge est, sicut nos dicimus dicier pro dici.

Δίκη δ' ὑπὲρ ὕβριος ἴσχει.] Ratio præcepti est, quare sit satius sequi iustitiam, quia ad bonū finem perduci non potest, si quis iniuria afficiat alium. Et
quan-

quanquam iniusta sæpe habeantur pro iustis, tamen fieri non potest, quin iustum cognoscatur tandem, & homines scelerati opprimantur. Nam ut ueritas laborare potest, extingui non potest, ita nec iustitia. Atque hoc significare uoluit cum inquit: ἐς τέλος ἐλθέουσα. ἴχειν uero est præualere, obtinere, den platz behalten.

Παθὼν δέ τε νήπιος ἔγνω.] Prouerbialis locutio est, quæ significat miserrimam esse prudentiam quæ ex malis nostris perdiscitur. Commoratur autem longiuscule in collatione iustitiæ & iniustitiæ, ut metum incutiat hominibus, ne cōtra iustitiam faciant. Itaque et utriusque cum incommoda tum commoda recenset, sicut in Scriptura Deus minatur & pollicetur, bonis quidem ut bene habeant, & ut res ipsorum sint incolumes, malis uerò, ut quia semel in animum induxerunt iniustitiæ partes sequi, etiā fructus illa dignos auferant, hoc est, ut bello, latrocinijs, seditionibus, tyrannorum sæuitia, & omnibus malis affligantur.

Ἡδ' ἕπεται κλαίουσα πόλιν τε.] Suspicor κατ subintelligendum esse, ut sit sensus, iustitia aere iam induta ut cerni nequeat per urbem & plateas incedens, dignas de iniustis pœnas sumet. ἕπεται enim alioqui cum datiuo construitur.

Οἱ δὲ δίκας ξείνοισι.] Argumentum est à

præmijs quæ iustos sequuntur. Nam cū nihil sit quod æque ad recte faciendum homines inuitet atque spes commodi alicuius ob oculos posita, etiam Principes hac ratione Hesiodus ad iustitiam & honestatem colendam accendi posse arbitratur. Et uidere licet hoc in loco, quàm pulchra sit in uerbis amplificatio, urbs uiret, populi florent, est pax, & illa quidem iuuenum alumna, præterea dat magnam annonæ ubertatem, quæ omnia, si quis pro dignitate luminibus uerborum exornauerit facilime copiosam queat orationem efficere. Sunt autem inprimis pacis & belli epitheta observanda, qui bello nihil calamitosius, nihil fugiendum, nihil detestandum magis, in quo humanitatis studia frigent, bonæ leges negliguntur, religionis aut nulla aut perquam exigua cura. Itaq; etiā exemplo esse potest Turcicum bellū immanißimū, quod multis iam annis Christianam Rempub. indignis modis atq; omnium miserrime afflixit. In pace uerò pueri artibus bonis imbuuntur, neq; est quicquam uel magnificentius uel admirabilius. Nam pacis tempore omnium harum rerum metu liberamur quæ in bello magno cum periculo & acerbißime ferre solemus. Eadem pacis commoda recenset Homerus in Clypeo Achillis, quæ hoc loco Hesiodus.

32. Οἷς δ' ὕβρεις τε μέμηλε.] Antithesi quadam confert iniustorum pœnas ad præmia iustorum. Sunt

autem

IN HESIODVM.

autem omnia illa nata ex legibus naturæ, quia recta ratio dictat sceleratis & flagitiosis hominibus nullũ malum fore impunitum,& mala non esse committenda. Quod autem mala committuntur & designantur flagitia, etiãsi aliud moneat ratio, in caussa sunt affectus quibus uitiati sumus. ὕβρις contumeliam significat. Nam sic etiam iniuriam in legibus exponit Iureconsultus.

Πολλάκι καὶ ξύμπασα πόλις
Κακοῦ ἀνδρὸς ἐπαυρεῖ.] Hæc sententia totidem ferè uerbis est in Ecclesiaste, Sæpe uniuersa ciuitas mali uiri pœnam luit, ut tota Turingia luit peccatum proditoris Munzeri. Æschines citauit hunc uersum de perfidia Demosthenis. Et Dominus in sacris literis felicitatem ob Naamã Syriæ dedisse dicitur. Mala uerò omnibus ob peccata Manasse dedit. ἐπαυρεῖν Latinè dicitur luere peccata, quod nos rotũdius efferimus, **entgilt eins mañs/geneüßt eins mañs.** Vtrunq́ enim significat. Vsus est Homerus libro primo Iliad.

Λιμὸν καὶ λοιμὸν.] Poetæ constanter obseruarũt semper pestilitatem sequi caritatem annonæ. Et nos experientia edocti sumus uerissimum esse quod dici solet λοιμὸς μετὰ λιμὸν, id est, pestis post famem. Sic enim & superioribus annis in Italia contigit.

Τείβεσιν.] *Emphasis in ea uoce est, qua poeta significat eiusmodi odio inter se mutuo accendi atq; exasperari homines, ut qui potentior sit, impotentiorem planè conterat, & ad nihilum redigat. Huius rei multa exempla extant apud eos qui rixantur in foro. Ibi est uidere quantum malitia ualeat humanæ mentis, & quàm furibundum reddat eum qui semel conceptum in animo odium, in alterius perniciē summam, nullo tamen, aut per quàm exiguo suo commodo, ad finem perducere destinauit. Sed cum istis temporibus eiusmodi rerum status fuerit, nemini mirum uideri debet, quòd de nostrorum temporum malis querimur.*

33. Η δέ τε παρθένΘ· ὁζὶ δίκη Διὸς.] *Facit nũc prosopopeiam cum fingit iustitiam sedere iuxta Iouem, atque illum adhortari, ut iustis det præmia, de sceleratis uerò sumat pœnas. Illo gestu facit orationem crescere, alioqui idem diceret quod dixerat supra, sed ne esset tædiosum, fingit personam quæ loquatur.*

Ταῦτα φυλασσόμενοι βασιλῆες.] *Apostrophe est ad iudices ut rectè iudicent, neque frustra est quòd hæc sæpius iterãdo inculcat. Nam eam esse humanæ mentis malitiam, ut difficillimè ad ea quæ recta sunt feratur, omnes passim uiri sapientes uiderũt. Et subiecit gnomas aliquot, quas dubium non est ex*
legibus

legibus naturæ tanquam ex fonte promanaſſe. Prior poſita ſententia mire conuenit cum iſta quæ in ſacris literis eſt. Incidit in foueam,&c. Proxima eſt apud A.Gellium. νοέειν *eſt intelligere ſeu animaduertere, proprie* **mercken.**

Νῦν δ' ἐγὼ μήτ' αὐτὸς ἐν ἀνθρώποισι.] Ἄτοπον *argumentum, id eſt, ab abſurdo, quaſi dicat, Nihil referret quales eſſemus, ſi non eſſent conſtitutæ pœnæ & præmia. Atqui ſunt pœnæ & præmia. Itaque multum refert. Idem argumentum eſt apud Ariſtophanem in Pluto, ubi oraculum conſulitur, quibus artibus ſenex filium inſtituat ſuum, ad uirtutem ne, an ad quæſtuoſas artes conferat. Et conſultum eſt,* ὡς σφόδρ' ἐςὶ συμφέρον τὸ μηδ᾽ ἐν ἀσκεῖν ὑγιὲς ἐν τῷ νῦν χρόνῳ. *Ita hic poeta dicit: Nolim ego iuſtus eſſe, neq, filius meus, ſi noceret eſſe iuſtum, nec eſſent iuſtis propoſita præmia. Ad hunc modum ratio diiudicare poteſt, multum referre, bonus ne quis an malus ſit, & ſi non queat uidere cauſſas, nec diiudicare cur malis bene ſit,& bonis malè. Quemadmodum oculis colorem uidet aliquis, licet neſciat cur non æque naſo uel pedibus uideat. Ita reuera mente uidet neminem eſſe lædendum quantumuis cauſſas cur ſic uideat ignoret. Atque hac de cauſſa adiecit correctionem: ſed hæc non puto facturum Iouem.*

Καὶ νῦ δίκης ἐπάκεε, βίης δ' ἐπιλήθεο πάμ-

n

παν.] Argumentatur à natura hominis,& ius naturæ describit,& dicit hominibus quasdam sententias esse insitas,seu diuinitus inscriptas in animis,quæ doceant nos recta. In bestijs nõ sunt eiusmodi sententiæ quæ iudicent quid sit faciundum: imò est uidere in his quòd omnia ui gerantur, cùm hominibus iura constituta sint,coniũgantur & regantur. Ergo homines iure debent disceptare,uis beluina est.Paulus eas leges ueritatem Dei appellat.Sunt aũt hæ ferè:

1   Deum cole.
2   Neminem lædito.
3   Quia ad societatem facti sumus,ergo benefacito alijs,& p beneficio redde gratiã,iuxta illas uulgares sentẽtias: Manus manũ lauat,digitus digitũ.
4   Certis legibus connubia esse coniungenda, & educandam sobolem & defendendam.
5   Ciuitates esse constituendas,parendum Magistratui,& pacta seruanda esse. Nam alioqui societas hominum non potest conseruari, nisi fides seruetur in contrahendo.
6   Sicut medicus præcidit aliquam partẽ corporis ut seruetur totum corpus, ita ut societatis humanæ corpus conseruetur, latrones tollendi sunt & alij qui uiolant societatem humanam. Ideo & bella geri oportet.
7   Et quia natura non est lædẽda,nec offendenda so-

IN HESIODVM.

da societas, ideo in uictu modus, et ordo in actionibus seruandus est. Porrò, sicut diuinis legibus scriptis obtemperare nos oportet, ita & his Deus nos uult obsequi. Et animaduertit in eos qui eas uiolant, id quod illi cruciatus conscientiæ in flagitiosis testantur, qui etiamsi nemo resciscat eorum facinus, tamen naturaliter metuũt impendentes pœnas. Fit autem harum legum sæpe mentio. Sic Iuuenal.

Numq́ aliud natura aliud sapientia suadet?

Νήκεϛον.] id est, immedicabiliter, quasi dicas νὴ ἄκεϛον. Est enim νὴ Steritica particula, & ἀκέω significat medeor. Et eleganter dixit ἀμαυροτέρη γε ρεὴ posteritas quæ propemodum obliteratur. Neque enim tantũ sumitur supplicium de ipso, sed de ipsius etiam liberis, nã illi postea deterius habebunt. Sicut & Mose dicit quod Deus sumat supplicium de his qui mandata eius negligunt in tertiam & quartam generationem. Græci hac de re libros scripserunt. Et extat libellus Plutarchi de his qui sero puniuntur à numine, & quærit mirabiles rationes. Eius uerba hæc sunt: Plus est diuina negotia consyderare homines existentes, quã de Musicis disputare qui non sunt Musici, & de re militari, qui eius rei imperiti sunt.

Σοί δ' ἐγὼ ἐσθλὰ νοέων ἐρέω.] Hortatur ad laborem nunc Poeta, ductum argumentum à natura uirtutis. Nam ita proponit laborem ut sit cõiunctus cum uirtute & iustitia. Estq́; egregia hæc sententia. Mala & improbitas ubiq; præ foribus sunt. Vel peccare procliue est & facile, sed non est tam facile recta facere, Hunc locum imitatus est ille qui literam Pythagoræ descripsit. Et Ouidius inquit:

Publica uirtutis per mala facta uia est.

Μακρὸς δ'ἐ κ͜ ὄρθιο͜ οἶμο͜ ἐπ'αὐτῶ.] Oportet enim, ut quod iustum est, simplex, planum & perspicuum sit, nam & ueritatis oratio simplex est, & rectum sibi per omnia constat. Ergo quoties aliquid proponitur de quo inter sapientes uiros non conuenit, illud falsum sit necesse est.

Εἰς ἄκρον ἵκηται.] Duplex lectio est. Sunt enim qui ἵκηαι, sunt rursus qui ἵκηται legant. Quod si legas ἵκηται tunc impersonaliter erit exponendum.

Οὗτο͜ μὲν πανάρισ͜ αὐτῷ πάντα νοήσει.] Prior γνώμη fuit uirtutem esse coniunctam cum labore, quod labore ad uirtutem perueniatur. Nunc secundam proponit de diuersitate ingeniorum. Citat hunc uersum Aristoteles primo lib. Ethicorum. Et Liuius interpretatus est hunc locum penè ad uerbum in Fabio & Minutio. Sæpe ego audiui milites eum primum esse uirū qui ipse consulat quod in rē sit. Secundum eum qui bene monenti obediat. Qui nec ipse consulere, nec alteri parere scit, eum extremi ingenij esse. Minutij uerba sunt.

Ἀλλὰ

IN HESIODVM. 197

Ἀλλὰ σύ γ' ἡμετέρης μεμνημένος αἰὲν ἐφετμῆς.) *Hæc est demum de labore propositio. Labora ut possis effugere famem. Et argumentatur à locis honestatis, quod et Dijs & hominibus sint chari homines solertes. Oderunt autem semper Dij ignauos. Addidit quoque similitudinem, qua uitam inertium fucis comparat. Sunt autem fuci degeneres apes, estq́; genus insecti, simile quidem apibus, sed ingenio dissimile, illi sunt qui mel apibus absumunt, cum ipsi non laborent. Et sic etiam Plin. meminit lib. 11. cap. 16. Aristoteles li. 9. de natura animalium inquit: Vesparum aliæ carent aculeo ut fuci, aliæ autem habent.* κόθουρος *nomen uenit à* κεύθω, *quod abscondo, occulto significat, &* οὐρά *cauda. Non enim exerunt aculeum sicut apes.*

Σοὶ δ' ἔργα φίλ' ἔστω μέτρια κοσμεῖν.] *Repetit propositionem cum insigni commendatione laboris.* 35.

Οἷος ἔνθα.] *positum est pro* ὅμοιος ἕα. θα *uerò adiectitium est complendi uersus gratia adpositum.*

Λεσίφρονα θυμόν.] *Hesychius* ματαιόφρονα *exponit ὁ κουφὰς ἔχων τὰς φρένας.*

Αἰδὼς δ' οὐκ ἀγαθὴ.] *Occupationes adiecit. Fortasse turpe tibi uidetur laborare, Atqui non est turpe laborare præsertim egenti. Citatur prouerbialiter hic uersus, mendicos debere esse impudentes, uerùm hæc neutiquam Hesiodi sententia est. Est enim duplex*

n 3

uerecundia, bona scilicet, & minus bona. Prodest in loco pudor, obest, si quis hoc ignauiam suã prætexat. Neq̢ aliud hoc loco pudorem uocat, quàm quod Vergilius dixit Degeneres animos.

Χρήματα δ' ἐχ ἁρπακτὰ θεόσδοτα.] Est in omnium ore hæc sententia: Male parta male dilabũtur. Honeste parta durant apud hæredes. Sunt enim θεόσδοτα, id est, diuinitus data.

Εἰ γάρ τις καὶ χερσὶ βίῃ μέγαν ὄλβον.] Duo genera iniuriæ facit, quibus duplices artes parandi uictus intelligit. Sunt qui manus in alienas facultates inijciũt & ui rapiunt, hos raptores nominare licebit. Alij per fraudem & periuria ditescere cupiunt quorum magna ubiq̢ copia est. Hi sunt qui lingua prædantur, id est, mendacijs.

Ῥεῖά τε μιν μαυροῦσι θεοί.] Validissimum argumentum est, quo absterrentur homines à malefactis, uidelicet, metu pœnarum. Atq̢ ea est secunda pars circunductionis qua absoluit sententiam.

Ἴσον δ' ὅσθ' ἱκέτην ὅτε ξεῖνον κακὸν ἔρξει.] Sequitur catalogus præceptorũ de uarijs officijs. Idem inquit, est flagitium hospitem lædere & supplicem. Maximi nanq̢ olim hospitale ius fiebat. Et nota est historia de Campano illo & Romano milite. Multa hospitalitatis mentio fit apud Homerum. Nec hominis uocabulo digni sunt, qui eam non ex animo præ=
stant

IN HESIODVM.

stant peregrino & egenti. Et Iuppiter ξένιος *dictus est, q̃ in eius tutela sint hospites Vnde est illud Verg. Iuppiter (hospitibus nã te dare iura loquuntur) &c. Apud Homer. Odis. ζ. Nausicaa puella dicit quantopere sint Ioui curæ hospites & supplices, cum ait:*

―― Πρὸς γὰ Διὸς εἰσὶν ἅπαντες,
Ξεῖνοί τε πτωχοί τε. Δόσις δ' ὀλίγη φίλη τε.

Ερξῇ.] *Metathesis est. Venit. n. à* ῥέζω ῥέξω *in fut.*

Ἀνὰ δ' ἔμνια βαίνοι.] *Tmesis.*

Παρακαίρια.] *Importuna, flagitiosa dicuntur.*

Ὅστε τεῦ ἀφραδίης.] *Et sacra scriptura horrendum supplicium ijs minatur qui pueros lædunt. Est enim alioqui ea ætas obnoxia malo. Bis autẽ peccat, qui lædunt orphanos.*

Τεῦ *pro* τινὸς *Doricè.*

Κακῷ ἐπὶ γήρᾳ ὅδῷ.] *Antithesi quadam præcepta decalogi refert. Nam cum in decalogo doceamur, parentes esse honorandos, eamq́ ob caussam addita sit promissio, nihil præcipitur hic aliud quàm non esse cõtumelia et probris afficiendos. Itaq, & promissioni, quæ est in præceptis, Hesiodus comminationem opponit, quòd Iuppiter tandem pro iniustis operibus asperam retributionem sit compensaturus. Est autem elegans metaphora* ἐπὶ γήρᾳ ὅδῷ, *id est, in limine senectæ, pro extrema senecta. Atq, hoc imitati sunt poetæ Latini.*

56. Καδ δ' ύναμιν δ' ἔρδειν ἱερ ἀθανάτοισι.] Præ-
ceptum est de faciendis sacris. Et uocabant libatio-
nes quando in sacris fundebatur aut offerebatur ui-
num. Quemadmodum Æneas apud Vergil. in 1. cum
primum ad Didonem uenerat. A σπονδὼ libo, quod
est leuiter degusto, σπονδὴ uenit. καδ δ' ύναμιν di-
ctum est pro κατὰ δύναμιν secundum potentiam, id
est, pro uiribus.

Οφρ ἄλλων ὠνῇ κλῆρον.] Hoc est, ut aliorum
iuues rem familiarem, possessionem, &c. Ad hunc
modum etiam Christus in Euāgelio monet ut simus
pauperes, quo alijs possimus dare, non ut accipiamus.
ὠνῇ propter uersum, o in ω mutatum est.

Τὸν φιλέοντ' ἐπὶ δ' αὖτα καλεῖν, τ̀ δ' ἐχθρὸν ἐᾶ-
σαι.] Adijcit quædam præcepta liberalitatis, sed ta-
men alieniora à primis illis iustitiæ gradibus, sicut
& Cicero in Officijs facit. Nec est impium quod ini-
micum omittendum esse monet, cum et Salomon eius
rei meminerit: cauendum tamen ne nostro uitio acci-
dat. φιλεῖν non amare tantum significat, sed etiā ho-
spitio accipere, & comiter tractare, ut

Χρὴ ξεῖνον παρεόντα φιλεῖν, ἐθέλοντα δὲ πέμπειν
Τὸν δὲ μάλιστα καλεῖν ὅστις σέθεν ἐγγύθι ναίει.

Admonet uicinum studiosè colendum esse. Cum e-
nim tota nostra uita ad societatem comparata sit, ne-
mo ignorat, quam ingens bonum sit bonum habere ui-
cinum.

cinum. Nec poeta hanc sententiã temere multis ra-
tionibus amplificauit,ubi uicinorum & cognatorum
sedulitatem in negotijs obeundis & officijs præstan
dis ita confert, ut quàm longissime cognatos, si opus
sit alieno auxilio,uicini antecellant. Id quod & Cas
sitæ apologus apud A.Gellium indicat, ubi cognati
multo minus faciunt quàm uicini. Nec Themisto-
clem fugit,quod cum prædium uenditurus erat, etiã
hoc per præconem addendũ censuit,quod haberet bo-
num uicinum.

Εὖ μὲν μετρεῖσθαι παρὰ γείτονος.] Aliud præ
ceptum de mutuo persoluendo, & citatur hic locus
in Offic. à Cicerone,ubi de gratitudine scribit. Item
in claris oratoribus ferè citatur hic uersiculus ubi di
citur de reddenda gratia, nec est ullum uulgarius in
gratitudine uitium in toto orbe, licet Deus impuni-
tum non sinat. Nam et Salomon dicit: Non recedet
malum de domo ingrati. Εὖ χρονικῶς exponi de-
bet,quemadmodum supra quoque, est enim subiuncti
ua particula,ut sit sensus,si mutuo sumpseris,alterũ
εὖ abundare uidetur. Nam ita solet iterare has par
ticulas,ut Homerus quoque. Μετρεῖσθαι.)passiue
exponendum,pro dimensum accipere,uel mutuo acci
pere, du solt dir wol lassen mässen. Suidas di-
cit μετρεῖν, non tantum mensurare uel mutuo dare,
sed etiam mutuo accipere significare. Docet autem

natura ipsa gratitudinem, & illa lex naturalis uere diuina est, etiamsi non esset præscripta. Et cum nulla tam immanis belua sit in qua non sit sensus gratitudinis, præstandū est maxime, ut nec homo ab hac sit alienus. Quid enim aliud sibi uolunt exempla Leonis & Draconis, quàm ut gratitudinem nobis commendent, siue ea uera siue ficta sint, nihil tamē aliud q̃ gratitudinē ob oculos his proponere uiri sapientes uoluerunt. Et qui gratias pinxerunt pro una fingũt geminas redire. Una enim dat, geminæ referunt.

Τὸν φιλέοντα φιλεῖν ϰ̀ τῷ.] Commendat nobis amicitiam illa sententia. Iam cū nonnulli adeo morosi sint, ut planè abhorreant à societate, & nullum animal propius homine ad illā accedat, addā etiam quòd plures nec habere nec colere possimus (nec enim ex quibusuis amicitia cōstat, sed ex similibus natura) recte Hesiod. præcepisse iudicandus est, cū doceat non quosuis in amicitiam recipiendos, et danti esse dandum, non danti, id est, sordido nequaquam. Et quanquam hæ sententiæ paulò gentiliores cum ipsa lege naturæ pugnare uideantur, ut indicat Plato in Gorgia, tamen quia beneficium est compensandum, nec omnes iuuare possumus, nemini dubium esse poterit certos quosdam esse iuuandos. Non autem sic obligaris illi qui nihil de te meritus est, ut obligaris benemerito. Quia naturaliter sic obligati sumus
ut red-

IN HESIODVM.

ut reddamus officium, quemadmodum & Iureconsultus ait obligari πρὸς ἀντίδωρα.

Δὼς ἀγαθὴ, ἅρπαξ ἢ κακὴ.] Liberalitatis præceptum est. Quanquam autem nullæ leges cogant hominem ad liberalitatē præstandam, ipsa tamē humanitas obtinet & cogit nos ut bene faciamus bonis uiris, & communem societatem iuuemus. Quapropter & cum uirtute ita comparatum esse uidemus, ut boni uiri etiamsi multa liberalitatis officia præstent, semper tamē læti & hilares sint. Contra mali etiamsi multa habeant, nunquā tamen tranquillam & pacatā conscientiam à furijs obtineant, ut uel hoc nomine doceremur liberalitatē plurimi esse faciendā, non tam aliorum caussa, quorum inopiam nostra liberalitate subleuamus, quā nostra quoq, quòd animi tranquillitatem istinc concipimus & possidemus.

Παχνόω.] significat gelidum facio. 37.

Εἰ γάρ κεν κ̣ σμικρὸν ἐπὶ σμικρὸν.] Ad multa utilis erit hæc sententia. Verū non inepte ad studia literarū referri queat. Commendat autem diligētiam & assiduitatem nobis. Est enim iucundū præsenti copia frui, & semper aliquid habere præ manu. Et quanquàm nemo adeo diues sit qui non alterius egeat, neq, quisquā adeo doctus, qui non opus habeat alieno adminiculo ad literas, tamē turpissimum est quotidie uelle emendicare, nec posse οἰκόσιτος uiuere.

Αἴθοπα λιμὸν.) id est, nigram famem ab effectu dixit, quemadmodum Homerus frequenter αἴθοπα οἶνον. Sunt enim famelici nigri, & fames solet nigridiores reddere. Hunc Græcismum imitati sunt Germani qui dicunt, der schwartz hunger.

Αἴθωψ.) significat faciem comburens.

Ἀρχομένου δὲ πίθου κỳ λήγοντ۞ κορέσαδζ.) Præceptum est de parsimonia. Cum res est, abunde maiores sumptus facere potes, estq́; humanitatis hoc. Verum nihil proderit tum primum uelle comparcere ubi patrimonium est amissum. Nam odiosa est in fundo parsimonia, iuxta uersum:

Nil iuuat amisso claudere septa grege.

Rursus cum res abunde suppetunt, non decet eiusmodi sumptus facere, ut nihil reliquum facias, id enim prodigalitatis non liberalitatis esset. Sed memineris iuxta Salomonem ita deriuare fontes tuos foras, ut tamen horum Dominus maneas. In summa poeta utraque extrema liberalitatis fugienda monet, ut neq; sis prodigus neq; sordidus.

Μιϑὸς δ' ἀνδρὶ φίλῳ εἰρημένῳ ἀρκι۞ ἔςω.) Aliud præceptum, Mercenarij sunt benigne tractandi. Et debes sufficientem mercedem soluere ijs quos conduxisti, ita illi uicissim operam dabunt, ut respondeant in laborando.

Καὶ τε κασιγνήτῳ γελάσας.) Egregia sententia,

IN HESIODVM.   205

tia, Non temere fidendũ ulli. Nemini fidas nisi qui cum modium salis absumpseris, Item cum fratre iocans adde testem. Quod si in ioco adhibendus testis, quanto magis in rebus serijs? Epitheton est in participio γελάσας, *quasi dicat, Vide ne uerba quæ iocando dixeris inuertantur tibi, itaq₂ teste conuenit cum fratre iocari.*

Πίςεις ἄρα ὁμῶς καὶ ἀπιςίαι.) *Id est, Credendum est & non credendum. Vtile cum primis præceptum, quodq̓ imis sensibus reponendum est. Illi enim potissimum experiuntur quæ uis sit huius sententiæ qui uersantur in Rebuspub. & grauioribus caussis, præsertim periculosis temporibus. Nec Græci frustra monuerunt,* μέμνησο ἀπιςεῖν. *Nam si propter fucatam amicitiam uix fratri est adhibenda fides, quantum alijs fidendum sit, facilè æstimari potest.*

Μὴ δὲ γυνὴ σὲ νόον πυγοςόλΘ.) *Præceptum est de scortis. probat enim Hesiodus coniugium. Nã de eo infra dicit.*

ΠυγοςόλΘ.) *Composita dictio est, quasi dicas, ornans nates, à* πυγὴ *&* ςέλλω.

Σὲ νόον.) *Te mentem, id est, tuam mentem. Vtuntur enim primitiuis pro deriuatiuis.*

Φιλήτης.) *Hesychio* κλέπτης κ) λητής ὁςὶ, *ab* ὑπὸ *&* ἅλω *composita dictio:* φιλητής *uerò amator.*

Μυνογγυὴς δὲ παῖς σώζοι.) *Oeconomicon hoc*

præceptum est, quo non aliud admonemur quàm iuxta uetus prouerbium: Oculo domini saginari equum. Est enim primum (secundum Catonis sententiam) in re rustica, benè pascere.

Φερβέμεν.] Ionicus infinitiuus est.

Γηραιὸς δ'ἐ θάνοις.] Duplex sensus horum uersuum est. Prior ratio est, Quo maior liberorum grex relinquitur, hoc felicius procedere rem familiarem. Sic enim & Germani prouerbio locum fecimus. Altera est, quòd res domestica non unius tantùm opera potest augeri. Siquidem, Vnus uir nullus uir, ut habet prouerbium.

Σοί δ' εἰ πλύτυ θυμὸς ἐέλδε).] Conclusio generalis est, quæ continet laudem assiduitatis & industriæ. Assiduitate ditesces, inquit. Sis sedulus in opere tuo, & ditesces, iuxta uersiculum:

Gutta cauat lapidem, non ui, sed sæpè cadendo.

IN

IN II. LIBRVM HESIO
DI ENARRATIONES PHI-
LIPPI MELANCHTHONIS.

PRIORE *libello præcepta de moribus* 38. *tradita sunt. Secundus liber continet præcepta agriculturæ. Et quanquàm discendæ Græcæ linguæ caussa enarratur hic author, tamen si quam utilitatem & rerum cognitio quæ hic docetur, adferet, non uerba tantùm, sed res etiam consyderemus & discamus.*

Quondam proderant hæc Hesiodi præcepta agricolis, quia quo quidq̢ tempore facerent hinc discebãt: nobis plus prosunt Physica & Astronomica quæ adspersa sunt. Nam sæpè caussas naturales tempestatum, & aliarum rerum commemorat. Porrò etiam totius anni tempora discernit per insignium syderum ortus & occasus. Ita docet totam rationem & uarietatem ortus & occasus. Primùm autem perliberalis & ualde honesta cognitio est omnium Astronomiæ partium & dignißima bono uiro. Sicut Ouidius testatur cum ait:

Felices animæ quibus hæc cognoscere primum
    Inq̢ domos superas scandere cura fuit.
Credibile est illos pariter uitijsq̢ iocisq̢

Altius humanis exeruisse caput.

Secundò necessaria est cognitio cœlestium motu: um, quia oportet nos in rebus publicis habere descri ptionem anni & mensium: quæ si non haberentur, nul la posset memoria præteritarum rerũ haberi, & mul tæ præsentes res intempestiuè fierent. Et Deus præce pit ob eam causam astra obseruari cum dicit, Erunt in annos. Hic uerò libellus Hesiodi ita scite totum annum metitur, ut si fastos non haberemus, ex Hesio do confici possent. Et quidem hæc ferè tota uetus A= strologia fuit.

Tertiò magnas adfert utilitates, quia ex cogni tione cœlestium motuum, tempestates annorum, fer= tilitas & sterilitas præuideri possunt, ut licuit ani= maduertere anno ab hinc tertio, ubi propter uim a= quarum multis locis corrupta seges est. Ideo & Mo ses ait, Erunt in signa, tempora, et annos, id est, diuer sitatem temporum sydera efficiunt, ut aliàs æstus sit maior, aliàs frigus acrius, aliàs maior siccitas, aliàs magis uuidus aer sit.

Πληϊάδων.) *Pleiades manipulus est septem stel larũ in tergo tauri, quæ conspiciuntur noctu ferè per totam hyemem. Porrò, noctu conspici est oriri χρο- νικῶς, ut apud Ouid.*

Quatuor autumnos Pleias orta facit.
Sub initium Maij cùm Sole subuehuntur mane su=
præ

IN HESIODVM.

pra terram, id est oriri κοσμικῶς, Mense Iunio prodeunt, ita ut mane conspiciantur, idq́ uocant oriri ἡλιακῶς, paulò ante Solis ortum conspici. Ideo Hesiodus ait messem instare cum oriuntur Pleiades, ui delicet ortu Heliaco. Nouembri mane sub terram descendunt, cùm noctu conspectæ sunt, id est occidere κοσμικῶς. Id uerò tempus sementi faciendæ idoneum iudicant agricolæ. Ideo Vergilius dixit:

Ante tibi Eoæ Atlantides abscondantur,
Debita quàm sulcis committas semina, &c.

Id est, mane occidant, quod fit Hyeme. Sed ubi citius hyems est, citius serunt, ut in Germania. Id quoq́ præcipit Vergilius:

Dum sicca tellure licet, dum nubila pendent.

Dicuntur Pleiades quod sit plurium coniunctarum stellarum proprius cœtus. Latini Vergilias dixerũt, quòd in uere oriantur. Atlantis filiæ finguntur, & credo Atlanti eum honorem haberi quòd docuerit astronomiam. Poetæ trissyllabon faciunt πληϊάς. In soluta uerò oratione dissyllabon est Pleias.

ἐπιτελλομενάων.] α Ionica Dialecto interposita est.

Αἱ δήτοι νύκτας τε κ̀ ἡμάτα τεσσαράκοντα.] Quòd dicit quadraginta dies noctesq́ latere Vergilias, sic accipe, à Maio subuectas supra terram interdiu non cerni, propter uicinitatem Solis, magna par

o

te æstatis, noctu uerò sub terra sunt. Post mēses duos mane cernuntur ubi longius iā Sol discesserit à Tauro. Deinde mense Octobri post matutinum occasum noctu rursus cernuntur. Neq, est sic accipiendū, quòd post occasum matutinum, posſ autumnum lateant, nam ita noctu cernerētur. Nunc poeta nec noctu nec interdiu conspici dicit. Id fit in æstate dum Sol propius Taurum uersatur.

Κεκρύφαται.] Tertia perso. est præt. pas. ut apud Homer. in 2. Iliad. ὅπιτέξαφαται, Addunt enim Iones ται tantum ad præt. actiuæ uocis.

Πέλομαι.] Existo. inde περιπλομβίΘ. & est perpetuum anni epitethon. Gellius diligenter hanc uocem reddit lib. 3. cap. 16. pro decurrente ad finē anno, & non circumacto anno.

Οὗτός τοι πεδίων πέλεται νόμΘ.] Elliptica oratio est, uult enim dicere, illis qui prope mare habitant, quiq́, ualles concauas, &c. hæc lex seruanda est.

ΑγκΘ.] Palustrem terram significat.

Γυμνόν σπείρειν.] A signo describit rursus tempus arationis & messis. Esſ autem arandum ante maximam sæuitiem hyemis. Et commode adiecit adhortatiunculam. Vide ut res tua in tempore conficiatur, ne cogaris aliena uiuere quadra.

Ὅς τοι ἕκαστα ὡρεὶ ἀέξηται.) Verbo singularis

num.

num.nomen plur.n.m.adiunxit, quod Græcis fami
liare est.

Πτώσσω.] Id est, trepide peto alienas ædes.

Εργα τάτ' ανθρώποισι.] Caussa, quare sit la-
borandum. Quia homo factus & ordinatus est ad la
bores. Neque frustra est quòd hoc tam sedulò incul
cat & urget poeta. Nam præterquam quod Dei uo-
luntas est laborare, etiam hoc significare poeta uo-
luit, non posse fieri ut quis honeste uiuat, nisi simul la-
boret. Et quemadmodũ maximæ res dilabuntur per
discordiam, ita quoq, per socordiam ac negligentiam
ut sæpe usu uenire uidemus. Sunt enim qui tametsi
non magnos faciant sumptus, nec dilapident rem fa
miliarem, tamen socordia ad extremam pauperta-
tem rediguntur.

Διαταξμείεθμαι.] Est ordino, constituo.

Οἶκον μὲν πρώτιστα γυναικά τε.] Primus uer 39.
sus huius libri continebat propositionem, complectēs
summam agriculturæ, meßis uidelicet & arationis.
Nunc narrationem contexit, quæ generalia præce-
pta continet, de constituenda re familiari.

Κτητὴν ἢ γαμετὴν.] Aristoteles œconomiam
suam incepit ab hoc uersu, & refert ad uxores cum
ancillam intelligat poeta. Nam post de uxore lo-
quitur. Est elegantißimus locus de coniugio in Xe-
nophonte, quem Columella optimis & præstan-

tißimis uerbis expreßit in præfatione 12. libri.

Κτητής.] Ancillam emptam significat; & non nuptam.

Χρήματα δ' εἰν οἴκῳ.] Commendat ordinem & curam in re domestica hoc præceptum. Columella enim nihil magis prodesse dicit, quàm si seruetur ordo. Vetus, inquit, est prouerbium, Paupertatem certißimam esse, cum alicuius indigeas, uti eo non posse, quia ignoretur ubi proiectum iaceat quod desyderatur. Itaq; in re familiari laboriosior est negligentia quàm diligentia. Sic accidit in nostris studijs. Sunt qui multas sententias tenent, sed cum est dicendum & stilus exercendus, nullæ prorsus ueniunt in mentem. Quid sit in caußa, dictum est.

Η δ' ὥρη παραμείβηται.] Oportet agricolam diligenter obseruare occasionem, quia non leuis est iactura in mutuo atcipiendo: dum enim mutuum petis, perdis temporis occasionem.

Μηδ' ἀναβάλλεσθαι ἐς τ' αὔριον.] Sunt hæc communia præcepta de non cunctando. Recte Ouidius in hanc sententiam dixit:

Qui non est hodie, cras minus aptus erit.

Ἔνη] Significat postremum mensis diem, significat item tertiam lunam seu perendinum diem, ut apud Aristophanem (quem Suidas citat) θάρσει, καταπεύξῃ κἂν εἰς ἔνης ἔλθῃς, ἀντὶ τοῦ εἰς τρίτην.

Ἡμέ⊕

IN HESIODVM.

Ἦμος δὴ λήγει μένος.] Secundũ præceptum est de aratro faciendo, & quando cædenda sit materia ad rem rusticam. Orditur autem à Chronographia.

Ἰδάλιμον καῦμα.] τὸ ἰδρωποιόν exponunt, id est, æstus qui sudorem ciet.

Μετὰ δὲ τρέπεται βερτὸς χρώς.] Id est, remisso æstu respirat corpus. Nam propter æstum & calorem corpus prorsus torpet, neque homines solum ita afficiuntur, uerumetiam inanimata.

Δὴ γὰρ τότε σείριος ἀστήρ.] Sirius stella est in ore canis maioris, quæ cum leone supra terram subuehitur, sicut Lucanus in 10. testatur,

—— Qua mixta leonis
Sydera sunt Cancro, rapidos qua Sirius ignes
Exerit, &c. ——

Deinde ubi Sol accesserit Scorpium, mane aliquantisper ante Solem, supra terram subuehitur Heliaco ortu. Deinde orto Sole statim labitur sub terram. Ideo dicit Hesiodus: nocte frui Sirium, id est, mane aliquantisper ante Solis ortum supra terram emergere, at non commorari diu post Solis ortum supra terram. Nomen Sirius à σειριάω factum est, quod inflammare, arefacere significat.

Ἦμος ἀδηκτοτάτη πέλεται.] Describit commodum tempus secandi ligna. Durant enim hæc lon

O 3

go tempore, nec sunt obnoxia corrosioni: Hoc significat ἀδηκτοτάτη, id est, incorruptissima, à δήκω, id est, mordeo, quæ non mordetur à uermibus.

Per ὅλμον τρίποδ'lω, mortarium trium pedum intelligere uidetur. Suspicor enim talibus mortarijs usos esse pro molis.

Δῶρον.] Græci appellant palmum, quòd munerum datio δῶρον appelletur. Id autem semper geritur per manus palmi. Vitruuius lib. 2.

Γύlω.] Id est, dentale, uocant lignum cui uomer inseritur, quòd, tanquàm artus continent corpus humanum sic dentale contineat uomerem.

Πρίνινον.] Id est, iligneum, est enim ualidissimũ.

40. Εὖτ' ἂν ἀθηναίης.] Cererem uocat Athenæam, quòd ipsa Athenienses, atq, adeo omnes homines de frugibus docuerit. Potest tamen etiam uel ad Erichthonium, uel ad Triptolemum referri.

Ελυμα.] Id est, buris, lignum longum est, cui insertum est dentale. Locum Vergil. 1. Georg. cum hoc confer, qui sic incipit:

   Continuo in syluis magna ui flexa domatur
   In burim, &c.

Δοιὰ δὲ θέσθαι ἄροτρα.] Indicat patremfamilias oportere bene instructum esse, ne quis casus per inopiam suppellectilis remoretur rusticum laborem.

Αὐτόγυον

IN HESIODVM.

Αὐτόγυον.] *uocant cū uomer est insertus dentali.*

Ἄξαις.] *ab ἄγω uenit, quod in præsenti in usu non est.*

Ἄκιον.] *Quod non arroditur à uermibus, nō sentiens illos uermes. κίς enim uermis ligni est.*

Δάφνης.] *Plinius numerat quoq̃ illa ligna inter ea quæ cariem nesciunt.*

Βόε δ' ἐννάετήρω.] *Cuiusmodi boues conueniat agricolam habere.*

Τοῖς δ' ἅμα τεσσαρακονταετής.] *Habes hoc loco præceptum de ministro, qua hunc ætate & moribus præditum esse oporteat. Et si tantum in ministro requirit Hesiodus, ut iuuenem bobus præficere noluerit, quanto minus Ecclesiasticis & Rebuspub. præficeret.*

Ὀκτάβλωμον.] *Id est, octo morsuum, ita tamen ut unum frustū habeat binos morsus. βλωμὸς morsum significat.*

Καὶ ὀπατορίην ἀλέασθαι.] *Hoc Vergil. in 1. Georg. imitatus est hunc in modum:*
Dum sicca tellure licet, &c. ———
Nam sera satio obest, neq̃ secūda satio tantum commodi habet, quantum tempestiua illa cum robusta farra seruntur.

Πτοέειν aut πτοιέειν.] *Est percelli & tanquam at tonitum reddi,* **gaffen.**

O 4

Φράζεδϑαι δ' εὖτ' ἀν.] *Hactenus suppellectilem rusticam & familiam agricolæ pertractauit, sequitur nunc quando sit arandũ,& quoties sit arandum. Porrò Poetæ fingunt grues auolare in meridionalẽ regionem, in Ægyptum uidelicet, ubi belligerantur cum pigmæis, ut est apud Homer Iliad.lib.3.*

Αἴτ' ἐπεὶ οὖν χειμῶνα φύγον, καὶ ἀτέσφατον ὄμβρον.

Verum Albertus scribit non esse fabulosum, sed quòd sint ibi monstra quædam similia hominibus. Imitatus est hunc quoque locum Hesiodi Vergilius in 1. Georgic.

Κραδίην δ' ἔδακ' ἀνδρὸς.] *Id est, terret eũ cui non sunt boues, propterea quòd iam instat tempus postremæ arationis. In dictione ἀβύτεω longa breuem concipit, ut sæpe supra.*

Ρηΐδιον γὰρ ἔπος εἰπεῖν.] *Negligentiam & inscitiam rusticorum taxat qui non consyderant quibus opus habeant, sed in alienam opem semper sunt intenti, id quod miserrimum est. Est autem iucundum cum primis in hoc carmine* Σχῆμα προσκατάλειψις, *quo confutat eorum rationem qui obijcere poterant: Si quid desyderabimus in re familiari nostra, poterimus ab alio mutuo petere. Et respondet eadem opera posse petere & negare aliquem.*

Ab ἀπὸ *&* ἀναίνομαι *compositum* ἀπανήναϑαι,

θαι, & significat denegare.

Νήπι⟨Θ⟩ ὐδ'ὲ τόγ' οἶδ'.] Id est, ignorat quod li- 41.
gnis opus sit. Nam magna congerie bonorum ligno
rum opus est ad fabricandum currum.

Εὖτ' ἂν δὴ ἀρώτης'.] Totus ille locus ad aratio
nem pertinet, & est adhortatio ut statim admoueant
manum operi, non tantum famuli, sed & ipse pater-
familias. Addit deinde signa & circumstantias, qua
lis terra sit aranda, sicca scilicet et humida. Columel
la in hanc sententiam inquit: Neq́; succo careant, ne
que abundent uligine. Ita Hesiodus iubet siccam &
humidam arare, id est, non lutosam, & tamen made
factam. Meminerunt quoq́; huius præcepti Plinius
& Theophrastus.

Εἴαρι πολεῖν θέρ⟨Θ⟩.] Præceptum est de reli-
quis arationibus. Pingue solum solet quater arari,
bis solem bis frigora sentit, sicut est solum Italicum.
Qui uerò tenuius solum habent, ter arant. Prima a-
ratio est proscissio. Secundo arant mense Iunio ante
solstitium, Latini iterationem, nos **brachen** uoca-
mus. Postremo ante semētem aratur, hoc Latini ter
tiationem uocant.

Νειὸν δ'ὲ σπειρεῖν ἔτι.] Adiecit præceptum quòd
interualla sint facienda agris quibus interspirent et
quiescant, sunt enim multò feraciores si permiseris
interualla, quàm sine interuallis. Estq́; hic locus com

Q 5

mendatio noualis. Nam cū terra quotannis ferendo non sit defatigata, nec penitus exhausta, fit ut copiosiorē fructū ferat & gratior quoq́, sit. Est aūt nouale (teste Plin.) q̃ alternis annis seritur. Operæpretium faceret studiosus puer, si quæ sunt in 1. Georgic. Vergil. cum hoc loco contulerit, ita sine negotio Hesiodi sententiam peterit adsequi.

Ἀλεξιάρη.] Id est, pellens execrationem, solent enim agricolæ maledicere quando fructus ex sententia non proueniunt. Sic Hercules ἀλεξίκακ& dictus est, quòd depulerit mala hominibus, & fuerit domitor monstrorum.

Εὔχεσθαι γὲ Διὶ χθονίῳ.] De sacris faciendis præceptum. Admonet superos esse precandos, ut hominum studia & labores bene fortunent. Idem facit Vergilius & Xenophon magnifice in Oeconomia. Quidam per terrenum Iouem intelligi putant Plutum: ego uerò eum puto, qui gubernat & regat terrena.

Ἱερὸν.] Id est, aram. Alludit enim ad Eleusinia Cereris sacra, quæ Athenis fiebant, & uocabantur mysteria. Videntur autem mihi fuisse conspirationes & fœdera, quibus se adstrinxerant ad ciuilia officia ciues, hoc potest colligi ex Cic. ubi de Eleusinijs sacris disputat. Erant aūt maiora & minora sacra, & hæc sub autumnum fiebant. Porrò fingunt Cererem

IN HESIODVM.

rem, cum per orbem quæreret filiam, humaniter ab Atheniensibus receptam esse, & ideo illis hanc gratiam reddidisse.

Ἀρχόμενος τὰ πρῶτ'.] Circumstantia est quo modo sit arandum, nam supra dixit quando & quoties sit arandum.

Εὔδρυον.] Lignum significat quod est proximum temoni, alioqui cor arboris hac uoce significatur.

Μεσάβοιν.] integrum est, Poeta μεσάβον fecit. Iulius Pollux lorū esse dicit quod boues iugo alligat.

Πόνον ὀρνίθεσσιν τιθείη.] Illa fuit absolutio sententiæ, est autem solœcum hoc quod à Græcis fieri solet. In arando debet subsequi aliquis qui scamna, id est, maiores glebas confringat. Vergil.

Multum adeo rastris glebas qui frangit inertes
Vimineasq́ трahit crates, &c. ———
Et Plinius: Crate dentata, uel tabula aratro annexa, quod uocant lerare, operientes semina. Hæc descriptio agriculturæ non conuenit cum nostra.

Μακέλη dicitur ein hacken uel bicke.
Δικέλη ein karst. Verg. locū de occasiōe huc refer.

Εὐθυμοσύνη γὰρ ἀείση.] Epiphonema est. Crede mihi multum commodi adfert industria. Homo ignauus uix unquam ditescet. Solet aūt sic poeta subinde spargere sententias de diligentia, quòd sine ea nemo quicquam laude dignum efficere potest.

Ἀδρὸν.] μέγα παχὺ *Hesych. exponit, nos* feyßt fruchtbar. *Et est sensus, si ita fregeris glebas, ubi ita subegeris solum, spicæ multa ubertate, seu (ut Columella dixit) pinguedine nutent ad terram. Elegans pictura, seu ὑποτύπωσις huius carminis, quæ rem ita describit ut oculis planè subijciat.*

Εἰ τέλος αὐτὸς ὄπιθεν ὀλύμπιος.] *Egregia hæc sententia est, quam nemo negare potest ex Patrum religione promanasse, ac ueluti per manus traditam esse. Conuenit enim cum primo decalogi præcepto, quo iubemur Deum honorare, ac illi fidere. Timemus cum impia fiducia nostri relicta, omnẽ spem in Deum collocamus, hoc unum cogitantes, ne in rebus prosperis insolescamus, contrà in aduersis deijciamur.*

Ad hunc modum Hesiodus Agriculturam, & quicquid est laborum nobis commendat. Vult ut pro se quisq; acriter in laborem animum intẽdat, uerum finem laborum, & ut nos uocamus benedictionem, nõ nisi à Deo expectet. Quod si ille laboribus nostris affulserit, ac gratam auram commoda tempestate aspirauerit, nemini dubium esse debet, quin suum quoq; labores adsequantur finem & huiusmodi felix messis proueniat, ut (quemadmodum hic dicit Poeta) sit utendum omnibus uasis repurgatis, quibus diu non sis usus.

Πολιὸν

Πολιὸν ἔαρ.] *Id est, Canum uer, Epitethon ueris, quod adhuc ab hyeme & pruinis canescit.*

Εὐωχέων.] *cum ω in antepenultima scribēdum est, concipit autem rursus longa breuem, ut sæpe iam supra.*

Εἰ δ'ἕκεν ἠελίοιο τροπῆς ἀεργῆς.] *Aliud præceptum est, uidelicet quod tempus sit uitandum, nec est quod ordo in præceptis te magnopere moretur. Poteris enim per te fingere tibi uel hunc uel alium ordinem, sitq́ hoc secundum præceptum.*

Τροπὰς *Græci omnes conuersiones uocant. Estq́* τροπὴ χειμερινὴ καὶ θερινὴ, *id est, solstitium æstiuū & hybernum, quod Latini rarò solstitium, sed brumam uocarunt* ἀπὸ τῆς βραχείας ἡμέρας *ut Seruius ait. Vocant etiam æquinoctia conuersiones, quia tunc Sol quasi conuertit se, & incipit descendere. Ita in conuersione hyberna, quando Sol longissime distat propter obliquitatem, tunc uertit se, & incipit ascendere, quia est statio Solis. Ideo monet non esse arandum sub Brumam.*

Οἴσεις δ'ἐν φορμῷ.] *Extenuatio est, Domum* 42. *portabis, non uehes, opus erit tibi calatho, non onusto plaustro, habebis enim multum culmorum, & parum granorum.*

Φορμός *dicitur quicquid consutum est.* φορμιοῦ *stragulum factum ex iuncis,* **ein decken,** *hinc*

Phormio parasiti nomen.

Ἄλλοτε δ' ἀλλοῖος Ζηνὸς νόος αἰγιόχοιο.] Tertium præceptum. Alio tempore sunt aliæ tempestates, aliquando citius, aliquando serius serendum, ut sinent tempestates. Quia nonnunquam differt Iupiter tempestatem, & quando nos felicissimum annum speramus, tunc deploratissimum experimur. Ergo Ioui committenda huius rei cura, ut perficiat ex sua sententia quæ uolet.

Εἰ δέ κεν ὄψ' ἀρόσῃς.] Quartum præceptum de sera aratione. Sin autem serò araueris, hoc poterit esse remedio, & uerna aratio tum felix esse poterit, si pluerit ad tertium usq; diem, ita ut pluuia neque superet ungulam bouis, neque destituat, in summa, ut impleat uestigia. Nam tum terra permadesit, et uerna satio nihil infirmior fit autumnali. Et quia humor est principium uitæ, ideo fit quòd humor tam facile non lædat quàm siccitas. Est autem pulchra periphrasis Veris, cum inquit, ἦμος κόκκυξ κοκκύζει. Cuculus enim ueris tempus adesse cantu suo prænunciare solet. Et principes Saxoniæ hunc morem habent, ut qui prior arcu percusserit cuculum, aureum habeat.

Ἐν θυμῷ δ' εὖ πάντα φυλάσσεο.] Admonet rursus diligentiæ, solet enim subinde morales sententias aspergere, præcipue de sedulitate cuius usus &

uis

uis in omnes uitæ partes sese extendit. Nam ut res diligētia crescūt,ita socordia decrescunt. Iā cū nemo sit,quemadmodū Quintilian. inquit, qui non labore et diligentia sit aliquid consecutus, quæ prauitas humanæ mentis est,aut quæ uecordia,oscitantiā magis quæ dedecori hominibus est,quàm diligentiā, ex qua nomen dignitasq́ paratur,uelle amplecti? In studijs literarum homines docti socordia multa dediscunt, ut est uidere in Cicerone & Hortensio. Recte itaque Hesiodus facit quòd tam diligenter sedulitatem hominibus commendat.

Παρ᾿ ἴθι χάλκειον θῶκον.] Monet arationis tempore & cum negotia sunt expedienda, conuenticula & alias nugas relinquendas esse. Atque hunc locum,quia perutilis est,quibusdam circumstantijs amplificauit.Prior est quod quamuis nos simus cessatores, tamen tempus minime cesset aut ferietur. Eam sententiam deinde repetit et auget ab effectu famis.Siquidem tempus consumis, quod in opere faciundo sumere tibi potuisses, fiet ut ignauia te in hyeme deprehendat, & fortiter cogaris esurire.Quòd si famem uitare non poteris,certum est quod in ualetudinē aduersam incides & maxime in dolorē pedum. Solet autē frigus naturaliter tumorem afferre,quia sanguis frigore coagulatur. Aristoteles prima sectione Problematum scribit fame diutina laborantibus *pedes intumescere. Huc alludit Hesiodus cum iubet cauere, ut fame tumefactum pedem demulcere nos oporteat.*

Χάλκειον θῶκον.] *Æneam sedem, id est, tabernam uocat, erant enim consessa in officinis ferrarijs.*

Ἐπ' ἀλέα.] *in locis calidis exponi potest. Quanquam suspicor mendum esse in tono ut sit* ἀλεᾶ *scribendum ab* ἀλέομαι *euito, uerùm nolo quicquam mutare. Usus est autem & supra* ἐπὶ *cum accusatiuo in ista significatione dum ait,* ἐπὶ ἀπείρονα γαῖαν. ἀλεόν *uero locum tepidum in aprico situm significat.*

Λέσχαι.] *Quondam dictæ sunt conuenticula philosophorum, deinde, quia inter ipsos de rebus leuissimis plærunque agitabatur, factum est, ut* λέσχαι *dicerentur uulgo nugæ. Suidas Homerum citans, inquit:* λέσχας ἔλεγον δημοσίοις τινὰς τόπους, ἐν οἷς χόλην ἄγοντες ἐκαθέζοντο πολλοί. ὅμηρος.

Οὐ θέλεις εὕδειν χαλκήιον ἐς δόμον ἐλθών,
Ἠέ που ἐς λέσχην.

Πολλὰ δ' ἀεργὸς ἀνήρ.] *Ignauiæ effectũ prosequitur. Indigẽs uir multa mala concipit in animo: fieri enim non potest ut mens hominis planè sit otiosa, itaq́ uarios dolos ac fraudes excogitant, hi qui rerum inopia laborant. Vnde Columella rectè dixisse*
iudican=

iudicandus est, dum inquit: *Homines nihil agendo male agere discunt.* Nihil enim usquàm quicquam scelerum est, neq; ulla quantumuis peßima flagitia designantur, quæ non ex ignauia ueluti ex fonte promanant. Huius rei paßim in omnibus ciuitatibus, pagis & uicis plura exempla quàm numerari queant, à circulatoribus & decoctoribus eduntur, qui dũ inanem spem (ut Hesiodus uocat) nimis diu fouere, tandem ad furta, latrocinia, & sacrilegia animum applicant. Quare, ut hæc flagitia è medio tollantur, solus labor remedio esse poterit. Est enim per laborem aditus ad uirtutem: per desidiam uerò ad omnia genera flagitiorum non aditus tantùm, sed rectißima uia.

Δείκνυε δ'ἐ δμώεσσι θέρδς.] Spargit rem in personas, atq; ita à temporis circumstantia auget. In media æstate certa opera præscribe. Sequitur ratio, quia non semper æstas erit. Hæc sententia speciem prouerbij habet, qua monemur occasionem temporis non esse negligendam. Et nota est fabula de formica & cicada. Quin & Germani uulgari dicto cessatorum socordiam notamus cùm dicimus: *Post gratum Solis calorem, ingratum frigus experiemini.*

Θέρδς.] pro θερϋς Doricè.

Μῶα δὲ Ληναιῶνα.] Amplificatio est à temporis descriptione longiori. Describit enim hyemem,

P

et est similis loc° apud Ver.in Geo.copiosiss.tractat°.

Ληναιὰν mensis Brumalis est, partim cadens in Decembrem, partim in Ianuarium. Luna Græcis menses faciebat, non ciuilis ordinatio aut Sol. Porrò ληναιῶνα Ianuarium esse apparet ex Gaza qui ait: ληναιῶνα δὲ καὶ αὐτὸς ᾔδει Ιανουαρίον ὄντα. Id est, Linæona autem & ipse norat Ianuarium esse. Linæa enim Bacchi feriæ & Pythia sub id tempus agebantur, cū uini primitias libabant. Cōmentarius in Equit. Aristoph. cōtinet, adolescentes eo tēpore solitos fuisse circūuehi q de plaustris conuitia iaciebāt.

Βύδλοεα.] Frigora uocat quæ adurunt & excoriant boues, sunt ea autem in mense Decembri cum maxima uis Aquilonis sentitur, cui Germani à frigore nomen fecerunt cum uocant ein ſchindt den hengſt, quasi dicas excoriatorem boum. δέρω Grecis excorio significat.

Πνεύσαντος βορέαο δυσαλεγέες.] A circunstantijs rē tractat, uidelicet unde spiret Boreas, & quid soleat fieri cū spiret. Spirat aūt per Thraciam, quia ad septētrionē Græcis Thracia sita est. Multas quercus, altas abietes de mōte deijcit in uallē ad terrā. Deinde auget ab habitu animantiū. Etiā feræ sæuitiā hyemis ferre nō possūt, quas natura muniit, quāto minus nos. Τρηχαλὸν δὲ γέροντα τίθησι.] Distributione quadam hyemis incōmoda recenset, & aptissi-

IN HESIODVM.

sime dicit incuratū senem Boreæ iniurijs obnoxium, quod hæc ætas omniū maxime gaudeat sole et fugiat frigus, unde notū est illud: Et apricos meminisse senes. Periphrasticῶs aūt uirginem innuptā descripsit, quod opera aureæ Veneris ignoret. Estq́ diligenter obseruandū quòd innuptæ non prodibant in publicū, sed adseruabantur domi. Sed hæc cantilena non grata admodum foret nostratibus puellis.

Λίπ'.] Apocope est pro λιπαρῷ ἐλαίῳ, id est pingui oleo. Nam postrema syllaba abiecta est.

Ημάτι χειμερίῳ ὅτ' ἀνόστεος.] In hac descriptione hyemis & Polypi piscis mentionem facit. Cuius hæc natura est teste Plinio, lib. 9. cap. 19. ut fame laborans sibi pedes arrodat, quo maxima hyemis sæuitia notatur. Et quia uehementer frigore læditur, latet plurimum in antro suo, nec egreditur piscatum unde colligi quoque potest in frigidioribus aquis non esse. Per æstatem conuehit & reponit uictum, perinde ut formica, testis est Theophrastus. Sunt autem polypi multæ species. Verum maxime cū illis cognatus esse uidetur quos Albertus Raias uocauit die rochen. Piscis magnus est, habens octo pedes, in quibus duo extremi pedes cotilidones habent, id est, concauitates, quibus nititur & affigit se his quæ prehendit. Vnde in Aulularia Plautus ait de auaris: Ego istos noui polypos, ubi quid tetigerunt tenent.

p 2

Athenæus multos authores citat, qui scripserunt fame laborantem polypum in cauernis brachia sua rodere, cui sententiæ & Oppianus & Albertus suffragantur. Sed Athenæus & Plinius putant id accidere polypo à congris. Hesiodus uerò hanc speciem ἀόστεον uocat, quòd spinam non habeat, sed cartilaginem pro spina. Dicunt illum uenari pisces mira industria, cùm alioqui sit animal timidum. Verùm ita comparatum est, ut illi consilio polleant natura, quibus robur est negatum.

Ἀλλ' ἐπὶ κυανέων ἀνδρῶν.] Id est, Sol uertitur supra populum nigrorum hominum. Intelligit autem Æthiopes qui sunt in Aphrica, quorum etiam nunc quidam sub imperio Caroli Cæsaris sunt. Κυάνεον Græci uocant quod nos cæruleum, lasur, estq́ue metalli genus, metaphoricè pro obscuro & atro. Est autem sensus, Sol uoluitur supra meridionales homines, nec diu moratur supra nostrum hemisphærium, uidelicet Græciæ.

Καὶ τότε δὴ κεραοὶ.] Adhuc in hyemis descriptione commoratur. Cornutæ feræ & non cornutæ lugubriter frendentes per syluas fugiunt.

Μύλη dentem molarem significat, à quo fit uerbū μυλιάω, quod significat dentes incutio, strideo propter frigus. o litera interposita est.

Ξρύα loca arborib. cōsita suut, Hesych. p īscribit.

Γλάφυ

IN HESIODVM.

Γλάφυ.] *pro* γλαφυρόν, *apocope est, & significat* 44.
specum & concauitatem petrosam.

Τότε δ' ἐξίποδι βροτῷ ἴσοι.] *Est hoc loco poeta delectatus ænigmate Sphingis, Nam senes solent in baculum incumbentes demisso capite incedere, & terram inspicere, Vnde & silicernij dicti sunt. His similes esse dicit feras, cum penuria uictus laborantes propter niuem, undiq, per sylvas discurrunt.*

Νίφα.] *Rursus Apocope est pro* νιφάδα, *frequens Homero.*

Καὶ τότε ἔσασθαι.] *Versatur per omnes circumstantias corporis, & monet propter frigus arcendum crasso panno & multis pilis intertextis utendum esse. Græci uerò usi sunt admodū honesto uestitu, quem admodum & reliqui honesti populi Romani & Iudæi. Pallio usi sunt supra tunicas,* χιτών *uerò uestis interior erat.*

Κερκα.] *Accusatiuus est pro* κερκίδα, *& significat id quod subducitur,* **ein eyntrag**. *apud Pollucem in libro de uestibus.*

Ἵνα τοι τρίχες ἀτρεμέωσι) *Id est, ne horreat corpus nimio frigore.*

Ἀλείω.) *ab* ἀλδύεσθαι, *ut habeas quiddam quod arceat pluuiam.*

Ψυχρὴ γὰρ τ' ἠώς.) *Enumerat iam caussas pluuiæ. Quemadmodum enim uapor ex olla in operculo*

P 3

repercussus in aquam resoluitur. Sic uapor ex terra in nubibus repercussus in aquam resoluitur, & deinde decidit. Humectat autem aer sata et arua, itaque addit conueniens epitethon πυρφόρος. Postea quid uentus sit dicit, nimirum nubium agitatio.

45. Τῆμος θ' ὥμισυ βουσὶν.] Bobus adseruandum esse dimidium pabulum, uiro uerò ut supersit aliquid in noctem scilicet. Nam Græci homines tantum cœnabant & largius quidem.

Επιρρόθεν.] Accurrere significat.

Ταῦτα φυλασσόμενος.] Absoluimus hactenus descriptionem hyemis, nunc autem Veris descriptionem hoc caput continet. Estq́ primum signū quando Iuppiter sexaginta dies, id est, duos menses, Ianuarium uidelicet & Februarium confecerit, post brumam uel conuersionem Solis, tum stella Arcturus nuncia ueris primum apparere incipit. Est autem Arcturus stella sub zona Bootæ: oritur Chronicò ortu, id est, uespere initio Veris quando Sol ingressus est Arietem.

Τόν δε μετ' ὀρθρογόην.] Aliud est signum uenientis ueris. Vide Ouidium in sexto Metamorphoseos quare hirundo dicta sit Pandionis filia. Comperi autem latere hyeme hirundines in nido suo tanquam mortuas. Proinde non puto auolare eas. Totam hyemem habent secum recentia oua. Reuiui-
scunt

IN HESIODVM. 231

scunt autem sub æstatē. Quare iudico mirabile quod-
dam opus esse ac imaginem resurrectionis nostrorum
corporum.

Τὴν φθάμ{εν}ος οἴνας.] Summa huius loci est
quòd tempore Veris sint amputandæ uites, nec sit ex
pectandum donec maior æstus aduenerit. Turgent
enim tunc in palmite gemmæ, nec potest esse sine peri
culo, si tunc putentur uites.

Οἴνας.] Dicunt significare palmites, uocabulum
uetus est, apud iuniores ἄμπελος in usu.

Ἀλλ' ὁπόταν φερέοικος.] Hoc præcepto messis
tēpus describit. Quando æstus, inquit, cœperit esse ue-
hementior, ita ut quærant humidiora loca testudines
tum falx erit acuenda & seges demetenda. Est autē
omnino tēpestiuior messis Græcis quàm nobis. Sunt
enim illi magis ad Orientem & meridiem quā nos.
Quare uariant hæc præcepta, nec ad singulas regio-
nes accommodari possunt.

Φερέοικος.] Epitheton testudinis est, dicitur
enim domiporta quod ædes suas circumferat. Nota
est fabula de testudine quæ sola domi remansit, cum
reliqua animātia omnia suauissimis epulis Iouis ac
cipiebantur.

Σκαφός.] Instrumentū est rusticū apud Pollucē.

Φεύγειν δὲ σκιεροὺς θώκους.] Vides quàm non
possit Poeta sedulitatis obliuisci. Prohibet enim

P 4

tempore meßis somnum ad multam lucem esse protrahendum, quod eo tempore reponenda sunt quibus in hyeme fruamur. Iam qui ad auroram atque in medios id temporis dies stertere uoluerit, miserā profecto uitam trahet ubi hyems sui memoriam nobis in animum semel cœperit reuocare, ibi tum licebit experiri uerißimum esse cicadæ & formicæ apologum. Plurimum & uenustatis & utilitatis hæc sententia habebit, si quis ad studia literarum traduxerit, cum illa cessatorem minime requirant, & qui in multam lucem quotidie stertat. Adiecit deinde, ceu Gnomas quasdam, optimos uersus, quibus matutina opera hominibus commendat, & dicit auroram tertiam operis partem absoluere. Item eos qui mane surgunt plurimum promouere quoscunq, labores susceperint. Postremo etiā boues facilius ferre matutina opera quā meridiana. Experiuntur etiam studiosi bonarum literarum Auroram Musis esse amicam. Quare diligenter has sententias obseruent & meditentur hi qui animum ad literas applicuere, quiq, parentum & amicorum expectationi æquißimæ satisfacere uolent.

Ἦμος δ'ἐ σκόλυμός τ'ἀνθεῖ.] Æstatis à Solstitio descriptio. Primum ponit prognosticum maximi æstus, deinde quid faciendum sit. Græci post Ver statim incipiunt messem. Deinde sequitur solstitium æstiuale, tunc nos habemus messem.

Σκόλυ-

Σκόλυμος.] *Carduus dicitur flore purpureo, quo nomine & reliquæ species censentur, ut sunt Paliuri, Chamæleones, Acanthi. Vide Plin. lib. 20. cap. 23. & lib. 22. ca. de carduo. Venerem stimulare in uino, Hesiodo et Alcæo testibus, qui florente ea cicadas acerrimi cantus esse, & mulieres libidinis auidissimas uirosq́ pigerrimos in Venerem scripsere.*

Ἐπεὶ κεφαλὼ καὶ γύνατα.] *Ratio, quare hoc tempore uiri debilissimi sint, & mulieres lasciuissimæ, quia calor resoluit totum corpus hominis, ergo læduntur magis æstu quàm frigore uiri.* 46.

Καὶ βίβλινος οἶνος.] *A Biblia regione Thraciæ Biblinum uinum dictum esse Athenæus scribit lib. 1. testatur autem dulce fuisse, atq́ à Siculis Pollium uinum dictum esse. Et Homerus non uno loco testatur Thraciam nobilia uina habuisse.*

Μάζα τ'.] *Libum lacteum intelligit ex recenti lacte, siue lac coagulatum. Nostri homines uocant* ein ʒiger. *Deficiunt autem lacte nisi mulgeantur capræ, iuxta Vergil.*

Quā magis exhausto spumauerit ubere mulctra.
Læta magis pressis manarint ubera mammis.
Item capræ uincunt copia lactis oues, laudaturq́ lac caprarum plus in libo quàm ouium. Poterit & hæc huius loci sententia esse, quia sub Autumnū statim admittuntur capræ ad conceptum, & deinde de

P 5

ficiunt. Vtere igitur dum potes.

Σβενυμυάων.] Æolica dialectus est cum α sit interposita, quasi dicas extinctarum aut non lactantium.

Καὶ βόος ὑλοφάγοιο κρέας.] Vitulinã carnem intelligit, quæ non improbatur sana esse homini. Cæterum enixæ bouis carnem non laudat Poeta.

Πρωτογόνων.] Illa enim caro est ualde laudata quod facilis sit concoctu. Estq́ in æstate istis cibis utendum qui facile concoqui possunt. Itaq, & huius mentionem hic facit Poeta.

Αἴθοπα οἶνον.] Vel à calore dixit, quòd adurit faciem, uel à colore. Laudantur enim magis æstate rubra uina quòd pinguiora sunt & magis alant corpus. Cætera tenuiora sunt & facilius penetrant.

Αντίον εὐκραέος ἀνέμυ.] Inter cæteras uoluptates non postrema est si quis in æstate sub umbra gratam auram captet, ita ut faciem uersus leuiter sususurrantem uentum uertat. Intelligit autem hoc loco Zephyrũ, quod Euri, Boreæ & Zephyri æstate sint temperati. Auster uerò plærunq, noxius est, tam æstate quàm hyeme. Erit maior hæc uoluptas si adfuerint riuuli perpetuo scaturientes, quibus semper multum delectati sunt Poetæ.

Αθόλωτος.] καὶ ἄθολος qui sit sine limo, aut qui non sit luculentæ.

IN HESIODVM.

Τεὶς ὕδατος περχέειν.] Consuetudinē Græ-
corum obseruabis, qui nunquàm merum uinum soliti
erant bibere, uerum semper uinum aqua diluebant,
ut testatur Athenæus lib. 10. qui hanc cōsuetudinem
diluēdi uini fuisse dicit, ut ad duos uini cyathos, quin-
que aquæ adderent, alicubi & ad quatuor uini cya-
thos, duos aquæ. Ex Menandro citat Athenæus.

Καί τοι πολὺ γ᾽ ἔσθ᾽ ἥδιον, ἡ γὰρ αὖ ποτὲ
Ἔπινον τρεῖς ὕδατος, οἴνου δ᾽ ἓν μόνον.
Sic Athenæus:

Καὶ Διοκλῆς ἐν μελίσσαις, πῶς δὲ καὶ κεκερα-
μένον πίνειν τὸν οἶνον δεῖ μετὰ τέτταρα καὶ δύο. ἡ δ᾽
οὖν κρᾶσις αὕτη παρὰ τὸ ἴσον ὅσα ἐπέμνησε τά-
χα καὶ τὴν θρυλλουμένην παροιμίαν, ἢ πέντε πί-
νειν ἢ τρία ἢ καὶ τέτταρα. ἢ γὰρ δύο πρὸς πέντε πί-
νειν φησὶ δεῖο ἢ ἕνα πρὸς τρεῖς.

Apud Locrenses erat capitale uinum bibere ijs
qui erat in Magistratu, nisi Medicus iussisset. Item
Romani adolescentes non erant soliti uinum bibere
ante uicesimum annum, & Scythice bibere dicebant
merum bibere, quasi barbare, ut quibus sunt robora
ualidiora. Sic bibit apud Homerum Polyphemus
Odysseæ 1.

Περχέειν.] Infinit. pro imperatiuo, sic ἔμεν.

Δμῶσι δ᾽ ὑποζεύειν Δημήτερος.] Seruauit
hunc ordinem Poëta, ut à Vere describeret quicquid

singulis anni temporibus fieri conueniret, nunc subijcit præceptum de tritura quæ fit in mense Augusto, cum mane ortu Heliaco paulisper ante Solem emergens Orion cernitur. Vergil.

Et medio tostas æstu terit area fruges.

Addit locum in quem sit reponenda area, nimirum qui sit uentis expositus, & quia fruges debēt torreri à Sole, ergo necesse est locum esse expositum Soli. Eadem uerba sunt in Varrone de re rustica quæ hic sunt. Area, inquit, sublimiori loco qua perflare possit uentus. Alij intelligunt area bene æquata. Solebat enim Cylindro æquari, ut est apud Vergil. necubi impingerent. Verum Varro rotundam esse dicit, hūc ego sequor. Vsi sunt equis aut bobus in trituratione qui tabulas trahebant, et ita excutiebant grana. Vnde illud est in sacris literis: Boui trituranti non obligabis os.

Μέξω δ' εὐκομίσαδαι.) Monet mensurandas esse fruges, ut sciat agricola quantum ex agro redeat.

Θῆτ' ἄοικον ποιεῖδαι.) Conducendum suadet mercenarium aliquem, qui possit rebus domesticis uacare qui non habeat multa quæ sibijpsi domi agat. Fieri enim non potest ut multa simul bene agere possimus, inquit Xenophon. Eadem ratio habenda ancillæ, ut non habeat liberos. Subiecit deinde præceptū

de Ca-

de Cane, quem uocamus Custodem rei familiaris. In hoc alendo admonet sumptibus non esse nimium parcendum, quia obseruet ne fures clanculum intrent in ædes domini, ac surripiant quippiam. Græci trifariam canes distinguũt, idq́ ab officijs, sunt enim ἰχνευτικοί quos nos indagatores uocamus, canes uenatici, nobilibus & diuitibus admodum grati qui uenationi operam dant. Sunt rursus qui οἰκυροί uocantur, quasi dicas custodes ædium. Agunt enim excubias præ foribus, & de his Hesiodo hoc loco sermo est. In tertio gradu sunt Μελιταῖα κυνίδια, id est, Melitææ catellæ nulli rei utiles, præterquam quòd in delicijs sunt prædiuitum matronis. Vnde etiam in prouerbium abiere de delicatis.

Καρχαρόδοντα.) A sono factum esse uidetur, epitheton canis. Sunt enim asperrimis dentibus, & omnium firmissime retinent, quæ sunt semel intra fauces recepta.

Φείδεο.) ου in εο mutatum, & rursum εο in ου si sit opus. Est enim eadem ratio dissoluendi quæ contrahendi.

Ἡμερόκοιτος.) qui interdiu dormit & noctu obambulat, quòd fures solent. Suidas furem & piscem significare ait.

Χόρτον δ' ἐσκομίσαι κỳ συφερτόν.) Quod de cane dixit, idem de bobus & mulis intelligi debet. Neque

que enim conuenit parum liberalem esse erga eos quorum opera in colligendo uictu plurimum sis usus. Monet itaq; Hesiodus in annuum uictum paleas & fœnum comportari debere, quibus hoc quoq; subindicat Agricolam nō oportere studiosum esse tantū frumenti, sed etiam aliarum rerum uiliorum. Ferè fit enim ut qui res in speciem nullius pretij negligat, etiam res maioris pretij sensim incipiat fastidire & amittere. Et notus est Senarius:

Εἰ μὴ φυλάσσης τὰ μίκρ, ἀπολεῖς τὰ μείζονα.

Δμωσαι αναψύξαι φίλα γύνατα.] Feriandum esse à labore non tantum homini, uerumetiam pecori. Sunt enim recuperandæ uires, alioqui nemo tam ferreus esse poterit, qui sufficeret continuis laboribus, iuxta illud Nasonis:

Quod caret alterna requie durabile non est,
    Hæc reparat uires, fessaq; membra leuat.

Et sacræ literæ præcipiunt ferias esse habendas à labore, quas qui negligerent auaritia exagitati, indignos esse benedictione Dei. Et nos docemur experientia haud temere ad ullam frugem aspirare eos, qui in præscribendis laboribus admodum sunt liberales, & in supputando uictu et otio à labore plus æquo tenaces.

Αναψύξαι.] Scilicet fac, aut ut sit infinitiuus pro indicatiuo, refice, recrea famulos. Et quia genua fessis las *sis labant, & fatigatio maxime in his sentitur, ideo dixit famulis chara genua esse reficienda.*

Εὖτ' ἂν δ' Ὠρίων καὶ Σείρι[ος].] *Posteaquam ordine descripsit anni partes, & quid singulis fieri debeat, nunc subijcit caput de autumno & uindemia. Hunc ordinem Colum. imitatus est et Plin. aliquando. Oritur Arcturus mane cum Libra mense septembri, quo tempore mane medio cœlo sunt Orion & Canis non procul ab occasu, tum est uindemia facienda. Addit descriptionem factitij uini, in qua rationē faciendi uuas passas complexus est. Vide Plin. & Columel. Coquunt primum uuas aliquantisper Sole, postea exprimunt uinum & in lacum subijciunt.*

Συσκιάσαι.] *à σὺν & σκιάζω compositum. Intelligit autem ex aprico in locum nō expositum Soli auferendas esse.*

Πολυγηθέ[ος].] *Epitheton Bacchi, quasi dicat lætificantis. Exhilarat enim uinum homines & nota sunt Bacchi Encomia apud Poetas quæ huc spectant, Vt Vergil.*

Adsit lætitiæ Bacchus dator.

Αὐτὰρ ἐπὴν δὴ.] *Redit ad arationem & ad hyemem. Sunt uerò ea repetenda quæ supra de aratione diximus. Nam pro qualitate & natura soli proscinditur ager. Feracius solum ut minimum ter arari solet. Iam mense Octobri mane cū Tauro occi* dunt *Pleiades* & *Hyades*, item *Orion*, sed principio noctis rursum apparent. *Pleiades* sunt in postrema parte *Tauri*, *Hyades* uerò in fronte quas Latini suculas uocarunt. Atque ita absoluit Poeta annum, quid in uere, quid in æstate, quid in autumno, quid quid post autumnum, quid Hyeme faciendum sit. Nunc de nauigatione præcepta quædã subijcit, quia fuit illis familiare deuehere fruges & merces quemadmodum etiam alicubi in Homero uidere est. Constabat autem ueterum negotiatio potißimum in permutatione mercium, & ideo Hesiodus præcepta tradit.

Εἰ δέ σε ναυτιλίης δυσπεμφέλου.) Prohibet sub Autumnum esse nauigandũ cum Pleiades occidunt propter tempestatem maris, insaniunt enim uenti, et quemadmodum Vergilius ait, qua data porta ruũt. Cæterum post de æstiua nauigatione dicet, & hanc probat, Orion insequentis gestum exprimit in ipsas Pleiades, ideo dixit πληϊάδ'ας φεύγειν. His gestibus amplificat orationem.

Δυσπεμφέλου.) Epitethon nauigationis est. Sentiunt enim quàm sit periculosum & difficile in alieno elemento uersari qui aliquando sese credidere fluctibus. Hanc uocem compositam esse puto à δὺς καὶ πέμπω, uel quòd ægrè remittat afflictos, uel quòd sæpe non remittat nauigantes. Varia quæritur Etymologia

mologia huius uocis, sed tamen non sunt usque adeo anxie quærendæ, quod tantum ad docendum compositæ sint.

Ηεροειδέα.] Quia habet speciem aeris.

Επ' ἠπείρȣ.] In continentem, id est, littoralem terram. Inde Epirus.

Χείμαρον.] Aquam ex imbre collectam.

Νηὸς πτερά.] Remos intelligit.

Πηδάλιον.] Gubernaculum nauis, clauum.

Ὡραῖον πλόον.] Scilicet cum iam Ver exactum est.

Ὥσπερ ἐμός τε πατὴρ ϰὴ σός μέγα νήπιε Πέρση.
Exemplum adiecit Hesiodus patris, quo ostendit quatenus probari queat nauigatio, et dicit paupertate patrem fuisse compulsum, quæ nihil nō hominem experiri doceat, quòd instituerit mercaturam. Nemo enim eos laudat, qui cum beate possent in patria uiuere, ultrò se periculis exponunt. Et Hesiodus negat ex Asia profugisse parentem sicut plæriq́; ciues qui propter inuidiam ex opibus conflatā in tuto manere non poterant, non, inquit, illa caussa fuit, sed uictum quærebat.

Καὶ τῇ δ' ἦλθ.] Significat hic se in Ionia natū. Magnum mare uocat Ægeum mare. Æolicam Cumam ideo uocat, quia Æoles eam condiderunt. Sita est in littorali Asia.

q

48. Ἀφενός.] *Diuitias significat. Proprie tamen reditus qui quotannis redeunt, siue annui reditus. fingunt autem uenire ab εἰς ἑνός.*

Ἀλλὰ κακὴν πενίην τὴν Ζεὺς ἄνδρασι δίδωσι.] *Hic locus ad prouidentiam pertinere uidetur cum dicit Iouem hominibus dare paupertatem, quia sæpe accidit ut etiam boni & optimi uiri sint pauperes. Hunc locum Aristophanes in Pluto diligentissime prosequitur, apud quem, quæ opus sunt ad hanc rem, requiras.*

Νάσατο δ' ἄγχ' Ἑλικῶνος.] *Describit nunc patriam suam Poeta, & dictum est iã sæpe fuisse pagum ad radices Heliconis ubi habitauerit Hesiodus & quòd Pausanias scribat ipsum fuisse in Helicone sacerdotem Phœbi & Musarum. Non incommode hic uersus παροιμιακῶς possit usurpari, in quo huiusmodi laudes patriæ suæ enumerat, ut nulla ferè anni parte commendari queat, Hyeme, inquit, mala est, æstate difficilis & incommoda, breuiter nunquã bona. Ouid. huius facit mentionem.*

Esset perpetuo sua quàm uitabilis Ascra
   Ausa est agricolæ Musa docere senis.

Τύνη δ' ὦ Πέρση ἔργων.] *Cum in omni re temporis ratio habenda sit, Tu uide ô Perse ut suo quæque tempore facias: alia enim alijs temporibus conueniunt.*

IN HESIODVM.

Νῦν ὀλίγω αἰνεῖν.] Locus Rhetoricus est, utitur uerò Antithesi, in qua aliquãdiu commoratur, et commendat nobis denuo mediocritatem, & dicit non frustra esse si quis magnum quæstum facere uelit, ut onerarias naues sibi comparet, & fieri non posse quin ex copiosa merce, copiosum quoq, & magnũ fructum quis auferat, tamẽ si quis rem ipsam recta uia secum reputet, is proculdubio deprehendat res paruas plus solidæ habere uoluptatis ac securitatis, quàm res in speciem magnas. Est enim omnibus in rebus tutior mediocritas. Vocamus autem actuarias, breues & minores naues, in quibus homines uehi solent tempestate ingruente. Onerarias uerò maiores, in quibus onera deportantur.

Δείξω δέ τοι μέγα πολυφλοίσβοιο θαλάσσης.] Occupationem adiecit. Tradam tibi præcepta nautica, tametsi non bene peritus sim rei nauticæ. Si uolueris debitum effugere & iniucundam famem, ostendã tibi modum quando commodũ sit nauigare, & quando non commodum, licet nauigationis peritus non sim.

Λιμὸν ἀτερπῆ.] Famis proprium epitheton. Nã ut dici solet, præter seipsam cætera omnia edulcat fames. Et Homerus eleganter uentris importunitatem describit in Odyss.

Πολυφλοίσβοιο.) Fictitia uox est, qua usus poeta

q 2

per antonomasiam pro stridenti mari, φλοισβὸς *enim nihil significat.*

Σεσοφισμέν⊙.] *Peritus. Nam* σοφίζομαι *est doceo. Inde Sophista simpliciter doctorem significat. Deinde ubi illi se uerterunt in inane ostentationem uocabulum coepit in uico esse, sicut Tyrannus.*

Εἰ μὴ ἐς Εὔβοιαν ἐξ Αὐλίδ⊙.] *Subsequitur nunc occupationem historiola, in qua commemorat quomodo uictor extiterit carminibus in Calchide, & Musis suis in Helicone uictoriale praemium dedicarit, ut dignum erat homine Poeta. Aulis ciuitas littoralis est in Boeotia, non procul ab Helicone, neque procul fuit ab Aulide in Euboeam. Conuenerunt autem Graeci in Aulide cum essent profecturi in Phrygiam. Vide Iphigeniam Euripidis.*

Calchis est urbs celebris in Euboea, hodie Nigropont uocant, non multò ante à Turcis magna ui expugnata. Apparet sanè Hesiodum Homero posteriorem centum ferè annis fuisse, proinde cum eo in hoc certamine non certauit.

Τείποδ᾿ ὠτόεντα.] *Id est, tripoda auritum, Athenaeus author est tripodas significare pocula, non nunquam mensas, & sellas quoque. Puto eum hic loqui de poculo quod aures habere soleat & tres pedes. Vocant autem Graeci ansas aures, quemadmodum Germani quoq̃.*

Ἀνέθη-

IN HESIODVM. 245

Ἀνέθηκα.] *Id est, reposui, consecraui, uel dedicaui, hinc* ἀνάθημα.

Ἐπέβησαν.] *Nam* βιβάζειν *est statuere, & tanquam gressus regere, usus est Homerus in secundo Iliados.*

Μοῦσαι γὰρ μ' ἐδίδαξαν.] *Significat diuinitus esse doctos poetas, quod hi qui egregium quiddam in poetica efficere uoluerint, opus habeant furore poetico diuinitus inspirato quem furorem recte* φυσικὰς ἀρετὰς *dixerunt. Et Homerus elegantißime huiusmodi iudicium in homine, & hunc motum qui existit in Heroicis animis, auream catenam cœlo demissam esse dixit, significans singularem quandam uim supra captum communem uulgi diuinitus dari.*

Ἤματα πεντήκοντα μετὰ τροπὰς.] *Aliud caput* 49. *de æstiua nauigatione quam probat, & dicit sub finem æstatis tempore calido esse nauigandum, tum enim non facile perire homines, nisi aliquo singulari malo pereant.*

Ἐν τοῖς γὰρ τέλος ἐστὶν ὁμῶς ἀγαθῶν τε κακῶν τε.] *Prouerbialis est hic uersiculus & ualde pius, quo admonemur bonitati diuinæ adscribendū, si quem prosperum successum rebus nostris uidemus, atq̃ hoc nomine gratias Deo quoque agere, ne ingratitudine nostra offensus finem imponat bonitati erga nos, ac deserat quos prius fuerit amplexus & tutatus. Rursus*

q 3

si quando mole multorum malorum premimur, non ita frangi oportere & deijci animo, ut non speremus Deum facile finem impositurum omnibus istis malis. In hanc sententiam apud Homerum grauissime multa dicuntur. Potest & prouerbialiter in eos accommodari qui omnia possunt.

Μὴ δὲ μύζειν οἶνόν τε νέον καὶ.] Adiecit praeceptum dignum memoria, uidelicet tempestiue esse redeundum domum. Nam oculus Domini pascit equū, ut dici solet. Et est haec caussa quare melius sit illam nauigationem ante autumnum conficere. Quia non solum nouum uinum soleat remorari institutam nauigationem, uerumetiam autumnales imbres & tempestates quotidie impendentes, & quod saeuissimi flatus austri ut maxime tum insaniat. Itaq̃, minime tutum est tum se uelle mari committere, & commodam nauigationem propter pocula noui uini intermittere.

Χειμῶν' ἐπιόντα.] Tempestatem sequentem, uel impendentem, sic quoque in oratione dominica, et ἐπίουσα dies dicitur dies impendens & subsequens. Notus uentus est pluuialis, νοτίς enim humorem significat.

Ἄμος δ' εἰαρινὸς πέλεται πλόος.] Praeceptum est de uerna nauigatione quā à signo describit. Quando erumpunt primum, inquit, ex ramis aut arboribus

boribus germina aut flores, idq́; quantum est uestigiũ cornicis, tum est mare meabile. Addit tamen correctionem qua deinde peruenit in locum communem quòd omnia obediant pecuniæ, fateor mare esse nauigabile uerno tempore, at qui ego laudare non possum, propter uariam tempestatem & pericula quæ nauigantibus ita instant, ut aliquis difficilime effugiat malum. In caussa est stultitia humanæ mentis quæ etiam ipsum petimus cœlum, neque quicquam inaccessum relinquimus.

Χρήματα γὰρ ψυχὴ πέλεται.] Gnomica sententia est qua ratione complectitur, cur homines in tantam stultitiam incurrant & dicit hoc pecuniam posse quàm homines pluris faciunt quàm animam. Late patet huius sententiæ uis, in qua explicanda multum operæ doctißimi quiq́; cum Latinorũ, tum Græcorum sumpsere. Et paucißimi sanè sunt qui secum expendant in quanta mala funesta pecunia miseros ducat.

Μηδ᾽ ἐνὶ νηυσὶν ἅπαντα βίον.] Id est, ne semel 56. abducas in discrimen quicquid est rerum tuarum, nec omnia nauibus committas, sed retine quædam et uiliora impone, ne si nauem fregeris de toto uictu periliteris. Generaliter uerò mediocritatis laudem cõtinet, quam qui seruant, nec nimium ditescere stũdẽt,

q 4

fit ut semper habeant unde uiuant, cū alij qui omnia in quæstum producunt de tota re familiari, uel augenda uel amittenda incertam aleam fortunæ cogantur subire.

Δεινὸν δ' εἴκ' ἐπ' ἄμαξαν.] Adiecit similitudinem ab onusto plaustro ductam. Perinde enim ut si quis supra currū, immensum onus ponat cuius molem axis sustinere nequeat, fieri non potest, quin cum magno dispendio omnia onera imposita dissipentur. Ita in nauigatione quoque usu uenire ut nimium multa uehendo periculum accersant & nihil perficiant.

Μέτρα φυλάσσεσθαι.] Concludit nunc Epiphonemate generali, et dicit modum esse seruandum. Et quia supra de mediocritate multa diximus, repetat ea qui uolet.

Καιρὸς δ' ἐπὶ πᾶσιν ἄριστος.] Occasio siue opportunitas optima in omnibus rebus.

Ὡραῖος δὲ γυναῖκα τεὸν.] Præceptum de coniugio, Tempestiue ducas uxorem, dum adhuc res integræ sunt & florent, non in extrema senecta quando effœtæ frigent in corpore uires. Plato & Aristoteles de hoc tempore disputarunt, nam circiter trigesimum annum sunt confirmatæ uires et maturuerunt.

Τέτορ.] Duale est, & significat quatuor. Iulius Pollux exponit pro quatuordecim, & quinto pro decimocimoquinto anno, id est quinto supra decimum. Aristoteles & Plato constituerunt puellæ decimumoctauum annum nubendi. Præcipit autem Hesiodus adolescentulam esse ducendam ut castos mores imbibere queat & adsuescere ad mores mariti, quod frustra expectet quis ab anu. Ibi enim nulla similitudo morum est, ergo nec ulla amicitia, & tamē oportet ut sit similitudo quædam uitæ in coniugio, quia Iureconsultus dicit esse indiuiduam societatem. Aristoteles recenset in Oeconom. hunc uersum.

Μὴ γείτοσι χάρματα γήμης.) Id est, ne uicinis gaudia & ludibria ducas propter tuum infortunium & malum, nempe mala uxore. Et χάρματα exponunt ludibria, hoc est, ne iocus fias quod talem duxeris uxorem. Nam uicini cuiusque produnt ingenium.

Οὐ μὲν γὰρ τοι γυναικός.) Commendat bonam mulierem hic uersus, quam etiam sacræ literæ non uulgariter prædicant.

Δειπνολόχης.) Commessatrice quæ passim adeat conuiuia. Suidas Δειπνολόχον exponit κλεπτοτερόν.

Ἡ᾽ ἄνδρα καὶ ἴφθιμον.) Efficit ut etiam ualidus uir ante tempus senescat, uritque sine face, id est, clam, etiam si foris nihil appareat. Vocat autem crudam senectam quæ tempestiua est. Sic Verg.

q 5

Cruda Deo uiridisq́, senecta.
Galenus in libro de conseruanda ualetudine dicit esse triplicem senectutem, Primam uocari crudam, et qui in ea sunt ὠμογέροντας dici. Secunda est circiter annum sexagesimum, qui in ea sunt γέροντας dicimus. Tertia est decrepita, qui eam attigerit πέμπελον uocamus.

Εὑει.] *Exiccat, urit, &c.* Dicitur etiam αὐει, utrunq́; est apud *Homerum*.

Ἐν δ' ὅπιν ἀθανάτων μακάρων.] *De religione. Cole Deos religiose et obseruater.* Ita enim omnia prospere succedent. ὅπις *curam & respectum significat proprie*.

Μὴ δὲ κασιγνήτῳ ἶσον.] Hoc praeceptum plenum humanitatis est & significat nullam amicitiam, nullam necessitudinem praeponendam esse sanguinis coniunctioni. Cic. li. 1. ad Atticum, *Posteaquā à fratre discessi, neminem pluris quàm te facio.* Est uerò à natura et diuinitus homini inspiratū, nullam esse sanctiorem coniunctionem quàm fraternā. Quod si uerò alium tibi adiunxeris, tunc uide inquit ne statim te seiungas ab illo, quia non multum conducit no nos amicos habere.

Μὴ δὲ ψεύδεσθαι γλώσσης χάριν.] Hoc est, ne prae te feras beneuolentiam simulatam, nec aliud sentias & aliud dicas. Haec est germana expositio,

nec

IN HESIODVM. 151

nes est ita accipiendũ, ut χάριν χρημάτων intelligas, sed ne simules, ne præ te feras linguæ quandam gratiam, ne benignitatem linguæ ementiaris.

Ἢν ἔπ᾽ος εἰπών.] Si quis aut uerbis offendet alium, aut manibus uim inferet, memor sit quod retalietur iniuria multipliciter. Nullum enim malum impunitum.

Εἰ δ᾽ἕνεκ αὖθις.] Aliud præceptum, Sit ne admittendus denuo is qui amicitiam uiolauerit, & cupiat nobiscum redire in gratiam. Respondet esse recipiendum, quòd satius sit redire in gratiam cum amico ueteri, quàm nouos subinde amicos adiungere.

Σὲ δὲ μὴ τι νόον καταλεγχέτω εἶδος.] Tuam mentem ne coarguat uultus, id est, ne uultus præ se ferat iracundiam & simultatẽ, sed uide ut ex animo eijcias omnem memoriã pristinarum iniuriarum nulla sit significatio offensi animi. In summa sanciatur ex animo ἀμυνηςία. Nam nihil illiberalius, nihil inhonestius est quàm simultatem alere, estq́ alienum ab omni humanitate. Nulla unquàm fuit tanta coniunctio hominũ quæ nõ offensi aliquid senserit. Et cum Ouidius dicat Orestem cum Pilade in gratiam rediisse, nemo eiusmodi illiberalis ingenij sit, ut propter inueteratũ odium, uiam amico in gratiam redeundi præcludat. Hoc præceptũ diligenter inculcat

Hesiodus, quòd amicitia sit necessaria in rebus humanis. Sumus enim nati ad societatem. Ergo qui aufert amicitiam, aufert societatem. Et M. Cicero inquit, Neque cœlo, neque aqua, neque aere nos uti frequentius quàm amicitia.

Σὲ δ'ἐ μή.) *Accusatiuus pro datiuo, Attice.*

51. Μὴ δὲ πολύξεινον μὴ δ' ἄξεινον.) *Vtraq; extrema liberalitatis fugienda esse monet. Est enim prodigus & exhaurit facultates omnes, qui crebro uult conuiuari. Contra sordidus est qui nemini de suis communicat, & qui suum ipse defraudat genium. Ex prodigalitate homines decoctores ueniunt qui inuolant in bona aliena, ex sordiditate inhumanitas nascitur, ut neminem amicum habeas.*

Μὴ δὲ κακῶν ἑτάρον.) *Admonet malorum consuetudinem esse fugiendam, corrumpunt enim bonos mores colloquia praua. Proueniunt autem duo mala ex malorum commercio, primum, quia nos induimus mores istius qui cum uiuimus. Secundo etiam famam propriam prostituimus, quia etiamsi non corrumpatur aliquis, tamen homines iudicant nos corrumpi, quia & prouerbium dicit, Claudo uicinus claudicat & ipse breui. Ergo malorum consuetudo est uitanda.*

Μὴ δ' ἐσθλῶν νεικεσῆρα.) *Id est, ne facias conuicium bonis, quia uirtus est honore afficienda. Sunt autem*

autem peßimi omnium hominum, qui egregiæ uirtu ti non tantū honorem meritū auferunt, uerumetiã de uirtute bene meritos cōuicijs proscindunt. Huiusmo di conuiciatorem principum & bonorū uirorum describit Homerus Iliad.lib.2. Et consolari debet bonos quod impoßibile sit in benefactis inuidiam effugere, quemadmodum nec corpus umbram potest declinare.

Μηδὲ ποτ' ἐλομένην πενίην.) Congeries quædam præceptorum est. Docet aūt hoc loco nemini exprobrādam esse paupertatē, ratio est quod sit donum Dei esse diuitem uel pauperem. Grauiter profecto dictum. Sunt enim qui hinc laudem ingenij captant & magni uiri haberi uolunt, si pauperes & miseros non solum præ se contemnant, uerumetiam conuicijs proscindant. Hos admonet Hesiodus ut perpendant calamitosum esse, non in nostris uiribus, sed in fortunæ situm esse. Itaq, non est liberalis ingenij calamitatem exprobrare cuiquam. Neq, enim in nostris uirib.est ut abundemus & quotidie experientia condiscimus, alijs laborantibus nihil, alijs dormientibus omnia, conficere Deos. Qui plurimum laborant, egent plærū que, & contrarium apparet in ijs qui non laborant.

Οὐλομένην πενίην θυμοφθόρον.) Græci apponunt plura epitheta sine coniunctione.

Τέτλαθ'.) Sustineas, ausis,&c.

Γλώσσης τοι θησαυρὸς ἐν ἀνθρώποισιν ἄριστος.]
Generalis hæc sententia est. Linguæ Thesaurus
inter homines optimus. Nam sermo uincit omnes o-
pes & quicquid est admirabile in rebus humanis. Ve
rum ita solet euenire, ut quò res melior eo frequentio
ri quoq, in abusu sit. Recte itaq, dicit Poeta: Parcæ
linguæ magnam gratiam esse, hoc est, quæ in loco lo-
quitur, quæ non solet effutire quidlibet sine delectu
& ratione. Et garrulitas non tam alios quàm ipsos
authores lædit.

Μὴ δὲ πολυξείνου δαιτὸς δυσπέμφελος.] Ali-
ud præceptum, debere nos aliquid conferre in publi-
cum, quia nos uicissim multa accipimus à Magistra
tibus. Hic sensus couenire huic loco uidetur quā tran
stulit Poeta ad conuiuium, ubi ut paruo sumptu mul
ti alūtur, ita etiam in Rebuspub. paruo sumptu, par
uo tributo nobis comparamus pacem. Potest & hic
sensus esse, ut si quando amici et cognati conueniunt,
non simus sordidi, sed ut libenter & nostra confera-
mus ad publicum conuiuium. Nam paruo sumptu
magnum lucrum emitur, dum collatione multorum
apparatur splendidius. Δυσπέμφελος à δὺς &
πέμπω difficilis, morosus, quasi dicas, ægre mittés,
der nit gern gibt. Supra dixit ναυτιλίης δυ-
σπεμφέλου.

Μηδ' ἔποτ' ἐξ ἠοῦς Διὶ λείβειν.) Hactenus le-
ges tra-

IN HESIODVM.

ges tradidit quæ ad mores pertinent, iam tradet ceremonias, id est, ritus sacrorum. fuit enim hic poëta sacerdos. Sunt autem illi ritus symbola quædam, id est, allegoriæ, ut in Mose, Boui trituranti ne obligaueris os, significatur quo animo in illos esse debeamus, quorum opera utimur; atq̃ ita gratitudinis illo gestu admonemur erga homines. Non enim bobus sed hominibus scribebatur lex. Ad hunc modum & de his præceptis iudicandum est. Nunquàm ab aurora, id est, mane Ioui libes nigrum uinum manibus illotis. Significat sacra reuerenter esse tractanda, & ut non solum foris corpus, uerumetiam animum à contagione uitiorum abluant. Hæc reuera ex Patribus sumpta sunt. Allusit & Vergi. ad eam consuetudinem, quòd illotis manibus non tractabant sacra antiquitus dum ait: Donec me flumine uiuo Abluero. Et Hector apud Homerum ex pugna rediens negat idipsum sibi licere.

Μὴ δ' αὖτ' ἠελίοιο] Aliud, Aduersus solem ne meito. Verecundiam & pudorem commendat nobis hæc sententia, ut discamus honestos & magnos uiros reuerenter esse tractandos.

Ἑζόμῳς δ' ὄγε.] Commoratur in præcepto uerecũdiæ, & recenset aliquot ritus qui adhuc apud Turcos durant. In Turcica enim lege ingens flagitium designari credunt, si quis in publico cacaret aut mingeret. In lege Mosi quoq; mādatum erat, ne quis cacaret in castris. Est autem non minus religiosum Turcis ut sedentes mingant quàm nostro Poetæ. Vnde apparet Mahometen ueteres quosdam ritus inutiles suis posteris pro iustitia, quæ coram Deo est, reliquisse.

Εὐερκής.) dicitur id quod bonum septum habet.

Μὴ δ' αἰδοῖα γονῇ πεπαλαγμένος.) A congressu uxoris ne sacra accedas. Admonet rursus uerecundiæ, ut sacra pure peragantur. Intelligit autem sacra quæ diis domesticis fiebant. Habebant enim omnes in uestibulo aras quasdam quibus soliti sunt imponere Vestam, in cuius tutela res erat familiaris. Facit huius Deæ mentionē alicubi Vergilius.

Μὴ δ' ἀπὸ δυσφήμοιο τάφου.) Ab hilariore cō uiuio & non à tristibus sacris accedendū esse ad uxorem, quòd ex humido nascantur & aluntur omnia animantia, & ideo Venus ex mari orta.

Δυσφήμοιο.) Ominoso & infausto à δυσφημέω.

Μηδέ ποτ' ἀενάων ποταμῶν.) Poetæ senserunt uim quandam numinis esse infusam in omnes res, itaque et omnibus fluminibus suos deos finxerunt qui illa agitarent & mouerent, ob quam caussam & sacra illis fecerunt.

Ὃς ποταμὸν διαβῇ κακότητι.) Hoc est, qui tam
prophana

prophana mente est, ut contemnat hanc religionem, is feret infortunium à Dijs.

Μὴ δ᾽ ἀπὸ πεντόζοιο θεῶν.] Non esse ungues sі. præcidendos in conuiuio.

πεντόζοιο.] A manu quinq, ramorum.

Μηδέ ποτ᾽ οἰνοχόην τιθέμεν.] Nunquam pone lagenam supra poculum, non satis constat quid uoluerit significare hoc symbolo.

Μὴ δ᾽ ἐδόμον ποιῶν.] Id est, Spartam quam nactus es orna, In quocunque uitæ genere uersaris in illud incumbe, nec cogita quo pacto subinde mutes tuam functionem. Ita fiet ut aßiduitate & diligētia ad frugem peruenias quod non fiet si tibi non constiteris & ex alio uitæ genere subinde in aliud transferaris. Malū omen est si crocitet Cornix, ut apud Verg.

Sæpe sinistra caua prædixit ab ilice Cornix.

Λακέρυζα.] pro κελαρυζα, id est, garrula, stridula, arguta, proprium epitheton cornicis, à κελαρύζω, quod significat resono.

Μὴ δ᾽ ἀπὸ χυτροπόδων.] Ex ollis non sacrificatis ne capias cibum, id est, ne edas priusquam dixeris precationem. Elegans cum primis et pium hoc præceptum est, neque dubium quin à patribus sanctißimis sit desumptum. Apud Homerum nunquam pocula sumunt, nisi prius libauerint. Eandem consuetudinem & apud Verg. Dido seruat.

Μή με γυναικείῳ λυέρῷ.] *Commendat rursus uerecundiam. Deinde admonet sacra non esse illudenda, quod semper pœnas impietatis dederint qui religiones contempserunt.*

Μηδέ ποτ' ἐν προχόῃ.] *Non esse perturbandos fontes. Nam si honor est habendus bonis rebus, etiam fontibus debetur suus honor ex quibus bibimus. Quare & hi in fontes recte immingere dicuntur qui sacram doctrinam commaculant.*

Φήμη γάρ τε κακὴ πέλεται.] *Significat nullam famam omnino perire & non esse omnino de nihilo quod uulgo fertur, quemadmodum & ille dixit,*

Sed nequit ex nihilo uolucris prorumpere fama
Et partem ueri fabula quæq́; tenet.

Locus Vergil in 4. Æneid. hinc desumptus cū ait:
Fama malum, quo non aliud uelocius ullum
Mobilitate uiget, uiresq́; acquirit eundo, &c.
Homerus fingit quoque Famam Deam esse & nunciam Iouis, lib. 2. Iliad.

—— μ() δέ σφισιν ὅσα δεδήει
Ὀτρύνουσα ἰέναι Διὸς ἄγγελ(Ⓞ). ——

IN

IN HESIODI
DIES.

TRADIT discrimina dierũ, qui fausti uel inauspicati sint, item alia alijs diebus licere. Quædam ueró discrimina ad caussas naturales referri possunt, quædam sunt ex superstitionibus. Sunt autem eatenus discrimina seruanda, quatenus caussæ naturales cogunt. Superstitio ueró præter caussas naturales est, & ex impietate profecta. Esset ueró insania non habere naturæ rationem, cum illa nobis usui sit, & nostra caussa à Deo condita. Itaq, discrimina dierum nata sunt aliqua ex parte, ex aspectib. quibus Luna intuetur Solem. Sicut medicorum Critici, septimus, quartusdecimus, uigesimusprimus. Nam quadrati aspectus cient pugnam naturæ cum morbo, sed superstitiosa obseruatione aucta sunt. Nã inde apparet non esse certã rationem discriminis dierum apud Hesiodum, quòd ait, alijs alios dies probari. Primus dies sacer est. Sunt enim omnia initia sacra. Quartus itẽ sacer, quia eo die prodit à coitu Luna & uideri potest sacer, quia principium est conspiciendæ Lunæ. Septimũ diem uacuũ facit, quia Luna distat à Sole quarta parte Zodiaci, qui aspectus quadratus dicitur, et est inauspicatus. Nonus et octauus dies utiles prædicantur crescẽtibus, & recte quidem.

r 2

Etenim humores alit crescentia Lunæ. Vndecimus & duodecimus uarie laudatur, quia trigono aspectu Solem Luna intuetur, eum aspectum uocant beneficum.

Ἤματα δ' ἐκ Διόθεν.] *Proponit Poeta se dicturum de obseruatione dierum iuxta ordinationem diuinam, qui sint auspicati dies & qui inauspicati. Orditur à prima mēsis die quam dicit optimam esse. Et enumerat congerie quadam quid eo die populus agere consueuerit: Solebant autem in ferijs labores mercenariorum expendere, atque pro his numerare & pascere quoque. Item in ferijs conueniebat populus ut iudicaretur, doceretur de religione, & ut mores formarentur. Tum scenici ludi fiēbant qui uice concionum fuerant. Et hi ritus ad res politicas & non physicas referendi sunt: pertinent enim ad mores ex quibus sumpti sunt, & non ad res naturales.*

Ἔνη.) *Prima dies est,* ἐνας ἀρχὰς *ueteres Magistratus. De hac uoce copiose Suida.*

Πείκειν.) *proprie de ouibus dicitur, & significat tondere.*

Οἷς.) *pro* οἵας. τῇ *pro* ταύτῃ, *scilicet duodecima die.*

Ἀεροπότητ⊙.) *In aere pendentis, uel pedes in aerem eleuantis, epitheton araneæ.*

IN HESIODVM. 261

Ὅτε τ᾽ ἴδρις σωρὸν ἀμᾶται.) *Hoc exponunt de formica, sed haud scio an recte.*

Μίνως δ᾽ ἱσαμθύου.) *Absoluit iam primum quartum, septimum, octauum, nonum, undecimum & duodecimum diem, quos uerò omisit uult uidere medios. Iam prosequitur in enumerando & dicit cauendum esse ne sementem faciamus tredecima die. Est autem optima ad alendas atq; educandas plantas. Quod autem sationi tredecimum diem ait obesse, propter immodicum humorem fit. Vetant enim sementem facere in solo humidiore iusto. Contra plantas serere præcipiunt, pluuijs etiam tempestatibus. Plinius, Arborum radices Luna plena operito. Ex Plinio illa facile possunt intelligi.*

Ἕκτη δ᾽ ἡ μέση μάλα.) *Decimasexta dies ualde incommoda est plantis, quia sicut tredecima dies utilis erat plantis, quòd tum Luna prope erat plena & humor redundabat, inutilis ueró sationi, ut dictū est, ita decimasexta dies decrescente iam Luna inutilis est & incommoda plantis, utilis ueró maribus gignendis. Nam ex humido semine femellæ, ex sicciore puelli nascuntur. Et decrescente Luna semen minus humidum est quàm crescente.*

Οὔτ᾽ ἂρ γάμε ἀντιβολῆσαι.) *Id est, non est utile puellis, ut tum contrahant nuptias, quia à plenilunio cœpit iam humor deficere. Et addidit quædam*

r 3

pastoralia officia, quòd illud tempus sit bonum castrationi, quòd hoc tempore conueniat stabula pastoralia munire, quòd sit bonus dies gignendis maribus. Postremò quòd aptus sit dies conuitia dicere, mendacia proferre, blaedos sermones miscere, & arcana colloquia habere. Quae omnia ad quadratum aspectum pertinere uidentur.

54. Μίωὸς δ᾽ ὀγδοάτη.] *Hoc tempore caprum & bouem castrare conuenit.*

Εἰκάδι δ᾽ ἐν μεγάλῃ.] *In uigesima die dicit prudentem uirum nasci, & qui bona indole praeditus sit.*

Ἵστορα.] *Eum uocat qui multa scit & uidit. Hinc ἱστορία quasi dicas inspectio, & ἱστορεῖν coràm intueri & colloqui.*

Κύρη δ᾽ ἐν τετράσι.] *Id est, Puellae gignendae est bona decimaquarta. Nam tum Luna abundat humore. Et hac die (inquit) hoc est in oppositione conuenit boues, canes & mulos cicurare. Nam quando abundant humore, necesse est esse mitiora animantia quia lumen Lunae est gelidum magis & calor temperatior.*

Εἰλίποδας.] *quasi dicas curuantes uel trahentes pedes, qua uoce Homerus libenter utitur.*

Πεφύλαξο δὲ θυμῷ. &:
Ἄλγεα θυμοβορεῖν μάλα.] *Quartam diem à fine men-*

ne mensis, & decimamquartam improbat, haud dubie, quia tum oppositio, tum interlunium lædunt corpora. Ideo dicit θυμοβορεῖν, quia cōsumunt animū. Qui laborant colericis morbis ad postremā quartam magis languent, Phlegmatici uerò contra. Et postremos illos dies in Luna uocant colericos dies, quòd cō citent in corporibus siccos humores.

Ἐν δὲ τετάρτῃ μίωὸς ἄγεϑαι.] In quarta die Mensis ducenda est uxor & obseruanda auguria & dijudicanda. Est autem Metathesis in ἔργματι nomine, quod à ῥέξω uenit.

Πέμπτας δ᾽ ἐξαλέαϑαι.] Quintas monet esse fugiendas, uidelicet primam quintam, decimamquintam, & uicesimam quintam. De qua re cum nulla sit naturalis ratio, cōtenti ea simus quæ de religione est. Per id enim tempus obambulant Furiæ et expetunt pœnas à sceleratis hominibus.

Μέσῃ δὲ ἑβδομάτῃ Δημήτερος.] Absoluit præceptiones de dierum discriminibus, quæ uerò nūc sequuntur ex quibus rationibus nata sint, dixi paulò ante. Itaq; nunc monet poeta frumentum esse uentilandum non crescente sed decrescente Luna, quia humor incommodus lædit frumentum, ariditas uerò prodest. Quare manifesta ratio est ex usu rerum, cur fruges à plenilunio iubeat uentilare, quia sub id tempus excitantur uenti & aura siccior est.

Prodest autem importari frumentum siccius, nam madidum statim corrumpitur importatum. Dictum est autem supra quòd Varro præcipiat aream fieri debere rotundam.

Ὑλοτόμον τε ταμεῖν θαλαμήϊα.) Aliud præceptum. Faber secato ligna ad thalamum media septima, id est, decrescente Luna. Diximus autem supra ex Plinio, quòd materia decrescente Luna cædenda sit, quòd illa firmior sit, quæ uerò crescente cæditur, ilico putrescit. In quarta uidelicet die incipe glutinare naues fragiles, quod rectius fit cum aura est humidior.

Εἰνὰς δ' ἡ μέσση ἐπιδείελα.) Nona dies media, id est, decimanona meridiana melior dies scilicet est. ἐπιδείελα est aduerbium pluralis numeri, sicut πρῶτα. δείελον crepusculum uocant, δειλινὸς & δείελος meridianus, & meridianum tempus δειλινὸν uocant.

55. Πρωτίστη δ' εἰνὰς πάντ' ἀπήμων.) Prima nona dies, scilicet à principio mensis prorsus innocua est, propter ter geminum aspectum cum Sol abest à signis. Hæc dies utrisq, gignendis accommodata. Et nunquam prorsus mala dies est, uidelicet si aliquid ea die facias quod conueniat.

Παῦροι δ' αὖτ' ἴσασι.) Pauci sciunt uigesimam nonam optimam mensis, & loquitur de biduo ante

ἄνυ

IN HESIODVM. 265

ἤνγ καὶ νέαν. Est enim tum bona dies ad aperien-
dum dolium, item boues mulos & equos aptare iugo.
Ad hæc bona dies est demittere nauem in altum,
quia sub id tempus est temperatissima & tranquil-
la aura.

Αρξασθαι πίθου.) Græcismus est pro aperire
dolium.

Παῦροι δέ τ' ἀληθέα κικλίσκουσιν.) Id est,
Pauci certum sciunt quæ dies præstat, pauci recte ser
uant hoc dierum discrimen.

Τετράδι δ' οἶγε πίθου.) Media quarta, id est,
decimaquarta dolium aperi, quòd hæc dies præ omni
bus sacra sit.

Παῦροι δ' αὖτε μετ' εἰκάδα.) Ελλνψις est,
nam ad dies referri debet ut sit sensus. Pauci post
uigesimam mensis optimam probant sequentes dies.
Iam & tempestatum & corporum maxime mutatio
nes fiunt principio postremæ quartæ quod obseruan-
do poteris discere.

Αἱ δὲ μὲν ἡμέραι εἰσὶν.) Epilogus præceptorum
est. Aliæ dies sunt hominibus magna utilitas, aliǽq́;
sunt ancipites. μετάδυπον enim sonat promiscue.
Est igitur diligenter consyderandum quid religio
præcipiat, deinde quid oriatur ex caussis naturali-
bus, ut si luna sit in signo illo quod dominatur mem-
bro alicui, id membrum naturali de caussa uetant

tangendum esse ferro, ita de reliquis sentiendū. Quod autem non ex uera religione neq́ de certa caussa naturali fit illud superstitio est.

Ἀκήριοι ὅτι φέρουσαι.] Politianus uidetur uertisse emortuos dies. Et Homerus Somnia uocat ἀκήρια quasi dicas, inania.

Ἄλλος δ' ἀλλοίην αἰνεῖ.] Hic uidemus Hesiodum non ubiq́ secutum certam rationem, sed in plærisq́ superstitionem & consuetudinem hominum.

Ἄλλο τε μητρυιὴ πέλει ἡμέραι.] Miræ sunt uices rerum, & natura tā multipliciter nos lædit quàm iuuat.

Τάων εὐδαίμων τε καὶ ὄλβιος.] Bene ille habebit, qui seruauerit quidem dierum discrimina. Adiecit tamen Correctionem, quod alij alias probent ac laudent. Verum iste inculpabilis erit Dijs, id est, ille non peccabit qui suo quæq́ die fecerit, & qui auguria id est, signa & transgressiones obseruat, hoc est, qui non uiolabit ea quæ religiosè & utiliter constituta sunt. Nam Dij fauent ijs qui natura recte utuntur.

ΕΠΙ-

ΕΠΙΓΡΑΜΜΑΤΑ
εἰς Ἡσίοδον.

Ἑλλάδος εὐρυχόρου ϛέφανον, καὶ κόσμον ἀοιδῆς
Ἀσκραῖον γλυκερὸν Ἡσίοδον κατέχω.

Ἀναθηματικὸν εἰς αὐτόν.

Ἡσίοδος μούσαις ἑλικωνίσι τόνδ' ἀνέθηκα,
Ὕμνῳ νικήσας ἐν χαλκίδι θεῖον ὅμηρον.

Εἰς τὸν αὐτὸν.

Ὄλβιος οὗτος ἀνήρ, ὃς ἐμὸν δόμον ἀμφιπολεύει,
Ἡσίοδος μούσαισι τετιμένος ἀθανάτῃσιν.
Τοῦ δ' ἤτι κλέος ἔσαι ὅσοντ' ἐπικίδναται ἠώς.
Ἀλλὰ Διὸς πεφύλαξο νεμείου κάλλιμον ἄλσος.
Καὶ γάρ τοι θανάτοιο τέλος πεπρωμένον ἐϛὶν.

Εἰς τὸν αὐτὸν.

Ἀσκρη μὲν πατρὶς πολυλήϊος, ἀλλὰ θανόντος,
Ὀϛέα πληξίππων γῆ μινυῶν κατέχει
Ἡσιόδου. τοῦ πλεῖϛον ἐν ἀνθρώποις κλέος ἐϛὶν,
Ἀνδρῶν κρινομένων, ἐν βασάνῳ σοφίης.

Ἀλκαίου εἰς αὐτὸν.

Λοκρίδος ἐν νεμέϊ σκιερᾷ νέκυν Ἡσιόδοιο
Νύμφαι κρηνιάδων λοῦσαν ἀπὸ σφετέρων,
Καὶ τάφον ὑψώσαντο. Γάλακτι δὲ ποιμένες αἰγῶν
Ἔρραναν, ξανθῷ μιξάμενοι μέλιτι.
Τοίην γὰρ καὶ γῆρυν ἀπέπνεεν ἐννέα μουσῶν
Ὁ πρέσβυς, καθαρῶν γευσάμενος λιβάδων.

IN HESIODI LIBELLVM,
cui titulus ἔργα καὶ ἡμέ-
ραι, ἄδηλον.

Ἡσιόδου ποτὲ βίβλον ἐμαῖς ὑπὸ χερσὶν ἑλίσσων,
  Πυρρίω ἐξ ἀπίνης εἶδον ἐπερχομένην.
Βίβλον δὲ ῥίψας ἐπὶ γλῶ χερὶ, τῶτ' ἐβόησα,
  Ἔργα τί μοι παρέχεις ὦ γέρον Ἡσιόδε;

Εἰς εἰκόνα Ἡσιόδου.
Ἀσκληπιάδου.

Αὐταί ποιμαίνοντα μεσημβρινὰ μῆλά σε μοῦσαι,
  Ἔδρακον ἐν κραναοῖς οὔρεσιν Ἡσιόδε.
Καί σοι καλλιπέτηλον ἐρυσάμεναι περὶ πᾶσαι,
  Ὤρεξαν δάφνης ἱερὸν ἀκρέμονα.
Δῶκαν δὲ κρήνης Ἑλικωνίδος ἔνθεον ὕδωρ,
  Τὸ, πανοῦ πώλου πρόσθεν ἔκοψεν ὄνυξ.
Οὗ σὺ κορεσσάμενος, μακάρων γένος ἔργα τε μολ-
Καὶ γένος ἀρχαίων ἔγραφες ἡϊθέων.   (παῖσι

ΤΕΛΟΣ.

TIGVRI EXCVDEBAT CHRI
STOPHORVS FROSCHO=
uerus, Anno M. D. LXI.
Mense Decembri.

www.ingramcontent.com/pod-product-compliance
Lightning Source LLC
Chambersburg PA
CBHW050340170426
43200CB00009BA/1666